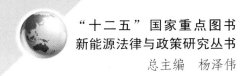

"十二五"国家重点图书

新能源法律与政策研究丛书

总主编 杨泽伟

发达国家新能源法律与政策研究

杨泽伟 主编

WUHAN UNIVERSITY PRESS

武汉大学出版社

图书在版编目(CIP)数据

发达国家新能源法律与政策研究/杨泽伟主编.—武汉：武汉大学出版社,2011.9
"十二五"国家重点图书
新能源法律与政策研究丛书/杨泽伟总主编
ISBN 978-7-307-09053-8

Ⅰ.发…　Ⅱ.杨…　Ⅲ.发达国家—能源法—研究　Ⅳ.D912.604

中国版本图书馆 CIP 数据核字(2011)第 160874 号

责任编辑:辛　凯　卢　伟　　　责任校对:黄添生　　　版式设计：马　佳

出版发行：武汉大学出版社　　（430072　武昌　珞珈山）
　　　　　　（电子邮件：cbs22@whu.edu.cn　网址：www.wdp.com.cn）
印刷:武汉中远印务有限公司
开本：720×1000　1/16　　印张:21　字数:299 千字　插页:2
版次:2011 年 9 月第 1 版　　2011 年 9 月第 1 次印刷
ISBN 978-7-307-09053-8/D · 1106　　　定价:40.00 元

本书获得国家社会科学基金重大招标项目"发达国家新能源法律政策研究及中国的战略选择"（项目批准号为：09&ZD048）、湖北省人文社科重点研究基地中国地质大学（武汉）资源环境经济研究中心2011年开放基金项目"欧美国家新能源法律政策研究"（项目编号为：2011B001）的资助，特致谢忱！

总　序

新能源是一个广义的概念。它不但包括风能、太阳能、水能、核能、地热能和生物质能等可再生能源或清洁能源，而且包括通过新技术对传统化石能源的再利用，如从化石能源中提取氢、二甲醚和甲醇等。同时，能源资源的高效、综合利用以及节能等（如分布式能源、智能电网），也是新能源体系中的重要组成部分。

进入 21 世纪以来，在能源需求增长、油价攀升和气候变化问题日益突出等因素的推动下，新能源再次引起世界各国的重视，掀起了新一轮发展高潮。特别是在 2008 年全球性金融危机的影响下，发展新能源已成为发达国家促进经济复苏和创造就业的重要举措。例如，美国推出了"绿"与"新"的能源新政，并在众议院通过了《2009 年美国清洁能源与安全法》（American Clean Energy and Security Act 2009）；英国相继出台了《低碳转型计划》（The UK Low Carbon Transition Plan：National Strategy for Climate and Energy）、《2009 年英国可再生能源战略》（UK Renewable Energy Strategy 2009）和《2010 年英国能源法》（UK Energy Act 2010）；澳大利亚推出了《2010 年可再生能源（电力）法》（Renewable Energy（Electricity）Act 2000）；欧洲议会也在 2009 年通过了《欧盟第三次能源改革方案》（它包括三个条例和两个指令）等，引起了世界各国的广泛关注。

面对世界能源体系向新能源系统的过渡和转变，中国作为世界第二大能源消费国，在国际石油市场不断强势震荡，中国国内石油、煤炭、电力资源供应日趋紧张的形势下，特别是在温室气体减排的国际压力不断加大的背景下，开发利用绿色环保的新能源，已经成为缓解中国能源发展瓶颈的当务之急。

因此，研究新能源法律与政策问题，在深入比较、借鉴分析欧美发达国家和地区新能源法律与政策的基础上，根据中国新能源产业和法律发展的现状，提出我国应如何发展新能源、提高能源使用效率、制定和实施新能源发展战略、构建新能源的法律与政策体系，无疑具有重要的现实意义。

其实，研究新能源法律与政策问题，也具有重要的理论价值。早在 20 世纪 80 年代初，国际能源法律问题，就引起了学界的关注。1984 年，"国际律师协会能源与自然资源法分会"（International Bar Association Section on Energy and Natural Resources Law）就出版了一本名为《国际能源法》（International Energy Law）的著作。这或许是"国际能源法"一词的首次出现与运用。近些年来，包括能源安全、国际（新）能源法律与政策问题，更是受到国内外学者们的重视①。国际能源法（International Energy Law）也有成为一个新的、特殊的国际法分支之势。可以说，国际能源法的兴起，突破了传统部门法的分野，是国际法发展的新突破②。

首先，国际能源法体现了当今经济全球化背景下部门法的界限日益模糊的客观事实。国际能源法作为一个特殊的国际法分支，它打破了传统部门法中被人为划定的界限，其实体规范包含了国际公法、国际经济法、国际环境法、国内能源法等部门法的一些具体内容。因此，它不是任何一个传统法律部门所能涵盖的。国际能源法

---

① 英国邓迪大学"能源、石油和矿产法律与政策研究中心"沃尔德（Thomas W. Wälde）教授认为，国际能源法有狭义和广义之分：狭义的国际能源法是指调整国际法主体间有关能源活动的法律制度；而广义的国际能源法是指调整所有跨国间有关能源活动的法律制度，它由国际公法、国际经济法、比较能源法等部门法的一些内容所组成。See Thomas W. Wälde, *International Energy Law: Concepts, Context and Players*, available at http://www.dundee.ac.uk/cepmlp/journal/htm/vol9/vol9-21.html, last visit on April 9, 2011; Thomas W. Wälde, *International Energy Law and Policy*, in Cutler J. Cleveland Editor-in Chief, *Encyclopedia of Energy*, Vol. 3, Elsevier Inc. 2004, pp. 557-582.

② 参见杨泽伟：《国际能源法：国际法的一个新分支》，载《华冈法萃》（台湾）2008 年第 40 期，第 185—205 页；杨泽伟：《中国能源安全法律保障研究》，中国政法大学出版社 2009 年版，第 226—245 页。

的这一特点也是经济全球化的客观要求。

其次，国际能源法反映了国际法与国内法相互渗透、相互转化和相互影响的发展趋势。例如，国际能源法和国内能源法虽然是两个不同的法律体系，但由于国内能源法的制定者和国际能源法的制定者都是国家，因此这两个体系之间有着密切的联系，彼此不是互相对立而是互相渗透和互相补充的。一方面，国际能源法的部分内容来源于国内能源法，如一些国际能源公约的制定就参考了某些国家能源法的规定，国内能源法还是国际能源法的渊源之一。另一方面，国内能源法的制定一般也参照国际能源公约的有关规定，从而使与该国承担的国际义务相一致。此外，国际能源法有助于各国国内能源法的趋同与完善。

最后，国际能源法印证了"国际法不成体系"或曰"碎片化"（Fragmentation of International Law）的时代潮流。近些年来，国际法发展呈两种态势：一方面，国际法的调整范围不断扩大，国际法的发展日益多样化；另一方面，在国际法的一些领域或一些分支，出现了各种专门的和相对自治的规则和规则复合体。因此，国际法"不成体系成为一种现象"。国际能源法的产生和发展，就是其中一例。

为了进一步推动中国新能源法律与政策问题的研究，2009 年 9 月，全国哲学社会科学规划办公室以"美、日等西方国家新能源政策跟踪研究及我国新能源产业发展战略"作为国家社科基金重大项目，面向全国招标。在武汉大学国际法研究所的大力支持下，我以首席专家的身份，组织国家发展与改革委员会、国务院法制办、外交部、中国能源法研究会、煤炭信息研究院法律研究所、湖南省高级人民法院、中国人民大学、华北电力大学、北京理工大学、中南财经政法大学、郑州大学、辽宁大学、英国邓迪大学"能源、石油和矿产法律与政策研究中心"（Centre for Energy, Petroleum and Mineral Law & Policy）等国内外一些研究新能源问题的学者和实务部门的专家，成功申报了国家社科基金重大招标项目"发达国家新能源法律政策研究及中国的战略选择"，并获准立项。经过近几年的潜心研究，我们推出了《新能源法律与政策研究丛书》，作为该项目的阶段性研究成果之一。

《新能源法律与政策研究丛书》以 21 世纪以来国际能源关系的发展为背景，从新能源涉及的主要法律与政策问题入手，兼用法学与政治学的研究方法，探讨发达国家和地区新能源的最新立法特点、发展趋势、政策取向及其对中国的启示，阐明中国新能源发展过程中的法律问题，提出完善中国新能源法律制度的若干建议等。

由于新能源法律与政策问题，是法学特别是国际法学很少涉足的领域，加上我们研究水平的局限，因此《新能源法律与政策研究丛书》必然会存在诸多不足之处，请读者不吝指正。

杨泽伟①

2011 年 6 月

于武汉大学国际法研究所

---

① 武汉大学珞珈特聘教授、法学博士、博士生导师、国家社科基金重大招标项目"发达国家新能源法律政策研究及中国的战略选择"首席专家。

目　录

上编：发达国家新能源法律与政策问题

中编：中国新能源法律与政策研究

下编：气候变化问题

上　编

发达国家新能源法律与政策问题

第一章 《2009 年美国清洁能源与安全法》

进入 21 世纪以来，在能源需求增长、油价攀升和气候变化问题日益突出等因素推动下，新能源和可再生能源再次引起世界各国的重视，掀起了新一轮发展高潮。特别是 2009 年 6 月 26 日，美国众议院通过了《2009 年美国清洁能源与安全法》（American Clean Energy and Security Act 2009）①，更是引起了世界各国的广泛关注。研究《2009 年美国清洁能源与安全法》的主要内容及其特点，探讨它对世界能源格局的影响及其对中国的启示，无疑具有重要意义。

一、《2009 年美国清洁能源与安全法》出台的背景

（一）《2009 年美国清洁能源与安全法》是奥巴马政府为促进美国经济复苏和创造就业的重要举措

当前世界正处于重大新能源技术革命以及能源结构出现巨大转变的前夕。近年来，新能源和可再生能源成为美国的热门话题。2008 年 7 月，美国最具实力的石油大亨布恩·皮肯斯提出了一个"皮肯斯计划"，即到 2020 年美国进口石油要减半，10 年内风力发电要占总用电的 20%。同时，戈尔（Al Gore）更是提出："为了应对'能源冲击'，应在 10 年内实现 100% 的可再生能源发电。"②

----

① See http://thomas.loc.gov/cgi-bin/query/D? c111:2:./temp/ ~ c111I18q Yu:，最后访问日期 2009 年 10 月 16 日。

② 参见周冯琦、〔美〕理查德·汉利等主编：《应对能源安全与全球变暖的挑战》，学林出版社 2009 年版，第 15 页。

3

这些计划目标，引起了美国媒体和网上热议。美国参议员爱德华（John Edwards）也曾经指出："新能源经济能创造超过100万个'绿领'（Green-Collar）工作岗位。"①

奥巴马早在竞选总统期间，就曾多次表示能源问题将成为其未来政策的重点。奥巴马就任总统以后，在2009年2月签署的经济刺激法案中，发展新能源也成为奥巴马政府促进美国经济复苏和创造就业的重要举措。奥巴马表示，新政府将在未来10年内投资1500亿美元用于清洁能源产业。

（二）《2009年美国清洁能源与安全法》是美国能源法律与政策演变的结果

自从1973年第一次世界石油危机以来，美国政府相继出台了《1978年国家能源法》（National Energy Law 1978）、《1980年能源安全法》（Energy Security Act 1980）、《1992年能源政策法》（The 1992 Energy Policy Act）、《1995年国家能源政策计划》（National Energy Policy Plan 1995）、《1998年国家全面能源战略》（Comprehensive National Energy Strategy 1998）、《2003年能源安全法》（Energy Security Act 2003）② 以及《2007年能源独立和安全法》（Energy Independence and Security Act 2007）等，都把"能源独立"和"减少对外能源依赖"③ 作为其能源法律与政策的出发点。

特别是近年来，美国面临气候变化和不断增长的能源需求的挑战，美国的能源法律与政策着重鼓励新能源和可再生能源的开发。例如，2007年1月，美国总统布什提出通过大量使用乙醇、

①　John Edwards, Achieving Energy Independence & Stopping Global Warming Through A New Energy Economy, *Sustainable Development Law & Policy*, Vol. 8, 2007—2008, p. 4.

②　参见［美］约瑟夫·托梅因、理查德·卡达希：《美国能源法》，万少廷译，法律出版社2008年版，第48—55页。

③　吴磊：《能源安全与中美关系：竞争、冲突、合作》，中国社会科学出版社2009年版，第149页。

适度提高汽车效率以及通过技术解决方案来解决气候变化问题；同年 7 月，他又提出雄心勃勃的"先进能源启动计划"，旨在使美国 2025 年从中东进口原油减少 75%；一个关键的里程碑号召是到 2017 年用 350 亿加仑的可再生和替代燃料如乙醇替代 15% 汽油①。

可见，《2009 年美国清洁能源与安全法》反映了奥巴马政府继承了美国多年来对"能源独立"理想的追求。

（三）《2009 年美国清洁能源与安全法》也是美国为了重树在国际环境与气候变化领域的领导地位而做的努力

众所周知，从 20 世纪 70 年代至今，美国在国际环境与气候变化领域的角色经历了较大的变化，由积极的领导者变成了消极的拖后腿者，并备受国际社会的指责。同样，在新能源的利用方面，其他国家奋起直追、迎头赶上。正如美国生态学家莱斯特·布朗所指出的："过去三年里，美国一直在新式风力发电领域处于全球领先地位。而到今年（2008 年，编者注）年底，中国将在新式风力发电领域超过我们，其速度之快会让我们全然不觉。"②

奥巴马上台后，强调美国必须恢复其在应对气候变化威胁方面的领导地位，承诺将在气候变化议题上开启新篇章，履行其作为应对气候变化领导者的义务。奥巴马的首席气候问题谈判代表托德表示，"美国将参与气候变化新条约的协商，新的气候变化条约将不同于《京都议定书》，而是将超越温室气体排放的范围，还将包括金融机制、向发展中国家提供资金和科技援助以应对气候变化做出长期承诺等内容"③。

---

① 参见钱伯章编著：《节能减排——可持续发展的必由之路》，科学出版社 2008 年版，第 58—59 页。

② ［美］托马斯·弗里德曼：《新的人造卫星》，载美国《纽约时报》2009 年 9 月 27 日，转引自《参考消息》2009 年 9 月 28 日第 8 版。

③ 赵宏图、黄放：《奥巴马能源新政的战略含义》，载《世界知识》2009 年第 16 期，第 39 页。

二、《2009 年美国清洁能源与安全法》的
立法目标与主要内容

（一）《2009 年美国清洁能源与安全法》的立法目标

《2009 年清洁能源与安全法》开宗明义，阐明了该法的立法目标为：创造数百万新的就业机会来推动美国的经济复苏，减少对国外石油的依存度来实现美国的能源独立，通过减少温室气体排放来减缓全球变暖，最后过渡到清洁的能源经济。

（二）《2009 年美国清洁能源与安全法》的主要内容

《2009 年美国清洁能源与安全法》的内容，可以分为以下四个部分：

1. 清洁能源（Clean Energy）。

清洁能源部分主要涉及综合能效和可再生电力标准（Combined Efficiency and Renewable Electricity Standard）、碳捕获与碳封存（Carbon Capture and Sequestration）、清洁交通（Clean Transportation）、州能源和环境发展基金（State Energy and Environment Development Accounts）、发展智能电网（Smart Grid Advancement）、输电方案（Transmission Planning）、能源法的技术性修改（Technical Correction to Energy Laws）、清洁能源创新中心（Clean Energy Innovation Centers）、海洋空间方案（Marine Spatial Planning）等内容。

该法规定，从 2012 年开始，年发电量在 100 万 MWH 以上的电力供应商应保证每年 6% 的电力供应来自可再生能源，之后逐年增加，到 2020 年达到 20%；2020 年，各州电力供应中 15% 以上必须来自可再生能源，5% 以上来自节能；该法颁布后的一年内，应制定碳捕获与碳封存的国家战略，以扫清影响碳捕获与碳封存技术商业运行上的法律、法规以及其他障碍；大力建设插电式（Plug-in

Electric）汽车基础设施，各电力公司应制定一个计划，以支持使用插电式车辆，包括重型混合动力汽车，实施大规模车辆电气化计划；各州能源办公室应建立能源和环境发展基金，以储存和管理用于可再生能源和能效项目的联邦财政拨款；各州应确立智能电网峰值需求减少目标；设立清洁能源创新中心，通过促进清洁的、可再生能源的商业利用，减少温室气体的排放，来提高本国的经济、环境和能源安全，并确保美国在能源技术方面的领先地位等。

2. 能源效率（Energy Efficiency）。

能源效率部分主要包括建筑能效规划（Building Energy Efficiency Programs）、照明和电器能效规划（Lighting and Appliance Energy Efficiency Programs）、交通能效（Transportation Efficiency）、工业能效规划（Industrial Energy Efficiency Programs）、合同式节能管理的改进（Improvements in Energy Savings Performance Contracting)①、公共部门的能效（Public Institutions Efficiency）等。

在这一部分，《2009 年美国清洁能源与安全法》第 272 条提出了美国的能源效率目标，即到 2012 年美国整个能源产品的能效至少每年要提高 2.5%，并且能源效率提高的势头一直要保持到 2030 年。

该法还指出，要提高建筑标准中的能效要求，到 2014 年新建的民用建筑的能效要求将提高 50%，2015 年新建的商用建筑的能效要求将提高 50%，为旧建筑提供能效改进补贴，并执行建筑能效标示方案；制定照明和其他电器（如洗衣机、洗碗机等）能效标准，地方法院还有权制止违反该法规定的能效标准的行为，该法

---

① 国内有学者把 "Energy Performance Contracting" 译为 "合同能源管理"，并将其界定为 "是指以节能服务合同为载体，通过节能服务的提供方与客户分享节能所减少的能源费用来支付节能项目全部成本和实现盈利的一种市场化手段来进行节能的商业模式；在此模式下，允许用户使用未来的节能收益为工厂和设备升级，降低目前的运行成本，提供能源利用效率"。参见张超：《论合同能源管理机制》，载肖国兴、叶荣泗主编：《中国能源法研究报告 2009》法律出版社 2010 年版，第 198 页。

颁布一年内应制定实施"最节能电器退管方案"(Best-in-Class Appliances Deployment Program);2010 年 12 月 31 日前,能源管理机构应颁布与加州温室气体排放标准同样严格的机动车排放标准,实施"智能道路交通能效方案"(Smart Way Transportation Efficiency Program),以减少由机动车引起的石油消耗、空气污染和温室气体排放;能源管理机构应继续支持"美国国家标准研究所"(The American National Standards Institute)制定工业能效标准以及国际标准化组织(International Standards Organization,ISO)一致通过的 50001 标准,政府设立"电力热能回收奖"(Electric and Thermal Waste Energy Recovery Awards),以鼓励企业回收利用发电所产生的余热;联邦机构实施合同式节能管理;能源管理部门被授权为社区机构提供财政资助,以提高能源使用效率、开发可替代的和再生的能源供应,并为城乡低收入居民提供技术援助、创造就业和工作机会。此外,能源管理部门被授权制定研究规划,以确定影响能源储备的消费行为和提高能效的因素。另外,该法还规定,为购买和使用能效的信息、技术及经验,该法颁布的一年内每一联邦部门应与管理与预算办公室主任合作,以制定实施战略,包括应采取的最合适的手段、措施等。

3. 减少全球变暖污染(Reducing Global Warming Pollution)。

减少全球变暖污染部分主要涵盖以下几个方面:

(1)全球变暖污染减排目标(Global Warming Pollution Reduction Goals and Targets)。该法规定,鉴于全球气候变暖将给美国和其他国家的国家安全、国民经济、公共健康、人类福利以及环境等构成严重威胁,因此美国将建立有效、透明和公平的排放限额和交易体系,并将逐步减少温室气体排放的数量,如相对于 2005 年的排放水平,到 2012 年削减 3%、到 2020 年削减 20%、到 2030 年削减 42%、到 2050 年削减 83%;限制了电力、石油公司、大型工业源和年排放量为 2.5 万吨二氧化碳以上的排放源的温室气体排放,基本上覆盖了美国温室气体排放总量的 85%。此外,该法颁布一年内,能源管理机构应与国家科学院签订合同,要求后者最迟在 2014 年 7 月 1 日前（以后每四年）向国会和政府递交有关减少温室气体排放的评估报告。

（2）温室气体的标示和注册（Designation and Registration Greenhouse Gases）。该法明确指出，温室气体主要有：二氧化碳、甲烷、一氧化二氮、六氟化硫、从化工生产过程中氢的工业污染源、全氟化碳、三氟化氮以及其他被能源管理机构标示为温室气体的任何人为气体等；如果 1 吨人为气体对全球变暖 100 多年的影响等于或超过 1 吨二氧化碳，那么任何人都可以向能源管理机构提出请求，把该人为气体标示为温室气体；请求人还应向能源管理机构提供详细的资料，说明该人为气体有可能在美国生产、进口、使用和排放；此外，在切实可行的范围内，请求人还应当同时确定该人为气体在美国的生产商、进口商、分销商、用户和排放者。

（3）抵消（Offsets）。在该法颁布的 30 天内，能源管理机构应成立一个独立的"统一抵消咨询委员会"（Offsets Integrity Advisory Board）。该委员会的主要任务是向能源管理机构提出建议，采用排放抵消用于减少减排成本，设置每年的抵消量为 20 亿吨并逐步削减到 8 亿吨；其中，有 10 亿吨的抵消量来自国内项目，另有 10 亿吨来自国外；从 2017 年开始，使用国际碳抵消的美国企业必须用 5 吨的国际碳抵消量来抵消在国内 4 吨的碳排放等。

（4）通过减少砍伐热带雨林项目来进行辅助性减排（Supplemental Emissions Reductions from Reduced Deforestation）和排放配额分配（Disposition of allowances）。通过减少砍伐热带雨林项目，到 2020 年至少实现 7 亿 2 千万吨二氧化碳排放当量的辅助性减排目标；到 2025 年 12 月 31 日，至少实现 60 亿吨二氧化碳排放当量的辅助性减排目标；进行能力建设，以减少发展中国家正在进行的对热带雨林的砍伐，同时还准备让发展中国家参加因毁林而减少排放权的国际抵消信用市场。2012～2025 年，55% 的排放配额分配用于保护因能源价格上涨而受到影响的消费者，19% 的配额分配给易受贸易影响的行业，13% 用于支持清洁能源和能源效率投资；2026～2050 年，58% 的配额分配用于保护消费者，19% 用于国内减缓气候变化的行动，12% 用于支持清洁能源和能源效率投资，4% 用于支持易受贸易影响的行业。

4. 向清洁能源经济转型（Transiting to A Clean Energy Economy）。

向清洁能源经济转型部分的主要内容有：

（1）确保在工业部门实现真正的减排（Ensuring Real Reductions in Industrial Emissions）。2011 年 6 月 30 日前，能源管理机构应根据该法的有关标准，公布工业部门的适当的排放配额折扣。此外，美国政府将和其他有关的机构一起，根据《联合国气候变化框架公约》的规定，制定有约束力的协定，包括部门协定，承诺所有主要的温室气体排放国家要为减少全球温室气体的排放做出同样的贡献。

（2）绿色就业和工人转岗（Green Jobs and Worker Transition）。教育部门有权在公平竞争的基础上资助有能力的合作伙伴，以着重研究在清洁能源、可再生能源、能源效率以及气候变化的缓和与适应等领域正在出现的岗位与就业的开发项目；要设立专门的"能源效率和可再生能源工人训练基金"（Energy Efficiency and Renewable Energy Worker Training Fund）；在该法颁布的 18 个月内，劳工部门要会同能源部门和教育部门建立信息和资源网，以帮助实施可再生能源领域的职业技术教育和劳动技能培训项目；劳工部门还应跟踪和监督这类项目的实施效果。

（3）对消费者的援助（Consumer Assistance）。能源管理部门应负责制定和实施"能源税收抵免方案"（Energy Refund Program），该方案主要是为符合条件的低收入家庭提供现金支付，以补助它们因实施《2009 年美国清洁能源与安全法》而引起的购买力下降；应各州州立机关的要求，该州每一个符合条件的低收入家庭，应有权接受与能源税收抵免相当的每月现金补助；能源信息管理局（the Energy Information Administration）应在每个财政年度的 8 月 31 日前，估算出下一个财政年度每个家庭因实施《2009 年美国清洁能源与安全法》而遭受的购买力总损失的情况；能源管理机构应制定具体的标准和实施步骤，能源税收抵免的现金补助应每月直接存入符合条件的家庭的指定银行账户或各州的电子收益转账系统中。

（4）清洁技术的出口（Exporting Clean Technology）。美国国务院或其他类似的联邦政府机构应与跨部门协调小组（Interagency Group）协商，负责主导和监督排放配额分配；如果某一发展中国家加入了以美国为缔约方的国际协议，并同意采取可量化的、可报告的和可验证的温室气体减排措施，那么跨部门协调小组就可认定该国为符合条件的可对其出口清洁技术的国家。出口的清洁技术援助包括：电力生产部门或大的工业源排出的二氧化碳的捕获和封存技术；来自风能、太阳能、可持续生产的生物质能、地热能、潮汐能等可再生能源发电技术；电力传输、分配和消费等方面效率的大幅度提高技术；低或零排放技术；黑炭减排技术等。此外，要建立基金，帮助符合条件的发展中国家获取国际上广泛采取的清洁能源技术。

（5）适应气候变化（Adapting to Climate Change）。一方面，应制定"国家气候变化适应方案"（National Climate Change Adaptation Program），以帮助美国和世界其他国家对人为的和自然的全球气候变化过程有所认识、估计、预测和反应；成立"国家气候服务中心"，以促进对气候可变性和在全球、国家、地区或地方层面上气候变化的理解，对气候变化对地域范围、自然资源、基础设置、经济发展等方面可能产生的影响进行预测、预警和其他信息通报等。另一方面，美国国务院应会同财政部和环境保护管理局等，制定"国际气候变化适应方案"（International Climate Change Adaptation Program），以指导排放配额的分配，并通过双边援助、成立多边基金以及在国际组织的主导下签订国际协定，或以混合机制等形式来完成该方案的实施。

三、《2009年美国清洁能源与安全法》的主要特点

从《2009年美国清洁能源与安全法》的上述内容可以看出，该法的核心包括了以"总量控制与排放交易"（Cap-and-Trade）为

基础的减少全球变暖计划。该法对美国大型温室气体排放源（包括电厂、制造业设施和炼油厂等）设置了具有法律约束力且逐年下降的总量限额，同时还对那些替代破坏臭氧层化学品的一些具有全球变暖效应的污染物进行总量限额。

《2009 年美国清洁能源与安全法》主要有以下两大特点：

（一）新

从某种意义上来说，《2009 年美国清洁能源与安全法》是美国奥巴马政府能源新政的重要组成部分。该法的"新"主要体现在两个方面，一是强调发展新能源和可再生能源。例如，该法要求电力公司到 2020 年通过可再生能源发电和提高能源效率满足 20% 的电力需求；新清洁能源技术和能源效率技术的投资规模将达到 1900 亿美元，其中包括能源效率和可再生能源到 2025 年达到 900 亿美元的投资规模，碳捕获与碳封存技术 600 亿美元。二是鼓励技术创新。发展新能源需要依靠新能源领域技术的突破。因此，该法提出，基础性的科学研发到 2025 年达到 200 亿美元的投资规模，电动汽车和其他先进技术的机动车到 2025 年也达到 200 亿美元的投资规模。另外，到 2015 年将有 100 万辆插电式混合动力车投入使用。

（二）绿

（1）制定"绿色建筑标准"（Green Building Standards），提高建筑物的能效。该法第 282 条规定，"绿色建筑标准"要求建筑设计要坚持可持续发展原则，以减少对不可再生资源的使用；鼓励提高能效和利用可再生资源；减少对环境发展的影响；改进室内空气质量。

（2）成立"绿色银行中心"（Green Banking Centers），以便为消费者提高能源使用效率而获得资金支持。再次，建立"绿色担保制度"（Green Guarantee）。住房和城市发展部门有义务保证偿付绿色建筑的主要抵押贷款。

（3）推进气候变化应对机制。该法设置了美国主要碳排放源的排放总额限制，并建立了排放交易体系，要求排放源对其排放的每一吨温室气体都要持有相应单位的排放配额，这些配额可以进行交易和储存，但 2012 年至 2050 年间每年发放的配额数量将会显著地减少。

四、《2009 年美国清洁能源与安全法》的国际影响

作为世界上第一大能源消费国，美国《2009 年美国清洁能源与安全法》及其新能源政策走势，必将对世界能源格局产生重大影响。

（一）美国将减少对中东、俄罗斯等国的石油依赖

自从 1973 年第一次世界能源危机爆发以来，美国历届政府都把实现"能源独立"作为维护本国安全的重要目标[1]。奥巴马提出"让我们成为美国最终摆脱依赖石油的一代人"，并强调 10 年内减少从中东等地进口石油。他说："每桶石油的价格都成为世界上最危险的武器——我们必须把美国的命运从独裁者和专制统治者手里夺取过来，把握在自己手里；我们必须结束美国对外国石油的长期依赖。"[2] 作为奥巴马施政方针的具体化措施之一，《2009 年美国清洁能源与安全法》把清洁能源作为能源安全的主要切入点。一旦该法付诸实施，它将使未来美国耗用的原油 10% 以上来自可再生能源，并通过节约能源和提高能效的方式，大幅削减美国的石油消费。这样，美国必将减少对外国石油的进口依赖，进而影响石

---

[1] See Donald N. Zillman and Michael T. Bigos, Security of Supply and Control of Terrorism: Energy Security in the United States in the Early Twenty-First Century, in Barry Barton etc. ed., *Energy Security: Managing Risk in a Dynamic Legal and Regulatory Environment*, Oxford University Press 2004, pp. 169-170.

[2] ［美］巴拉克·奥巴马：《我们相信变革——重塑美国未来希望之路》，孟宪波译，中信出版社 2009 年版，第 57 页。

油生产国的石油生产计划，并会对高油价发挥一定的抑制作用。

（二）引发全球能源技术的一次革命，发达国家对能源新技术的出口将会大大增加

《2009 年美国清洁能源与安全法》强调开发新能源和可再生能源，发展智能电网和低碳技术，这很有可能使人类迎来第四次工业革命——绿色工业革命。美国利用其拥有先进技术的优势，可能成为清洁能源和新能源研究与开发大国，抢占未来发展的制高点。其他国家为了应对能源危机和全球气候变化，实现经济和社会的可持续发展，也将纷纷发展新能源。这无疑会增加对新能源技术的需求。

（三）国际社会在应对气候变化的问题上有可能取得新的进展

前已述及，《2009 年美国清洁能源与安全法》的主要内容之一就是要减少全球变暖污染、适应气候变化。新能源的开发利用可以极大地缓解环境压力，防止气候变暖。然而，奥巴马上台之前，美国政府并未注重解决气候变化问题，拒绝签署《京都议定书》，因而在全球气候变化议题上一直受到指责。奥巴马当选后，曾多次明确表示："气候变化是一个紧迫的和涉及国家安全的问题，否认这一问题的时间已经终结；美国不但将减少自己的温室气体排放，而且还要推动订立国际协议来确保每一个国家都完成自己的那一部分工作。"①

五、《2009 年美国清洁能源与安全法》对中国的启示

2009 年 3 月，胡锦涛主席在参观"2009 年中国国际节能减排和新能源技术科技博览会"时强调："大力推进节能减排，积极开

---

① 周琪：《奥巴马政府的气候变化政策动向》，载《国际经济评论》2009 年第 3 期，第 10 页。

发新能源，这是贯彻落实科学发展观、促进经济社会可持续发展的重大举措。在当前应对国际金融危机的形势下，节能减排和开发新能源工作尤其不能放松。"在 2009 年"两会"上，温家宝总理在政府工作报告中也指出，要大力发展循环经济和清洁能源，积极发展核电、风电、太阳能发电等清洁能源。

美国作为当今世界最大的发达国家，在提高能源使用效率、发展清洁能源等方面拥有先进技术和丰富经验。《2009 年美国清洁能源与安全法》可以为中国制定更科学合理的能源法律制度和政策战略提供一定的启示。

（一） 立法先行，完善中国新能源的法律制度

近年来中国新能源的发展速度非常快，令不少发达国家惊叹①。中国也有可能比发达国家以更低的代价转向新的、清洁的、低碳的能源系统，以更少的历史负担来适应新时代。目前我国虽然出台了《中华人民共和国节约能源法》、《中华人民共和国可再生能源法》、《可再生能源发电上网电价和费用分摊管理规定暂行办法》、《可再生能源产业发展指导目录》等，但是与美国、欧盟②等发达国家和地区相比，我国新能源法律制度不完善、政策激励措施不到位。因此，我国需要制定与节约能源法、可再生能源法等相配套的行政法规，如《可再生能源发电管理规定》、《可再生能源发展专项资金管理办法》③ 等。

---

① 参见周冯琦、[美] 理查德·汉利等主编：《应对能源安全与全球变暖的挑战》，学林出版社 2009 年版；第 24 页。

② 有学者认为： "欧盟是当今国际能源制度最为先进的实验室"。Thomas W. Wälde, *International Energy Law*: *Concepts*, *Context and Players*, available in http://www.dundee.ac.uk/cepmlp/journal/htm/vol9/vol9-21.html, last visit on October 19, 2009.

③ 参见叶荣泗、吴钟瑚主编：《中国能源法律体系研究》，中国电力出版社 2006 年版，第 54—55 页。

（二） 建立新能源技术开发保障基金

目前美国在超导电网、智能电网、太阳能和包括光伏电池等在内的一系列能源新技术储备充足。《2009 年美国清洁能源与安全法》又规定新清洁能源技术和能源效率技术的投资规模将达到1900 亿美元，并设立新能源技术风险基金。美国的做法对我国具有借鉴意义。因为我国目前新能源技术开发缺乏稳定的资金支持，没有固定的新能源科技发展专项，技术水平和生产能力与发达国家相比还存在较大差距，新能源产品的市场竞争力也比较低。

（三） 借鉴合同式节能管理模式

《2009 年美国清洁能源与安全法》明确提出美国联邦机构要实施合同式节能管理 （Energy Savings Performance Contracting）。目前我国与节约能源法相配套的行政法规正在制定过程中，把作为市场化的一种新机制——合同式节能管理模式明确规定在新的节约能源法体系中，一方面有利于在资源配置中更好地发挥市场机制的作用，另一方面也体现了企业为主与政府引导相结合的原则①。

（四） 加强国际合作，建立中美能源同盟，以应对气候变化

近几十年来，虽然中美之间存在诸多分歧，但是两国在能源合作方面的共同战略利益明显增多。美国是能源消耗最大的国家，而中国是对能源需求增长最快的国家，从 2003 年开始中国就成为了"世界石油市场上的一个重要因素"②。中美两国在开发新能源、减少排放、提高能效以及应对气候变化等问题上的合作，是符合双方的国家利益的。2008 年 6 月，中美两国正式签署了"中美能源

---

① 参见张超：《论合同能源管理机制》，载肖国兴、叶荣泗主编：《中国能源法研究报告 2009》法律出版社 2010 年版，第 204—205 页。

② See Justin W. Evans, A New Energy Paradigm for the Twenty—First Century: China, Russia, and America's Triangular Security Strategy, *Indiana Law Review*, Vol. 39, No. 3, 2006, p. 630.

环境十年合作框架"，确定了电力、交通、清洁水资源、大气治理、湿地和其他自然资源的保护等五个优先合作领域，并达成这五个领域的具体合作计划以及短期、中期和长期目标协议，从而为未来中美能源合作开辟了广泛的前景。2009 年 7 月，美国商务部长和能源部长访问中国，围绕"应对气候变化和加强能源合作"，与中国展开"绿色对话"。在 2009 年首轮中美战略与经济对话中，中美就加强气候变化与能源合作达成了谅解备忘录。

特别值得注意的是，美国布鲁金斯学会（Brookings Institution）、美中关系全美委员会（National Committee on Us-China Relations）、环境保护基金（Environmental Defense Fund）和对外关系委员会（Council on Foreign Relations）还提议成立"中美能源同盟"，以加强中美之间在节能新技术方面进行联合研究和开发行动的新合作关系，如碳捕获与碳封存、可靠的数据采集方法、可持续能源以及其他可能融入新经济模式基础的创新技术等①。

---

① 参见［美］奥维尔·斯科勒：《建立中美能源联盟》，载《国外社会科学文摘》2009 年第 5 期，第 43 页。

第二章　欧盟第三次能源改革方案

欧盟是具有诸多超国家因素的一个国际法的特殊角色。为了应对气候变化和能源安全的双重挑战，欧盟不断加强和完善能源立法，是近二十年来最活跃的能源法制定者，被称为"能源国际规制最为先进的实验室"。它制定的能源法是欧盟和成员国的国际能源法以及成员国国内能源法的一部分①。

近年来，欧盟出台了一系列能源方面的绿皮书、政策文件和立法措施。2009 年，欧洲理事会正式批准了第三次能源改革方案，表明欧洲电力和天然气市场将呈现新的法律架构。此项能源改革方案的大部分条款于 2011 年开始实施。目前我国的能源法律制度还不太完善，因此研究欧盟第三次能源改革方案，探讨其对中国的启示，无疑具有重要的意义。

一、欧盟能源改革方案的发展过程

十余年来，欧盟内部能源市场改革在自由化、一体化方面取得了很大进展，其改革已涉及整个欧盟的能源基础设施建设、能源市场管理等诸多方面。

（一）第一次能源改革

20 世纪 90 年代中后期，欧盟第一次能源改革方案的重点在于建立各国的能源管理机构并在成员国内放开能源市场，使能源市场

---

① 参见【澳】布拉德布鲁克等主编：《能源法与可持续发展》，曹明德等译，法律出版社 2005 年版，第 296—297 页。

自由化。这一阶段的主要指令包括 Directive 96/92/EC（欧洲议会和理事会关于内部电力市场共同规则的指令）和 Directive 98/30/EC（欧洲议会和理事会关于内部天然气市场共同规则的指令）。其具体内容包括：通过重视能源生产和电力网络、天然气管道建设，废除已有电力和天然气垄断企业的排他性权利；对大的工业客户和配电/气公司的网络引入第三方准入权；对能源服务的生产、输送、分配进行区分，拆分能源服务的基础设施，区分基础性服务（可能要继续作为公共服务）和增值服务（开放进行自由竞争）；监管和运营功能相分离①②。

欧盟第一次能源改革的立法目的是渐进地引入竞争，从而逐步开放电力和天然气市场，在整体上增进能源部门效率和欧盟经济竞争力。但是一些成员国，特别是法国和德国，强烈反对这一观点。

到 2000 年 9 月，欧盟大部分成员国已经实施了欧盟第一次能源改革方案的电力和天然气指令，欧盟委员会 2001 年的调查认为，有必要采取更进一步的措施来完善内部能源市场并从中获益。

（二）第二次能源改革

欧盟第一次能源改革使得欧洲能源市场迈上自由化之路，但是自由化并非最终目标，而是一条通往能源市场一体化的途径。欧洲理事会 2000 年 3 月提出在电力和天然气领域"加速自由化"，其目标是形成"一个全面起作用的具有操作性的内部市场"③。

欧盟通过加强电力和天然气市场的竞争和跨境贸易，开展了第二次能源改革。2003 年至 2005 年，欧盟通过了两个指令和两个条例来取代 Directive 96/92/EC 和 Directive 98/30/EC，它们是 Directive2003/54/EC（欧洲议会和理事会关于内部电力市场共同规

---

①　See Directive 96/92/EC, OJ L 027, 30/01/1997.

②　See Directive 98/30/EC, OJ L 204, 21/07/1998.

③　Neelie Kroes, Improving Competition in European Energy Markets through Effective Unbunding, *Fordham International Law Journal*, No. 3, 2008, pp. 1387-1441.

则及废止指令 96/92/EC 的指令①）、Directive2003/55/EC（欧洲议会和理事会关于内部天然气市场共同规则及废止指令 98/30/EC 的指令②），以及 Regulation（EC）No 1228/2003（欧洲议会和理事会关于跨境电力交易网络准入条件的条例③）、Regulation（EC）No 1775/2005（欧洲议会和理事会关于天然气输送网络准入条件的条例④）。上述条例和指令的主要内容包括：加强对网络运营商的拆分要求；加强网络准入权；消除残留的排他性供应权；建立独立的监管机构。

根据这些条例和指令，成员国同意确定在电力和天然气市场实现全面竞争的时间表，所有针对非住户的天然气和电力消费者的市场到 2004 年 7 月实行自由化；对于私人住户，最后期限为 2007 年 7 月。此后，商业和私人消费者理论上可以在一个竞争性的市场上自由选择电力和天然气供应商。

（三）第三次能源改革

虽然经过了上述两次改革，加强了市场竞争，但是欧盟内部能源市场仍然存在着一些严重的功能性障碍，比如缺乏市场一体化、缺少透明度、市场过度集中，等等。

为了解决能源领域所面临的问题，欧盟委员会于 2007 年 1 月 10 日提出了新的提案，其内容包括实现有效的输送网络拆分、建立监管框架、网络准入及提高透明度等，欧洲议会对此表示强烈支持，认为输送网络所有权拆分是"用非歧视性手段提高基础设施投资、高压输电网络对新来者的公平准入以及市场透明度的最有效工具"⑤。这些内容也正是 2009 年欧盟第三次能源改革方案的核

---

① See Directive 2003/54/EC, OJ L 176 , 15/07/2003.
② See Directive 2003/55/EC, OJ L 176 , 15/07/2003.
③ See Regulation（EC）No 1228/2003, OJ L 176 , 15/07/2003.
④ See Regulation（EC）No 1775/2005, OJ L 289 , 03/11/2005.
⑤ Neelie Kroes, Improving Competition in European Energy Markets through Effective Unbunding, *Fordham International Law Journal*, No. 3, 2008, pp. 1387-1441.

心部分。2009 年 4 月 22 日，欧洲议会通过了第三次能源改革方案；6 月 25 日，欧洲理事会正式批准了此项能源内部市场改革方案。

二、欧盟第三次能源改革方案的主要目标

欧盟制定的能源法律本质上都是对欧盟及其成员国的行为进行规范和协调，促进成员国之间能源方面的合作，实现共同目标。

（一）可持续性

能源问题已经处于可持续发展的前沿，改革能源法是各国和全球经济中实现可持续发展的一个基本要素。可持续发展成为各国制定能源供应多元化以及减少能源生产对环境负面影响等方面法律与政策的推动力。

欧盟始终将应对气候变化和可持续发展放在其能源议程的重要位置。欧盟委员会提出了 20：20：20 目标，即到 2020 年，温室气体排放与 1990 年相比减少 20%，能源效率提高 20%，新能源占能源生产总量的 20%[1]。欧盟认为实施可持续发展战略的关键是坚持"能源与环境协调原则"，在能源活动中融入环境目标[2]。

在欧盟第三次能源改革方案中多次述及要建立环境可持续发展的电力和天然气市场的目标，规定了电力和天然气供应商有义务告知终端客户每种能源的贡献率及对环境造成的影响等，要求成员国为实现"20：20：20"目标而努力。

（二）供应安全

根据《欧洲联盟运行条约》第 192 条（原《欧洲共同体条约》

---

[1] See COM (2008) 30 final, Brussel, 23/01/2008.

[2] 参见杨泽伟：《欧盟能源法律与政策及其对中国的启示》，载《武大国际法评论》（第七卷），武汉大学出版社 2007 年版，第 135—142 页。

第175条），成员国可以自由选择其能源来源和供应结构①，因而政府对能源市场的干预被认为是国家主权范围内的问题。然而，欧盟能源对外依赖严重，其能源需求的50%依赖进口，预测未来二十年，这一比例将上升到70%②。而且，欧盟能源依赖问题还与地缘政治利益交织在一起，其大部分能源来源于俄罗斯、沙特阿拉伯、阿尔及利亚、尼日尔、利比亚、伊朗、伊拉克等国，这些国家和地区政治形势复杂，能源供应不稳定。欧盟国家能源高依赖性以及在欧盟层面上的石油储备、天然气供应缺乏协调性，因此，欧盟供应安全问题只有提高到欧盟的层面上加以处理，建立一个共同框架，才能提高成员国在危机情况时的稳定性，在能源供应中断时能进行供应安全管理、设施安全管理③。

一个有效的欧洲能源政策和一个一体化的欧洲能源市场将有助于欧盟的能源多样化和供应安全。欧盟第三次能源改革方案要求成员国在建立电力、天然气生产有关标准时要考虑网络安全，输送系统运营商应当为供应安全做贡献。同时，加强成员国之间的合作，保证能源来源和运输渠道的多样化，提高石油贮存、天然气供应、发电的安全性。

（三）竞争性

欧盟的天然气和电力内部市场存在竞争障碍，需要通过改革来保证内部能源市场的有效运行。欧盟第三次能源改革方案的目标是，通过在整个欧盟电力和天然气输送方面引入所有权拆分来刺激和形成竞争，力图使天然气、电力输送与生产供应之间明确分离，建立新的电力和天然气输送及贸易框架。

第三次能源改革方案的核心内容——所有权拆分，在一些成员

---

① See The Treaty on the Functioning of the European Union, OJ L115 , 09/05/2008.

② See COM （2006） 105 final, Brussel, 08/03/ 2006.

③ See Carlos Padros, Endrius E. Cocciolo, Security of Energy Supply: When Could National Policy Take Precedence over European Law? *Energy Law Journal*, No. 1, 2010, pp. 31-54.

国已得到成功实施。对于电力部门，13 个成员国已通过输送网络的全面所有权拆分超越了法律和当前指令的功能性拆分要求；对于天然气部门，有 6 个成员国已经选择拆分 TSOs 的所有权①。由于所有权拆分能给电力和天然气网络带来更多的投资，减少网络用户的支出，在供应方面带来更多的竞争，因此它将给欧洲能源市场带来显著的收益，被认为是解决欧盟能源市场现有利益冲突的最简单、最有效并且很稳定的方案。欧盟第三次能源改革方案将消除市场竞争功能上的障碍，避免垄断，为企业提供一个平等竞争的市场环境；为消费者提供更好的保护和尽可能低的价格，惠及百姓。

三、欧盟第三次能源改革方案的主要内容

2009 年欧盟第三次能源改革方案包括三个条例和两个指令，它们分别是：Regulation（EC）No713/2009（欧洲议会和委员会关于建立能源监管合作机构的条例），Regulation（EC）No714/2009（欧洲议会和委员会关于电力跨境交易网络准入条件及废止条例1228/2003 的条例），Regulation（EC）No715/2009（欧洲议会和委员会关于天然气输送网络准入条件及跨境交易网络准入条件及废止条例 1775/2005 的条例），Directive2009/72/EC（欧洲议会和委员会关于内部电力市场共同规则及废止指令 2003/54/EC 的指令），Directive2009/73/EC（欧洲议会和委员会关于内部天然气市场共同规则及废止指令 2003/55/EC 的指令）。

欧盟第三次能源改革方案主要内容包括：修正、补充现有的条例和指令，建立专门机构来加强欧盟各成员国能源管理机构的合作，进一步改革内部电力和天然气市场，排除目前存在的反竞争行为，为成员国公民提供更公平的价格、更清洁的能源和更安全的供给等。

---

① Neelie Kroes, Improving Competition in European Energy Markets through Effective Unbunding, *Fordham International Law Journal*, No. 3, 2008, pp. 1387-1441.

（一）拆分输送系统所有权

拆分输送系统所有权，也就是把天然气和电力的生产和供应从网络经营活动中分离出来。欧盟委员会在 2007 年的提案中提出了两种方案。

第一种是全面拆分方案，即将生产、供应与网络业务在产权上进行彻底拆分，欧盟委员会倾向于采用这一方案。第二种方案是按照"独立系统运营商"（Independent System Operator，ISO）的模式，允许垂直一体化公司保留输电、输气网络资产产权，但要求把网络交由完全独立的第三方运营①。

在以法、德两国为首的"反全面拆分联盟"的坚持下，2008年 6 月欧盟能源部长会议同意引入"独立输送运营商"（Independent Transmission Operator，ITO）方案，即允许垂直一体化电力企业保留输电、输气系统所有权，但是输电、输气系统交由独立输送运营商进行管理，该运营商可以从属于同一个母公司②。

欧盟第三次能源改革方案的两个指令，最终允许成员国在上述三种方案中选择其一③。从目前情况来看，ISO 方案吸引力较小，大部分成员选择全面拆分或者 ITO 方案。

（二）建立能源监管合作机构

欧盟成立"能源监管合作机构"（the Agency for the Cooperation of Energy Regulators），帮助成员国的能源市场管理机构开展管理工作，并加强成员国之间电力和天然气输送的跨境管理。这是一个具有法人资格的共同体机构，可在能源管理领域就任何问题提出意见，在电力和天然气领域可参与制定网络规范，在跨境基础设施方

① See COM（2006）841 final, Brussels, 10/01/2007.

② 参见郭磊等：《2008 年欧盟电力市场回顾及对我国的启示》，载《电力技术经济》2009 年第 1 期，第 25—30 页。

③ See Directive 2009/72/EC, OJ L 211, 14/08/2009；Directive 2009/73/EC, OJ L 211, 14/08/2009.

面做出决策。该机构在成员国或者欧盟层面上并没有直接的管理权，但是它有权在成员国管理机构不能有效合作的情况下进行干预①。

为了建立有效的欧盟能源市场，解决管理缺乏一致性及成员国能源管理机构执行不力的问题，欧盟第三次能源改革方案提出要协调和加强成员国能源管理机构的责任，使它们的决策能得到公司的遵守，并能对违反者加以惩罚。成员国能源管理机构要真正独立于工业利益和政府干预，能够制定自己的预算和严厉的规则以执行其管理职能，而且所有成员国能源管理机构必须相互合作②。

(三) 建立天然气和电力输送系统运营商的欧洲网络

原来欧盟各国天然气、电力输送系统运营商（Transmission System Operators，TSOs）的合作都是建立在自愿基础上的。第三次能源改革方案通过建立输送系统运营商的欧洲网络（European Network for Transmission System Operators，ENTSO）来把这种合作正式化，协调管道和接入电网的规则，调整和保障输送网络规划，以防止发生断电或断天然气的情况。它规定电力和天然气输送系统运营商，须在 2011 年 3 月 3 日前向欧盟委员会和能源管理合作机构提交有关 ENTSO 的法规草案、成员名单及程序规则草案③。

欧盟建立这一网络的目的，是为了提高竞争性和内部电力、天然气市场的协调性。Regulation（EC）No714/2009 和 Regulation（EC）No715/2009 规定，输送系统运营商的欧洲网络的主要任务包括：采用共同的网络运营工具，制定一个十年的网络发展计划，提出与共同体输送网络运营商之间技术合作相关的建议，制定年度工作项目、年度报告和每年的夏季、冬季展望。

---

① See Regulation（EC）No 713/2009，OJ L 211，14/08/2009.

② See Regulation（EC）No 713/2009，OJ L 211，14/08/2009.

③ See Regulation（EC）No 714/2009，OJ L 211，14/08/2009；Regulation（EC）No 715/2009，OJ L 211，14/08/2009.

（四）透明度规则

欧盟电力和天然气内部市场被认为因缺乏透明度而妨碍其发挥应有的功能。因此，欧盟委员会认为，有必要重新制定规则和措施，以保证市场公平竞争和保护消费者。

此次能源改革之前，透明度规则主要聚焦于输送网络的可用容量。Directive2009/72/EC 和 Directive2009/73/EC 以及 Regulation（EC）No714/2009 和 Regulation（EC）No715/2009 对透明度提出了新的要求，将其延伸到其他方面。

（1）有关配电和配气系统运营的条款中，规定了配电/配气系统运营商负有尊重系统使用者、保证透明度，以及向使用者提供信息的责任，要求天然气电力生产商、网络运营商及供应企业保存所有与操作决定和贸易有关的数据记录。

（2）有关拆分和账户透明度的条款中，规定了电力和天然气企业必须对其所有供电、输送和配电行为采用独立的账户，成员国和竞争监管当局有权检查电力和天然气企业账户。

（3）有关电力和天然气输送网络规范的条款中，规定了电力和天然气 ENTSO 有义务发展数据交换、技术运营与交流以及透明度等方面的规则。

（五）网络拥堵管理

Regulation（EC）No714/2009 和 Regulation（EC）No715/2009 制定了有关输送网络拥堵管理的规则。

（1）输送系统运营商须设立信息交换机制，来保证网络在拥堵管理情况下的安全。

（2）基础设施运营商须实行和公布非歧视和透明的拥塞管理程序，便于在非歧视的基础上进行跨境交易。

（3）网络拥堵问题须考虑建立在市场基础上的非歧视性解决方法。

（4）新的网络线路在一定期限内，在下列条件下免受拥堵管理的一般条款限制：其设备增加了电力供应的竞争；其风险等级使豁免成为必要；网络线路必须为一个自然人或法人所拥有；向网络线路的使用者征收费用；豁免必须无损于内部市场的竞争。

（六）系统准入

电力和天然气领域的第三方准入与能源市场的竞争性紧密联系，一直是能源改革的重要内容。欧盟第三次能源改革方案要求在电力方面，成员国须组织一个输、配电第三方准入系统，成员国须制定核准程序标准，在其领土内，在客观、无歧视的基础上建设线路，并须公布该系统的税收情况①。

天然气贮存、液化天然气基础设施方面，成员国或竞争管理当局须确立贮存设施和管线充填量的准入条件，必须采取措施保证符合条件的用户能够获准进入逆流管网。此外，他们须建立一个输送和配气系统第三方准入机制。天然气企业在缺乏容量或当进入系统会影响其公共服务义务方面的表现时，可以拒绝进入系统。但是，任何拒绝都须有实体化的原因②。

第三次能源改革方案的内容还包括建立单独针对网络准入的税收制度、容量分配、豁免制度、网络平衡等很多方面。

四、欧盟能源法的发展趋势

第三次能源改革方案，是欧盟近期出台的重大能源立法举措。它反映了欧盟能源法律、政策的发展趋势，推进了欧盟能源战略目标的实现，为欧盟电力和天然气市场的进一步一体化提供了制度上的保证，并为"能源法规共同空间"的建立创造了条件。

（一）通过立法推进欧盟能源战略目标

由于能源法长期以来将保障能源供应作为发展重点，很多规则

---

① See Directive 2009/72/EC, OJ L 211, 14/08/2009; Directive 2009/73/EC, OJ L 211, 14/08/2009.

② See Regulation (EC) No 715/2009, OJ L 211, 14/08/2009.

的设计仅服从于短期经济目标，能源生产与可持续发展的关系、市场的竞争性以及消费者的平等使用权等往往容易被忽视。2006年3月，欧盟《可持续、竞争和安全的欧洲能源战略》绿皮书提出了欧盟能源战略的三大目标——可持续性、竞争性和供应安全，这为欧盟能源立法的进一步确定了发展方向。而天然气和电力是重要的动力能源，在欧盟的能源总量结构中的比重迅速上升，已成为欧洲能源一体化的焦点内容，绿皮书因此将"完善欧洲内部电力和天然气市场"作为首要关注的问题之一①。欧盟此后的能源市场制度法律设计，无疑必须围绕着能源的可持续发展、竞争性和供应安全来进行，需要利用一系列立法和政策措施，减少成员国之间的差异，推进欧盟能源战略目标的实现。

欧盟第三次能源改革方案以电力和天然气市场为重点，制定了有关条例和指令：拆分输送系统所有权，建立能源输送、分配、贮存体系，增强内部能源市场的竞争性，保持能源的合理价格，减少对能源进口的过度依赖，降低能源安全风险②，促进了成员国能源利益的趋同，进而有助于实现3个20%的可持续发展目标。

（二）平衡欧盟及成员国在能源领域的利益

能源具有战略重要性，其分布和供应不均衡。当今世界各国对能源资源需求又在不断增长，造成能源领域矛盾重重。因此，欧盟及各成员国都把能源法律与政策作为干预和控制的重要阵地。

欧盟内部能源市场自由化程度低，制约了能源一体化进程。欧盟电力和天然气市场中，只有英国、瑞典、丹麦、芬兰等少数国家国内市场处于完全竞争状态，法国、德国、意大利、西班牙等国的能源市场都为本国大型企业所垄断。很多成员国不愿执行欧盟有关能源市场自由化的规定，而是致力于建设本国大型能源企业；而大型能源公司担心导致竞争，不愿建设联结设施，导致

---

① See COM (2006) 105 final, Brussel, 08/03/ 2006.

② 参见高云辉、曹国慧：《欧盟能源市场整合及一体化举措与进程》，载《社会科学战线》2010年第6期，第230—233页。

跨国联结设施不足，难以通过在欧盟范围内传输电力和天然气使各国市场价格趋同①。能源产品和服务的内在属性，以及在某些方面巩固和保护国内公司的政策，国内的电力和天然气竞争机制举步维艰，造成欧盟内部能源市场一体化方面难以形成统一意见。欧盟介入能源领域的权力有限，能源政策主导权仍然掌握在成员国政府手中。推动第三次能源改革，是一个必须进行却又举步维艰的过程。尤其是在所有权拆分问题上，各国分歧非常大，提出的方案一变再变，经过近三年的博弈，最终达成了三种方案择其一的谈判结果。第三次能源改革方案的立法过程，是欧盟委员会寻求自身权力与成员国在欧盟能源法框架内实施制定规章的权力之间平衡的过程，全面反映了欧盟及各成员国在能源问题上的利益、立场和偏好，以及各种力量之间的相互关系和能源格局的变化趋势。

（三）　以欧盟立法促建"能源法规共同空间"

欧盟通过三次能源改革，建立了有关电力、天然气生产、运输、网络准入、跨境贸易以及监管方面的法律框架，要求各成员国开放能源市场，实现电力、天然气管网的跨国联结等。它具有显著的技术标准和管理规则的特征，以法律的形式确定了欧盟能源市场一整套的技术规范和制度。

欧盟第三次能源改革方案还提出，所有非欧盟国家必须与欧盟成员国的公司一样，遵守同样的拆分要求，才能获许在欧盟市场内运营。如果非成员国公司被认为会对成员国和欧盟能源供应安全造成风险，那么成员国必须拒绝对该公司发放许可证。该条款让成员国决定是否允许第三国公司进入其市场，成员国有权用国家法规制度来保护公共安全利益。这被欧盟委员会称之为"互惠条款"②。

欧盟这种内部市场的制度建设是要为日后的能源外交奠定制度

① 参见刘明礼：《欧盟能源与气候政策的战略调整》，载《国际资料信息》2009 年第 10 期，第 5—9 页。

② See Directive 2009/72/EC, OJ L 211, 14/08/2009；Directive 2009/73/EC, OJ L 211, 14/08/2009.

基础和市场依托，以欧盟的技术规范为标准，通过签订新条约或双边协议，实现欧盟内部能源市场与周边国家的管、线、网的联结，将东欧、东南欧地区的电力、天然气市场与欧盟市场衔接起来，进而建设欧洲-地中海能源圈，在欧盟周围建立一个"能源法规共同空间"①，逐步推动共同的能源贸易，形成共同的能源贸易、跨境运输和环保规则，促进投资和经济增长，创造一个可预期的、透明的市场，以保证能源供应安全，继而实现最终的一体化。

五、欧盟第三次能源改革方案对中国的启示

欧盟及其成员国法律间的协调与发展，在一定程度上代表了世界法律的发展趋势②。欧盟是 20 世纪 90 年代以来最活跃的能源法制定者。研究欧盟能源法不仅具有国际法意义，而且对于认清我国当前面临的挑战，选择恰当的法律与政策工具来完善我国的能源法体系也有重要的借鉴意义。

（一）逐步完善我国能源法律法规体系

欧盟通过渐进式的改革不断推进能源法律建设，建立了较为完善的能源监管体系，专门设立能源管理和合作机构，用法律来对能源经济活动进行管理。经过十余年的努力，欧盟以较小的成本逐步达到了统一的电力和天然气市场的目标，取得了很大成功。相对于欧盟发达的能源领域法律体系而言，我国能源法律体系还很不完善。

目前，我国的电力和天然气体制改革尚未到位，市场体系还不健全，加强能源法律体系建设在这种形势下显得尤为重要。为了构建一套完整的法律与政策框架体系，我国需要加强对国外有关法

---

① 参见闫瑾、姜姝：《欧盟能源安全政策分析——新制度主义视角》，载《国际论坛》2010 年第 5 期，第 45—49 页。
② 参见［澳］布拉德布鲁克等主编：《能源法与可持续发展》，曹明德等译，法律出版社 2005 年版，第 2 页。

律、政策的研究，探讨发展能源领域的法律、法规，建立相关产业政策与规划的有效途径。

在能源供求形势日趋紧张的情况下，中国应加快能源领域的立法进程。在颁布和实施了《电力法》、《清洁生产促进法》、《可再生能源法》，以及对《节约能源法》进行了修订的基础上，需要加快《能源法》、《循环经济法》、《建筑节能条例》的制定，加强对于核能、天然气等领域的立法研究，并协调各级立法，建立起与社会主义市场经济体制相适应的能源法律法规体系，确定我国的能源监管格局，逐步创造能源部门发展所需的经济、社会和体制等各方面条件。

（二）加强电力、天然气市场的竞争性

传统观念认为电力和天然气产业，特别是运输和配电（气）是自然垄断的行业，不适于竞争，故采用垄断体制。而欧盟的三次能源改革都是消除垄断、引入竞争的改革。欧盟通过立法，鼓励能源企业之间的公平竞争，发挥市场在资源配置方面的决定作用，提高能源的使用效率，确保消费者得到价格低廉的优质服务。

我国电力体制改革自 2002 年启动，基本实现了政企分开、厂网分离。但是，其中的一些主要问题仍未得到解决，输电、配电、售电维持一体化垄断经营，竞争性电力市场还未建立[1]。从欧盟不断推进能源改革的过程来看，可以考虑首先推进大用户和逐售电企业直接购电，培育独立的购电主体，探索逐步放宽电网投资市场准入，并可以选择一些地区开展输电、配电分开的试点，推进电力市场竞争。

我国的天然气管网输送方面同样具有垄断特征，为了在较短时间内推动管网的快速发展，还不能打破中国石油、中国石化在管网建设方面的垄断，目前只能由国有公司继续垄断经营，继续实施政府定价。但是从长期发展来看，政府应对管网建设进行统筹规划和

---

① 参见张国宝主编：《中国能源发展报告 2000》，经济科学出版社 2009年版，第84页。

科学监管。在管网建设的垄断状态下，可考虑分别组建资产和财务相对独立的石油天然气管网子公司，逐步引入市场竞争机制，推进天然气流通体制改革。

（三）重视能源供应安全和环境保护

欧盟是世界第一大经济体，也是第二大能源市场。欧盟的能源消费具有消费量大、严重依赖进口、消费多样化、结构较为合理、注重环保、能源效率高的特点。通过对欧盟第三次能源改革方案以及近年有关可再生能源等方面立法的分析，我们可以发现欧盟新的能源法律与政策始终把供应安全和环境保护作为自己的立法原则和政策目标。

中国经济增长迅速，但是人口众多、油气资源短缺，而且环境形势也十分紧迫。我国未来能源的发展，一方面要有效缓解经济社会发展过程中的能源约束，促进能源结构优化，另一方面还需要减少污染物排放，提高环境质量，确保可持续发展。因此，我国在能源立法及有关政策的制定方面，也需要牢牢把握供应安全和环境保护两大主题，不能走攫取全球资源、依靠较低能源价格实现工业化的老路。

总之，2009 年第三次能源改革方案是欧盟通过长期努力，形成的一系列新的电力和天然气立法，创造了共同的欧洲能源政策，加强了能源合作与监管，使市场向所有供应商开放，让消费者能够选择不同的天然气和电力供应商并获得更为合理的价格。这些经验为我国逐步建立自己的能源法律法规体系提供了有益的借鉴。

第三章　欧盟可再生能源促进政策

随着能源与环境矛盾的凸显，当今各国能源法律和政策的发展日益呈现出生态化趋势，从局限于确保供应，转变到管理外部性、调节需求与改良利用。尤其是《京都议定书》通过前后，世界各国可以说进入了一个可再生能源法的"飓风时代"，可再生能源配额制、绿色电力营销、强制上网等新的政策措施在全球范围内推广。本章旨在探讨欧盟发展可再生能源的法律政策，从而为我国提供有意义的借鉴。

一、气候变化与欧盟可再生能源政策

在讨论能源问题时，人们往往会遇到这样的悖论：几乎每一个能源规划都是为了满足未来日益增长的能源需求；同时，一个与此背道而驰的话题是，控制能源消耗以减少温室气体尤其是二氧化碳的排放，遏制无法逆转的后果。据预计，2025 年全球碳排放量将超过 1990 年排放水平的 81%，在增加的排放量中，因石油、煤炭和天然气产品所造成的量占了约 80%。而且这些化石燃料并非用之不竭的资源，其地理分布特点还决定了其供应的不稳定性，因为动荡的中东占据了石油储量的大部分。因此，环境保护与能源安全是各国面临的挑战，过分依赖化石能源无异于饮鸩止渴。

对于欧盟而言，这一对压力就显得更加突出了。它不仅是化石燃料的主要进口方，而且占了全球二氧化碳排放量的 24% 左右。目前，欧盟的能源对外依存度达到了 50%，其中 75% 以上的石油依靠进口，而且主要来自中东；天然气则有 40% 从俄罗斯进口，

30%从阿尔及利亚进口。尽管英国、德国等国拥有较丰富的油气资源或煤炭储量,但总体而言欧盟化石燃料的探明储量相当有限,且生产成本很高。据预测,欧盟对能源进口的依存度最高将达到70%。面对十分严峻的能源安全形势,欧盟在减少化石燃料消费方面十分积极。自20世纪90年代以来,欧盟在促进国际气候政策上成为了工业化国家的先行者,将可再生能源的发展视为确保能源供应安全与减缓气候变化的希望所在。经多年酝酿,2001年出台了有关促进可再生能源发展的第2001/77/EC号欧共体指令(以下简称指令)。欧盟计划到2010年将可再生能源的比例提高到12%。值得一提的是,历史上,欧洲国家对可再生能源的承诺都因石油市场的变化而迥然相异。在20世纪70年代和80年代初的大规模计划之后,便因80年代中期石油跌价而剧减,而现在单是环境因素也足以促使欧盟将可再生能源发展作为关键的能源战略。目前,欧盟能源正呈现以油气为主的多元化结构,化石燃料的比例不断下降,而可再生能源有较大发展。

与欧盟相同,中国也面临着气候变化与能源安全的双重压力。而且,中国要实现小康社会的目标,能源供应的压力更大,因为目前中国的人均能源消费量只占欧盟的10%左右。但是,如果一味强调能源安全,即使可能获得充足的化石燃料,也会带来环境(气候)的负面影响。显然,我国能源消费结构中,化石能源比例过高(约94%),并成为了石油净进口国:2005年进口量高达13617万吨。因此,中国应将气候变化纳入能源安全考量之中,将可再生能源与能源效率作为最关键的战略。

2005年,我国除大型水电外的可再生能源比例仅占1.6%,尤其是电力生产严重依赖常规能源,其中火电占发电总量81.5%,水电不到16%,新兴可再生能源发电量就更加微乎其微了!我们需要进一步提高可再生能源在能源战略与政策中的地位。接下来本章将探讨欧盟发展可再生能源的法律经验,为我国构建有效的制度提供借鉴。

二、第 2001/77/EC 号可再生电力指令

（一）可再生能源的定义

指令第 2 条将可再生能源定义为非化石能源，即风能、太阳能、地热、潮汐、水电、生物质、垃圾燃气、污水处理工厂燃气和生物气。生物质被进一步界定为"来自农业（包括果蔬和动物产品）、产业和相关产业的产品、废物和剩余物的生物可降解部分，以及工业和市政废物的生物可降解部分"。起初委员会将水电限定在 10MW 以上，但后来这一限定被删除。

（二）国家目标

由于大多数国家不愿接受强制性目标，指令第 3 条只确立了指示性目标（见表 1）。成员国须"采取适当措施⋯⋯使目标得以实现"，并在定期报告中证明其行动。委员会必须评估这些报告并公布结果。如果成员国未能实现其目标而无有效理由，委员会将提出适当建议，包括制定强制性目标。

（三）支持计划

各国就"政府价格/数量市场模式"（通常所谓固定电价制）与"政府数量/价格市场模式"（通常所谓配额制）问题进行磋商。最初，欧盟委员会认为英国的非化石能源义务在降低可再生电力价格上具有优势，应在共同体范围内确立为共同的制度。第一份草案明确建议，只有基于"竞争"的支持计划和可再生电力国际贸易，才符合第 96/92/EC 号电力指令关于电力自由化的原则。后来，委员会又支持配额/可交易的证书方法。根据这种方法，可再生电力生产商既销售它们所生产的电力，也交易体现电力"绿色"的证书。人们期待这种制度能促进欧盟可再生电力贸易，鼓励其在条件最好的地区发展从而降低成本。

表 1　　　部分成员国 2010 年国家指示性可再生电力目标

成员国	可再生电力百分比%	
	1997	2010
奥地利	70	78
丹麦	8.7	29
芬兰	24.7	31.5
法国	15	21
德国	4.5	12.5
荷兰	3.5	9
葡萄牙	38.5	39
西班牙	19.9	29.4
瑞典	49.1	60
英国	1.7	10
波兰	1.6	7.5
欧盟 25 国	12.9	21

　　配额制遭到在固定电价制度上取得了成功的德国最为强烈的反对。而且，欧洲法院对 Preussen Elektra vs Schleswag 案的裁决，一定程度上给予了声援。根据这一判决，消费者支付可再生电力的额外费用的固定电价制度并不构成国家援助，也不应将此类电力从国际贸易排除。最终，指令没有在共同体范围内确立配额制和可交易证书的框架，即接受了固定电价制，但仍提出"在经过充分的转型期后应发展内部电力市场的支持计划"。

　　（四）电网准入

　　第 7 条规定可再生电力生产商与输配电系统运营商之间的关系，其目的是确保不会构成对此类发电商的歧视，并考虑到可再生电力的成本效益。这涉及电网准入、连接成本、传输费用等。指令确立了标准成本规则，并规定预期连接成本必须通告可再生电力生产商。起初指令准备规定"优先准入"，但后来改为"保证准入"。在分布式发电装置方面，指令规定，在国家电力系统运营允许的范围内，输电系统运营商必须给予可再生能源电力优先。这就有力地防止了电网运营商对可再生电力的阻碍。此外，成员国必须报告有关促进电网准入的措施。但是，指令没有规定委员会未来在这一领域应采取的行动。

（五）其他指令

第 5 条规定了成员国必须确保可再生电力可信性的制度的方式。第 6 条规定，成员国必须评估其可再生电力的管理框架（授权、许可、支持决定等），以便减少管理壁垒、流线程序并确保规则的客观、透明与非歧视。考虑到各种可再生能源技术的特殊性，第 8 条规定，委员会应提交这样的报告："必须考虑在反映可再生能源电力外部成本方面的进展与授予的公共支持对电力生产的影响。"

三、欧盟可再生电力法对中国的启示

（一）两种模式之争的背景

自第 96/92/EC 号欧共体指令通过以来，电力市场开放与竞争不断加强。虽然第 96/92/EC 号指令规定了可再生电力的优先调度，但没有包含市场支持计划的基础。很自然，欧盟委员会最关心的是，可再生电力的发展也应通过市场化的方式进行，即通过推动可再生电力的国际贸易来实现规模效应是加强其发展的最佳途径。1996 年欧盟委员会提交的《可再生能源绿皮书》便按照放松规制的理念，提出了发展可再生能源的附带可交易证书的配额制度。欧盟的这种思路是基于这样的观念："根据经济学原理，基于竞争的制度在创新与减少价格方面更加成功。"反对者认为，可再生电力因生产成本高而在激烈的电力市场竞争条件下很少有发展的机会，因此需要一种特殊的制度。

实际上，围绕着欧盟可再生能源政策有两种前述发展模式之争。第一种固定电价模式由政府在行政上确定可再生能源电力价格，而其电力生产数量由市场决定；而配额制模式则由政府在行政上将可再生能源电力数量确定为某种配额，而其电价由市场决定。就目前的国际经验而言，固定电价制显示出较大的实效。实行固定电价模式的德国与西班牙占了 2001～2003 年世界风能发电增长量的 65% 左右。而同一时期在英美配额制体系下，尽管有更好的风能条件，风能发电量却只占世界增长量的 17%。2003 年日本在以配额制取代固定电价制后，风电市场从 330 MW 减少到 2004 年的50MW。同一年瑞典实行配额模式也很不成功。所以，欧盟在2001/77/EC 号指令中接受了固定电价制，而配额制正在失去其"未来唯一可能的监管模式"的地位。

给我们的启示是，中国在选择可再生能源发展机制时，坚持以固定电价为主要模式是正确的选择。保证可再生能源的发电商以特定价格出售给电网公司，这对于解决目前尚处于起步时期的风电上网问题来说十分必要。但是，必须明确的是，欧盟内的配额制和固定电价制都确立了可再生能源的总量目标。我国《可再生能源法》没有列入明确的总量目标，如到 2010 年可再生能源利用量不低于全国能源消费总量的 5%，2020 年可再生能源利用量不低于全国能源消费总量的 10% 等比较具体的规定。这是错误地将总量目标与配额制等同的结果。而且，在目标机制即确定可再生能源发展的具体指标上，可一定程度上借鉴英美的配额制。对于具有竞争能力的小水电，就可确定其总量目标、发展速度和上网的配额比例。

（二）市场化机制的基础

当初，在讨论配额制与固定电价时，欧盟大部分公众一直持有这样的观念，即由市场确定电价的配额制模式比，由政府确定可再生电力价格的模式要更加市场化。实际上这种观点将电价作为唯一市场因素，而没有认识到可再生能源市场既包括电力价格市场和可再生能源设备市场，还涉及投资者市场与这些市场的结合。通过表2 的分析，便可直观地认识到，配额制同样由政府从行政上确立了电力数量的配额，而固定电价制比基于价格市场加上配额规制的绿色证书贸易，更加应该是"真正的市场"制度。

表2　　　　　　　　两种规制模式中价格与数量的决定因素

	政府配额/证书 价格市场模式	政府价格/数量 市场模式
价格确定法	市场和政府	政府
数量确定法	政府	价格

如表2所示，政府配额/证书价格市场模式表现出政府在数量和价格上对市场的干预。而政府价格/数量市场模式唯一的干预体现在价格层面。因此，配额制并不比定价更加自由和市场化。相反，配额制因其数额全由政府确定，比定价制有更多的政府干预[1]。按照配额制的理论设想，通过竞争而不是政府确立价格会导致可再生能源电力的低价。事与愿违，尽管英国有良好的风能条件，但这种模式导致了较高风电价格（9～10欧元/kW·h）。风电投资者由于不能得到任何长期合同而被迫要求很短的回报期，从而造成价格偏高。相反，德国因为引入了良好与低劣的风能场地之间的价格差别以及创新压力，每年降低了每千瓦小时风电1.5%的价格。而且，定价制能够较为轻松地解决可再生电力发展中的技术多样性问题，而配额制由于强调鼓励市场上已经存在的最廉价技术，从而很难资助新的技术发展。

当初我国在做出有关"可再生能源法"的制度抉择时，部分学者认定配额制是一种"市场机制"，故大力主张在我国推行；也有学者从现实的角度提出，固定电价制"因市场机制的摒弃"而更符合我国能源市场不充分的现状，故主张在可再生能源法中采用德国的固定电价模式。尽管最终选择似乎"歪打正着"，但是这些

---

[1]　See Volkmar Lauber (eds), *Switching to Renewable Power: A Framework for the 21st Century*, Sterling VA 2005, p.231.

思路最大的问题在于，它错误地理解了固定电价制的基础。鉴于上述分析，无论实行配额制还是固定电价制，市场经济是其有效运行的前提和基础。在我国目前的电力体制下，输电公司同时是电力公用事业的所有者，甚至还能够建立和拥有自己的电厂。这种所有权关系自然造成很大问题，那些大型的火电公司容易实施市场控制，并能够排挤没有强大市场背景的可再生能源电力投资者。再譬如，现行"电力法"中关于"一个供电营业区域内只许有一个售电机构"的规定，无疑给自由竞争带来了障碍。所以，只有加快能源市场化改革，才能为可再生电力创造更多的市场空间。

（三）外部成本因素

指令的主要目标是使可再生电力在内部电力市场具有竞争力，但没有集中于所有形式发电的比较待遇，并将支持水平与外部成本联系起来。欧盟有关研究表明，如果计入环境健康的外部成本，欧盟内煤炭和石油的发电成本将会平均增加一倍；燃气发电会增加30%。此外，化石能源与核电往往受到各种机制的补贴。没有这些市场扭曲，可再生电力将几乎不需要同样多的支持；某些可能已经具备充分竞争能力。外部成本国际化是个争议较大的问题。2002年初，欧洲议会只是勉强地说服理事会接受第6届环境行动计划中一项关于逐步消除不利环境的补贴的规定。

我们在构建可再生能源政策时，一定要明确可再生能源电力的独特性，即前期成本高、运行成本低、外部成本小，而与之相反的化石燃料电力的外部成本很高。这是影响可再生电力竞争力的关键因素。所以，市场竞争虽然能够确保能源资源的有效利用，从而会提高能源生产率，但是，如果偏执于市场必定造成低价的观念，在发展新能源或再生能源方面便会遇到困难。在可再生能源方面存在一条"经验曲线"：如果政府不断对发展和加强市场予以支持，则技术在施行与成本上将得以改进。所以，虽然竞争性的能源市场从长远来说会使价格更低，但目前阶段政府的作用必不可少。因此，我国政府应进一步采取经济激励措施，包括对可再生能源电力的投资者、消费者及设备与产量进行补贴，实行优惠价格，或提供融资渠道（如低利率贷款），以及采取政府采购等手段。

　　相比于英国，德国的碳税政策实施得较为成功，大大提高了利用化石燃料的成本，在促进环保与就业方面一石二鸟①。美国得克萨斯州实施配额制模式存在有限的成功，是由于其搭配了非常关键的减税制度。诚然，如果纳入气候变化影响，可再生能源电力对社会的净成本会低得多。各国的实践证明，碳税政策，尤其是高标准、高强度的收费政策不仅能够起到鼓励开发利用清洁能源的作用，还能促使企业采用先进技术、提高技术水平，因而也是一种不可或缺的激励措施。在我国，常规能源发电伴有的巨大"外部"社会成本，并没有反映在价格中，相反却得到各种补贴。因此，在我国"以煤为主"的能源政策基础上，探讨一种合适的能源财税政策，是解决能源安全与气候变化的重要问题。

　　总之，在气候变化的背景下，能源法需要生态化的变革。欧盟的经验为我们提供了重要的借鉴。要解决真正阻碍可再生能源发展的问题，就须在更广阔的背景下构建有效的法律制度。我们应该树立这样一种观念：21 世纪不仅是信息时代或生物时代，更是可再生能源时代。

---

　　①　See Richard L. Ottinger, Nicholas Robinson, Victor Tafur, *Compendium of Sustainable Energy Law*, Cambridge University Press 2004, pp. 441-446.

第四章 The United Kingdom's Low Carbon Transition Plan(s) and the Lessons for China

1. Introduction

For the last thirty years the United Kingdom has appeared to have been at the forefront in leading the development of ideas and policies relating to the management of the energy sector. During the 1980s and 1990s this took the form of undertaking the privatisation and liberalisation of all forms of energy provision and promoting these ideas around the globe, in parallel with international organisations such as the World Bank. Since the mid-1990s, the United Kingdom government has been leading the international rhetoric on the need to take radical action to address the challenges posed by climate change, especially in the way we produce and use energy. In this respect, a logic exists for examining the progress that the United Kingdom has made in addressing carbon emissions from the energy sector over the last ten or more years, in order to draw lessons for other countries seeking to constrain or reduce their emissions, such as China.

Sadly, action and progress in formulating and implementing a low-carbon energy strategy in the United Kingdom has not kept pace with the rhetoric. Indeed the gap has been rather large. ① One of the more recent

---

① See D. Helm, Government Failure, Rent-seeking, and Capture: the Design of Climate Change Policy, *Oxford Review of Economic Policy*, Vol. 26, No. 2, 2010, pp. 182-196.

policy documents entitled 'The UK Low Carbon Transition Plan: National Strategy for Climate and Energy' was published by the government in July 2009. In principle, it would have been possible to analyse the proposals presented in this document and to identify lessons for China. But such an undertaking would have little real use, for two reasons: first, in 2011, it is too early to evaluate the impact of these proposals, especially as a new government is now in power, with different priorities. Second, this document is just one in a long-line of white papers, laws and policy initiatives to appear since the year 2000, and thus it marks just one more incremental step on the long road to creating and implementing strategies to reduce carbon emissions from the energy sector. Therefore, any examination of the United Kingdom's strategies should take into account the ten years or more of successive policy initiatives which pre-date this new plan.

A second reason for directing this account at a longer time period, rather than focusing on a single policy document, is the very nature of transition. The key message from the last ten years of academic research relating to transition is that moving to a low-carbon economy is not just a technological issue, but necessarily involves changes across the whole of a society which can take many decades. Thus, managing such a transition involves more than decisions about which technologies to support, and may require wide ranging institutional adaptations. This realisation has led to the development and elaboration of such concepts as "socio-technical regimes", "transition management" and "reflexive governance". These ideas are of direct relevance to the challenge of managing the transition to a low carbon economy, and, indeed, in many cases have been developed in specific context of the energy transition in northern Europe.

For these reasons, thischapter examines the broad features of the United Kingdom's response to the low-carbon challenge over a number of years, with the aim of identify a number of general lessons which are relevant to China. The intention is not so much to examine how specific policy instruments used in the United Kingdom may or may not be applied in China, but rather to identify those features of the political economy of energy in the United Kingdom which act to constrain the move to a low carbon economy, and to examine their relevance to China.

The chapter is divided into four main sections. The next section presents an overview of the main concepts relating to socio-technical regime transition. This framework is then applied to the United Kingdom in order to identify those factors which seem to have played in important role in determining to pace and direction of low-carbon energy policy. The final two sections draw some lessons from the United Kingdom experience and apply them to China.

2. Socio-technical regime transition

2.1 *Socio-technical regimes*

The term "socio-technical regime" recognises that technology and society are not separate spheres of activity or policy, but are highly inter-dependent. Technology can determine behaviour in society and societies can make choices concerning technology. A socio-technical regime comprises a set of institutions which develop around a particular set of technologies, and which support the development and use of these technologies. ① The term "institution" is here used to cover the formal and informal rules within a society as well as the relevant organisa-tions. ② In particular, the regime encompasses the expectations and

① See A. Smith, A. Stirling and F. Berkhout, The Governance of Sustainable Socio-technical Transitions, *Energy Policy*, Vol. 34,2005, pp. 1491-1510.

② See for example: D. C. North, *Institutions, Institutional Change and Economic Performance*, Cambridge University Press 1990; O. E. Williamson, The New Institutional Economics: Taking Stock and Looking Ahead ', *Journal of Economic Literature*, Vol. 37, 2000, pp. 595-613; D. C. North, *Understanding the Process of Economics Change*, Princeton University Press 2005.

cognitive routines of the various actors which include politicians, civil servants, company managers, engineers and scientists, civil society organisations, and the users of the technical services afforded by the regime, such as energy. Not only will the behaviour of these actors be conditioned by the regime but many actors will build strong political and economic interests in the regime. [1]

Two other relevant terms have arisen in the literature. The first is "techno-institutional complex" which highlights the inter-dependence of technologies and both private and public institutions, and is rather similar to "socio-technical regime". [2] The second term focuses on the concepts which lie behind and which arise from socio-technical regimes; that is the "policy paradigm". The term "paradigm" was originally elaborated by Thomas Kuhn to explain the nature of scientific research and discovery. [3] In the context of policy and politics, a paradigm can be seen as a set of shared beliefs, values, ideas and principles relating to the world or to a particular sector. The prevailing paradigm determines the intellectual, political and organisational framework within which policy challenges are identified and addressed. Policy solutions are formulated within the framework provided by the paradigm and such solutions are usually consistent with the paradigm. [4]

The implications of these slightly differing but broadly similar analytical approaches are two-fold. First, the prevailing regime may not

---

① See F. W. Geels and J. Schot, Typology of Sociotechnical Transition Pathways', *Research Policy*, Vol. 36, 2007, pp. 399-417.

② G. Unruh, Understanding Carbon Lock-in, *Energy Policy*, Vol. 28, 2000, pp. 817-830.

③ T. Kuhn, *The Structure of Scientific Revolutions*, University of Chicago Press 1962, p. 112.

④ See D. Helm, The New Energy Paradigm, in D. Helm (ed.), *The New Energy Paradigm*, Oxford University Press 2007, pp. 1-35; C. Mitchell, *The Political Economy of Sustainable Energy*, Palgrave MacMillan 2008, pp. 1-8.

be well equipped to address radically new challenges, because it has evolved to deliver a certain range of services in a certain way and drawing on a certain set of resources. Second, socio-technical regimes are self-reinforcing and resilient to change. For these reasons, any government or society which wishes to embark on a radically new policy path, such as building a low-carbon economy, may be required to undertake a complete overhaul of the prevailing socio-technical regime.

2.2 Regime transition

Regime transition may be defined as a gradual process of societal change spanning the economy, technology, organisations, rules, systems, values and behaviours—essentially a profound change in the way in which society operates. ①

The main drivers of regime change or regime transition tend to come from outside the regime itself, from the wider environment or from what has been called the "socio-technical landscape" ②. Such changes may be either slow-moving or sudden, but are likely to involve profound changes within society at national, regional or global scales. They may include gradual changes in social structure, in the macro-economy, or in the physical environment, or in the price or availability of resources, or the emergence new beliefs or new policy challenges. Demographic changes and the rising threat of climate change are two contrasting and yet

---

① See R. Kemp and D. Loorbach, Transition Management: A Reflexive Governance Approach, in J. Voss, D. Bauknecht and R. Kemp (eds.), *Reflexive Governance for Sustainable Development*, Edward Elgar 2006, pp. 103-130; J. Meadowcroft, What About the Politics? Sustainable Development, Transition Management, and Long-term Energy Transitions, *Policy Science*, Vol. 42, 2009, pp. 323-340.

② F. W. Geels and J. Schot, Typology of Sociotechnical Transition Pathways', *Research Policy*, Vol. 36, 2007, pp. 399-417.

currently relevant examples of landscape changes. Sometimes change may be driven from within the regime, for example by the sudden emergence and adoption of a new technology such as combined cycle gas turbines (CCGT) in the electrical power sector. ① External shocks and crises can trigger or accelerate a transition, but rarely form the underlying cause.

The manner in which the socio-technical regime reacts to these pressures depends not only on the nature and magnitude of the pressures but also on how they combine, and on how readily the regime can adapt. ② Thus each country facing a broadly similar set of policy challenges, such as energy security and emissions abatement, is likely to take a distinct path in transforming its energy system.

Regardless of the precise path taken, regime transitions tend to possess a number of common features. The most fundamental of these is the time required. History tells us that some socio-technical transitions can take as long as 100 years, though 50 years may be a more reasonable estimate for the current energy transition given the nature of modern communication and political collaboration. ③ Secondly, the process of transition is non-linear and unpredictable. It is characterised by much trial and error, by many disappointing technological or policy failures and by some unexpected success. Thirdly, transition affects many aspects of

---

① See A. Smith, A. Stirling and F. Berkhout, The Governance of Sustainable Socio-technical Transitions, *Energy Policy*, Vol. 34, 2005, pp. 1491-1510.

② See A. Smith, A. Stirling and F. Berkhout, The Governance of Sustainable Socio-technical Transitions, *Energy Policy*, Vol. 34, 2005, pp. 1491-1510; F. W. Geels and J. Schot, Typology of Sociotechnical Transition Pathways', *Research Policy*, Vol. 36, 2007, pp. 399-417.

③ J. P. Vos, A. Smith and J. Grin, Designing Long-term Policy: Rethinking Transition', *Policy Science*, Vol. 42, 2009, pp. 275-302; R. Fouquet, The Slow Search for Solutions: Lessons from Historical Energy Transitions by Sector and Service', *Energy Policy*, Vol. 38, 2010, pp. 6586-6596.

society or rather a number of sub-systems, each of which has to change; but these changes are likely to occur in a unsynchronised manner leading to failures of coordination or articulation between the sub-systems. Finally, any regime change creates different costs and benefits for different actors. Potential winners will tend to support change, potential losers are almost certain to resist the change. ①

In the specific case of energy transitions, history shows that technologies which provide improved or new energy services played a key role in driving the transition, even if they are more expensive in the early years. Governments were not required to play a central role in driving these earlier energy transitions. However, given that the move to a low-carbon economy is intended to address a public external cost of energy use rather than a private benefit, this current transition may not be feasible if the costs are higher, even if the quality of the energy service is improved. Thus government action will be needed as markets by themselves are unlikely to deliver the requited behavioural changes. ②

2.3 The critical role of technological change

Although technological change by itself may not be a primary driver of a socio-technical regime transition, technology plays a critical role in determining the pace and nature of regime change. Of particular relevance is the extent to which technological innovations are already available when the external pressures for regime change arise. If some

---

① See R. Kemp and D. Loorbach, Transition Management: A Reflexive Governance Approach, in J. Voss, D. Bauknecht and R. Kemp (eds.), *Reflexive Governance for Sustainable Development*, Edward Elgar 2006, pp. 103-130; R. Fouquet, The Slow Search for Solutions: Lessons from Historical Energy Transitions by Sector and Service, *Energy Policy*, Vol. 38, 2010, pp. 6586-6596.

② See R. Fouquet, The Slow Search for Solutions: Lessons from Historical Energy Transitions by Sector and Service, *Energy Policy*, Vol. 38, 2010, pp. 6586-6596.

appropriate new technologies are already available, then the speed of transition can be relatively rapid and the direction will be set by these available technologies. If appropriate technologies are not available when the pressures for change appear, then the duration of the transition is likely to be longer and the direction more uncertain. ① An example in the energy sector is provided by the general reaction to the oil crises of the 1970s which was to switch to fuels and technologies which were already available, such as coal, natural gas, nuclear power and CCGT. Few countries promoted wind power and even fewer pursued solar power, for these technologies were at an early stage of development. Come the twenty-first century, both technologies have been tested and commercialised to varying degrees over the previous 30 years, and are essentially "ready" for widespread use.

The process of technological innovation and development is driven by incentives, mainly economic incentives, for those who invent and develop the new technology and for who seek financial profits by selling to those who seek improved services. ② But these same innovators face significant risks: risk that the idea is not technically sound, risk that they cannot raise funds to take the idea to commercialisation, and risk that other, possibly inferior, technologies win the race to market. In certain spheres of activity, governments may be well advised to refrain from interfering in the development of new technologies and to let markets decide which will achieve widespread adoption. However, where innovations are required in order to address a challenge of national or global strategic importance, such as climate change, then it has been argued that

① See F. W. Geels and J. Schot, Typology of Sociotechnical Transition Pathways', *Research Policy*, Vol. 36, 2007, pp. 399-417.

② See J. Watson, Technology Assessment and Innovation Policy', in I. Scrase and G. MacKerron (eds.), *Energy for the Future. A New Agenda*, Palgrave MacMillan 2009, pp. 123-146.

49

governments should intervene in order to accelerate the pace of technological innovation and development.

The nature of such intervention has been a contentious issue in some countries, such as the UK, but a degree of consensus is emerging from the academic and professional literature. ① The debate has moved beyond the simple decision of whether or not to "back winners". The issue of government support is now seen to comprise three aspects: the nature of the support, the timing of the support, and the prioritisation of technologies for support.

Given the diversity of emerging energy technologies, there can be no simple rules on what support to provide at each stage of development, for every technology has its own characteristics in terms of cost, risk and market. But a few general points can be made. First, most technologies face a "valley of death" between the stage at which they have been demonstrated to be technically viable and when they are actually commercialised. This is when the greatest government support is required. Second, the nature of financial support should vary along the innovation chain. For example tax breaks and grants may be appropriate at the early stages of research and development, but predictable economic incentives such as feed-in tariffs will be needed as the technology approaches commercialisation. Third, government support should not be restricted to financial instruments, but should include a range of actions needed to develop new niche markets for the emerging technologies. This may include setting technical standards, protecting intellectual property

---

① See for example: World Bank, Determinants of Technological Progress: Recent Trends and Prospects' Chapter 3 in *Global Economic Prospects*, Washington D. C. : World Bank, 2008; R. Sauter and J. Watson, *Technology Leapfrogging: A Review of the Evidence*, University of Sussex, Sussex Energy Group 2008; J. Watson, Technology Assessment and Innovation Policy', in I. Scrase and G. MacKerron (eds.), *Energy for the Future. A New Agenda*, Palgrave MacMillan 2009, pp. 123-146.

rights, assisting the development of networks between the relevant actors to enhance the flow of information and ideas, and providing education and training. Finally, the government should act to remove or reduce the wide range of institutional barriers that face new technologies by protecting incumbent technologies and which are outlined in the next section of this paper.

Decisions on which technologies to support can be politically contentious; not just because of the various interest groups which will be lobbying for their favoured technology, but also because most governments do not like to be seen to be backing a technology or a project which later fails to deliver. Governments need to accept that failures will happen, and thus they should build a portfolio of technologies they support in the same way as an investor builds a portfolio of investments, by diversifying costs and risks in an informed way. ① Taking this approach, a government would seek to support a reasonably large number of technological options. The technologies supported should be varied in their nature, not all in just one field such as wind power, for example, and financial support should be allocated between the options in a balanced way. Finally, just like any investor, the government should have clear criteria on which to judge the performance of each developing technology and to decide when to withdraw support if necessary.

2. 4　Obstacles and constraints to regime transition

If socio-technical regimes have an intrinsic resilience to change, it is important to identify the range of factors which act as obstacles and constraints to regime change, or, in other words, act to "lock-in" existing technologies and behaviours and to "lock-out" alternative technologies

---

① See J. Watson, Technology Assessment and Innovation Policy, in I. Scrase and G. MacKerron (eds.), *Energy for the Future. A New Agenda*, Palgrave MacMillan 2009, pp. 123-146.

and behaviours. Given the all-pervasive nature of socio-technical regimes, it is not surprising that obstacles and constraints to change can be found across the physical, technological, economic, political and social spheres. ①

In the energy sector, the most profound constraints are physical and technological. The physical geography of a nation, the nature and distribution of its primary energy resources, and the capacity, nature and condition of its infrastructure for extracting, processing and delivering energy provide constraints on the evolution of the energy sector. These constraints are fundamental in a number of ways. The large sunk costs and long lifetime of the infrastructure constrains the ability and willingness of the government to change energy policy rapidly without enormous cost. Second, these underlying features of the energy sector will have played a major role in determining the country's primary energy mix, the nature of its energy policy, its dependence on fossil fuels and on energy imports, and the skills within the workforce.

A large number of elements within the energy industry will have evolved within and be dependent on the nature of the prevailing regime, for example: the dominant technical designs, standards, components, practices and processes; the structure of the energy industry; the relationships between different actors; and the industrial and commercial networks. The transition to a new regime is likely to require substantial or even wholesale change across all these elements of the energy industry.

Within government, departments will have been established to manage or regulate the existing energy sector in a specific manner and to address certain priorities. A major socio-economic transition will require

① See for example: W. Walker, Entrapment in Large Technology Systems: Institutional Commitment and Power Relations, *Research Policy*, Vol. 29, 2000, pp. 833-846; Unruh, Escaping Carbon Lock-in, *Energy Policy*, Vol. 30, 2002, pp. 317-325; Mitchell, *The Political Economy of Sustainable Energy*; I. Scrase and G. Mackerron, Lock-In, in I. Scrase and G. MacKerron (eds.), *Energy for the Future. A New Agenda*, Palgrave MacMillan 2009, pp. 90-100.

not just new priorities and new departmental structures, but also new ways of operating. Though new organisational structures may be created at the stroke of a pen, new ways of thinking and working can take years to implement as a consequence of both internal resistance from the civil servants themselves and also external pressure from powerful incumbent lobby groups. This inertia may be exacerbated if the government has expended substantial political capital in policies or projects which are inconsistent with the newly-desired direction of change. In this respect the concept of the political or policy paradigm mentioned above is of special significance. The deep involvement of governments in designing and overseeing the manner in which the energy sector operates, whether through the plan or the market, necessarily means that any government is consciously or unconsciously beholden to a policy paradigm of some sort with respect to energy, and this paradigm itself provides a major obstacle to change.

The final set of constraints lies within society itself. One the one hand, a wide range of civil society organisations, such as professional and trade associations, trade unions, clubs, and societies, exist which exemplify certain interests and values within society, many of which may be closely linked to the prevailing socio-technical regime. On the other hand individuals, households and communities have certain preferences, values and expectations which also derive from the existing regime. These attitudes and the consequent behaviours may not just be those of a rational economic actor responding to new price signals, but may be more deeply embedded in the prevailing culture and, in part, may arise from sheer laziness or unwillingness to change. ①

These constraints and obstacles to regime transition not only "lock-in" and favour certain technologies, actors and behaviours by also "lock-

---

① See M. Lehtonen and F. Kern, Deliberative Socio-technical Transitions, in I. Scrase and G. MacKerron (eds.), *Energy for the Future. A New Agenda*, Palgrave MacMillan 2009, pp. 103-122.

out" innovative technologies, actors and behaviours. They may be so deeply embedded across the national economy and society that they have a profound effect on the pace and nature of the regime transition. In other words, these constraints and obstacles are the source of path-dependency. Each nation seeking to undertake a transition to a low carbon economy will face different constraints, will employ different approaches, policies and instruments, and will therefore follow a distinct path towards what may be a commonly shared set of overall objectives.

Within Europe, for example, different countries reacted in distinct ways to the oil crises of the 1990s and the consequent threat to external supplies of energy. France, with its highly centralised and technocratic mode of governance, chose to develop a strong nuclear power industry. In contrast, the more decentralised approach to policy making in Denmark led to the growth of distributed energy, notable wind and combined heat-and-power (CHP). When designing measures to address polluting emissions (SOx, NOx, and CO_2) from the energy industry, the USA preferred emissions trading on account to the embedded aversion to taxation, whereas European countries initially experimented with environmental taxes before switching to emissions trading. [1]

2.5 *Transition management*

The complex and multi-faceted nature of socio-technical regime change has led to a whole literature on "transition management" and this in part overlaps with a literature on "reflexive governance". In contrast to the conventional governance with short-term objectives which most governments undertake, transition management involves both long-time scales and the need to change the way in which government and society

---

[1] See M. Lehtonen and F. Kern, Deliberative Socio-technical Transitions, in I. Scrase and G. MacKerron (eds.), *Energy for the Future. A New Agenda*, Palgrave MacMillan 2009, pp. 103-122.

works. Indeed, given our understanding of socio-technical regimes discussed above, the focus of transition management should be on changing the system as a whole, rather than in using the system to achieve short-term goals, however worthy these goals. ① Without profound institutional change, new ideas, new approaches and new technologies will be obstructed by the incumbent actors, paradigms and technologies. Therefore transition management requires long-term vision and policy design, changes in the way the governments govern, the creation of new institutions, experimentation and learning, and new modes of policy discourse.

Given that the transition to a new socio-technical regime can take several decades, governments need to develop a long-term vision or an imagined future 25 years or more ahead which can act as a guide for formulating policy options and setting interim objectives. ② The long-term vision will combine not just specific quantifiable targets, such as the structure of the fuel mix or the total level of emissions, but also qualitative objectives relating to the future nature of governance. In this respect the long-term vision is likely to resemble a "paradigm", discussed above, which articulates certain shared perceptions on the nature of the challenge and the manner in which preferred solutions will be identified.

The identification of options to achieve the quantitative objectives can be assisted not so much by forecasting techniques, but rather by "backcasting"; that is to say, by identifying a range of possible futures which have certain quantifiable characteristics, and then modelling

---

① See R. Kemp and D. Loorbach, Transition Management: A Reflexive Governance Approach, in J. Voss, D. Bauknecht and R. Kemp (eds.), *Reflexive Governance for Sustainable Development*, Edward Elgar 2006, pp. 103-130.

② See J. Grin, Reflexive Modernisation as A Governance Issue, or Designing and Shaping Re-structuration', in J. P. Vos, D. Bauknecht and R. Kemp (eds.), *Reflexive Governance for Sustainable Development*, Edward Elgar 2006, pp. 57-81.

different pathways to each of those futures. ①

Changes to the way in which the energy sector is governed in order to achieve these quantifiable objectives is central to transition management, and clearly the degree of change required and the ease with which this change can be made will vary between nations. In most industrialised and industrialising nations the key lies in changing the nature of governance from its current focus on the production, transformation and delivery of energy, generally in a highly centralise manner, to the provision of energy services, which requires a much broader perspective which takes into account not just the energy companies but the relevant technologies, appliances and behaviours across society. Such a transformation requires the gradual removal of many existing institutions of energy governance and their replacement with new institutions. This involves the recognition of the inappropriateness of the traditional technocratic and rationalistic manner of governing the energy sector, where key decisions are made by officials, following the advice of scientists and experts, and then imposed through a centralised energy industry. In contrast, the systems of governance which will be required in a more sustainable energy economy will require the active participation of wider sections of society, including new actors which will emerge during the transition. In this context, the role of national government is seen to become one in which steering, coordina-ting and enabling new behaviours throughout society are more prominent than "directing" new actions. ②

The path of regime transition is not only of long duration but is also rife with uncertainty: technological uncertainty, economic uncertainty, and

---

① See R. Kemp and D. Loorbach, Transition Management: A Reflexive Governance Approach, in J. Voss, D. Bauknecht and R. Kemp (eds.), *Reflexive Governance for Sustainable Development*, Edward Elgar 2006, pp. 103-130.

② See A. Smith, Energy Governance: the Challenges of Sustainability', in I. Scrase and G. MacKerron (eds.), *Energy for the Future. A New Agenda*, Palgrave MacMillan 2009, pp. 54-75.

political uncertainty. For this reason, any transition, whether deliberately driven by governments or occurring naturally in society, is characterised by experimentation and learning in the fields of technology, economics and politics. Many technologies will fail, either for technical or for commercial reasons, and many instruments and organisations created with the aim of assisting the transition will fail. That is the nature of transition in human society. As a consequence, the institutions of governance need to encourage experimentation in both technology and policy spheres, to systematically evaluate initiatives, to learn from failures and to be able to build on successes. ①

Energy governance which seeks to involve wider society more fully and which seeks to experiment and learn with the objective of changing values and behaviours is likely to be quite different from that which prevails in most countries today. All policy changes involve social learning. First order policy changes, such as adjusting the instruments of policy, and second order changes, such as introducing new instruments, require social learning mainly within the state itself. In contrast, third order policy changes, such as adopting of a new paradigm or a totally new set of goals and systems, requires social learning across society. Policy entrepreneurs, powerful actors and coalitions of actors are needed to "sell" the ideas both within government as well as to economic actors and to society at large. ②

·　The success of these policy entrepreneurs in persuading the relevant parties to accept the new paradigm depends not just on the extent of failure of the old paradigm and on the degree of attractiveness of the new paradigm. Success or failure also depends on the way in which the ideas

---

① See R. Kemp and D. Loorbach, Transition Management: A Reflexive Governance Approach, in J. Voss, D. Bauknecht and R. Kemp (eds.), *Reflexive Governance for Sustainable Development*, Edward Elgar 2006, pp. 103-130.

② See P. A. Hall, Policy Paradigms, Social Learning and the State. The Case of Economic Policymaking in Britain, *Comparative Politics*, Vol. 25, 1993, pp. 275-296.

are framed for the wider public and on the systems of discourse prevailing in that society. ① Framing is the process of developing a shared understanding of the policy challenge, and, as already mentioned, the energy debate needs to reframed to focus less on the quantity of energy produced and supplied and more on the provision of energy services. ② However, even a radically new idea must be framed in a way which appeals to existing values and ideas and which builds a common understanding. Thus the role of language in the policy debate or "discourse" is critical to the success or failure of a major policy initiative.

Two types of discourse may be identified. "Coordinative" discourse relates to the process of policy making. "Communicative" discourse involves the persuasion of wider society. In societies where power is concentrated in the hands of an elite or where policy-making takes place within an elite group, the primary role of discourse is communicative, to persuade the general public of the validity of policies which have already been decided. In contrast, in more pluralistic societies, a greater emphasis is placed on coordinative discourse and thus a much wider involvement of society is achieved in the process of policy formulation. ③ For these reasons, the nature of the discourse and the role of discourse in policy change are heavily dependent on the nature of the prevailing institutions, not just the formal rules covering policy making and implementation but also the informal customs, values and norms of society. For example, despite the fact that both the UK and Denmark are European democracies, political discourse within the UK tends to be

---

① See D. Beland, Ideas and Social Policy: An Institutionalist Perspective, *Social Policy and Administration*, Vol. 39, No. 1, 2005, pp. 1-18.

② See I. Scrase and D. Ockwell, Energy Issues: Framing and Policy Change, in I. Scrase and G. MacKerron (eds.), *Energy for the Future. A New Agenda*, Palgrave MacMillan 2009, pp. 35-53.

③ See V. A. Schmidt, Does Discourse Matter in the Politics of Welfare State Adjustment? *Comparative Political Studies*, Vol. 35, No. 2, 2002, pp. 168-193.

"communicative" whereas in Denmark it tends to "coordinative".

Any policy actors seeking to drive through a socio-technical regime transition faces a number of challenges relating to framing and discourse. First, they have to develop a paradigm or set of ideas which embody a vision for the future. Second, they must ensure that this vision explicitly addresses the core imperatives of the state, such as maintaining political legitimacy and social stability. Third, they need not only to use a language which engages the wider population but put in place or enhance political processes for engaging society. ①

Many of the core ideas relating to "transition management" have also been captured within the literature on "reflexive government" which emphasises the need for experimentation and learning to occur throughout society. The role of government is seen as being one of guiding experimentation and learning by autonomous actors across society by adjusting institutions to encourage long-term change in economic and social behaviours. ②

Attractive as the concepts of transition management and reflexive government are as ideals of how to move forwardto a low-carbon economy, these "paradigms" have their weaknesses. Most importantly, they under-estimate the need for political legitimacy and the significance of political and economic power. ③ As stated above, any socio-technical transition creates winners and losers, both political and economic. Politicians, however well-meaning, may need to sacrifice long-term goals for short-

---

① See I. Scrase and D. Ockwell, Energy Issues: Framing and Policy Change, in I. Scrase and G. MacKerron (eds.) , *Energy for the Future. A New Agenda*, Palgrave MacMillan 2009, pp. 35-53.

② See for example: C. M. Hendricks and J. Grin, Contextualising Reflexive Governance: the Politics of Dutch Transitions to Sustainability ', *Journal of Environmental Planning and Policy*, Vol. 9, No. 4, 2007, pp. 333-350.

③ See F. Kern and A. Smith, Restructuring Energy Systems for Sustainability? Energy Transition Policy in the Netherlands', *Energy Policy*, Vol. 36, 2008, pp. 4093-4103.

term legitimacy. Groups of political actors will seek to resist such a change, either for ideological reasons or because it threatens their interests. The incumbent economic actors, for example the energy companies and those enterprises which provide the prevailing technology, will seek to maintain their market dominance. So it will not be possible to try to exclude the incumbent interest groups; rather they have to be co-opted to take an active part in the process of change. This may compromise, to a certain extent, attempts to ensure that innovative niche players can enter the market and that marginal and weak social groups are engaged in the discourse.

Transition management and reflexive governance also suffer from the political ambiguity concerning the stated to need to guide, steer and coordinate rather than to decide and to control. At certain stages in the transition process, government has to make important decisions concerning certain actors, technologies and projects, not only to constrain the influence of incumbent actors, technologies and ideas, but also in order to provide the stability and transparency required for investors. ①

2.6 *Specific issues relation to energy transition*

Most or even all of the general principles relating to socio-technical regime transition apply to the transition to a low carbon economy. But, given the nature of modern energy systems and their pervasive influence on all social and economic activity, the low carbon transition has a number of special features which bear closer examination. These include the promotion of renewable and distributed energy, changing the attitudes and behaviours of households and communities, and, most controversially, the further development of nuclear power.

---

① See F. Kern and A. Smith, Restructuring Energy Systems for Sustainability? Energy Transition Policy in the Netherlands', *Energy Policy*, Vol. 36, 2008, pp. 4093-4103.

Though the terms "renewable energy" and "distributed energy" may be partly synonymous, they have distinct features. Renewable energy implies a lack of dependence on non-renewable fossil fuels, and generally is taken to exclude nuclear energy. Thus hydro-electricity, energy from wind, solar, wave, tidal and geothermal sources, heat pumps and certain forms of biomass and biofuel are considered to be renewable. Though many of these renewable sources of energy are indeed "zero carbon", excluding the carbon emitted in the manufacturing and installation processes, the combustion of biomass clearly is not. At the same time, many of these energy sources may be constructed so as to be "distributed", meaning that the energy is either not sent to a grid, or, in the case of electricity, may supplied to the local distribution network rather than to the high-voltage grid. The advantage of distributed energy is that the total energy and economic efficiency of the energy system is enhanced, by reducing or eliminating line losses and by reducing investment costs in transmission infrastructure. Further, security of energy supply may be improved by reducing dependence on external energy suppliers or networks. Though many sources of distributed energy may be renewable and may be zero-or low-carbon, certain forms, such as CHP plants, may use fossils fuels. ①

In most industrialised and industrialising nations the energy sector is dominated by centralised systems of power generation based on fossil fuels and by large networks for distributing electricity and gas. The active involvement of government in many forms is essential for the introduction of substantial quantities of renewable and distributed energy capacity. In addition to the general institutional barriers to new ideas and new

---

① See R. Sauter and D. Bauknecht, Distributed Generation: Transforming the Electricity Network, in I. Scrase and G. MacKerron (eds.), *Energy for the Future. A New Agenda*, Palgrave MacMillan 2009, pp. 147-164.

technologies outlined above, renewable and distributed forms of energy require policy instruments to promote both investment in the new forms of energy production and investment to overhaul the structure and operation of the electricity networks. ①

In the early stages of regime transition, new forms of energy production are almost always more expensive than the established forms. Therefore government have to employ a variety of policy instruments to promote the employment of these new technologies. These instruments are of four types: ②

- Economic instruments such as carbon pricing through taxation or emissions trading, tax allowances, price support (e. g. feed-in tariffs) , grants and subsidies. Such instruments try to mimic the market and may seek to internalise the external costs of energy production and use, thus to influence behaviour indirectly.

- Administrative and regulatory instruments seek to influence behaviour directly by forbidding or banning certain behaviours or products, by placing obligations of actors, by setting standards for appliances or emissions, and by removing administrative barriers to the new technologies and practices.

- Voluntary agreements with major energy producing and energy using organisations can also be a productive and cost effective way of inducing desired behaviours in the early stages of transition.

- Information and education are needed to promote awareness of

① See K. Neuhoff, Large-scale Deployment of Renewables, in D. Helm (ed.) , *The New Energy Paradigm* , Oxford University Press 2007, pp. 288-319.

② See P. Ekins, J. Skea and M. Winskel, UK Energy Policy and Institutions, in J. Skea, P. Elkins and M. Winksel (eds.) , *Energy* 2050. *Making the Transition to a Secure Low Carbon Energy System* , Earthscan 2011, pp. 41-66.

the energy challenges facing society and of the ways in which organisations and households can adapt their behaviours to save energy and reduce carbon emissions.

The greatest impact is likely to be achieved if all four types of policy instrument are used in combination. But the exact nature of the instruments applied and the balance between the instruments will depend greatly on the nature of the energy market prevailing in the country at the time, on the nature of the governance systems, on the availability of public funds for direct support, and, most importantly, on the public acceptability of the instruments selected. A further requirement is that the policy instruments should provide a stable and credible framework for investors and innovators. ①

Instruments to promote investment in renewable energy capacity need to be accompanied by investment in power transmission capacity in order to transform the grid from its original design capability of delivering electricity generated by large, centralised power stations, into a network which can effectively manage a high proportion of distributed and intermittent energy sources. Such a transformation is not just physical but is also institutional. Twenty years of transformation in Denmark has shown how great the challenge can be. The country has some 50% of its electricity generating capacity as distributed energy and the system continues to face severe stability problems despite substantial investment in upgrading the grid over many years.

One form of low-carbon energy which does fit into the traditional, centralised grid is nuclear. The twin concerns over security of supply and climate change have created a political environment in which nuclear power has both returned to the agenda of a number of OECD governments, such as the UK, and has become a firm part of strategic

---

① See D. Helm, The New Energy Paradigm, in D. Helm (ed.), *The New Energy Paradigm*, Oxford University Press 2007, pp. 1-35.

energy planning in a number of industrialising nations, most notably China. The controversial nature of nuclear power arises from the risk of accidents, from the challenge of managing the waste, from the threat of nuclear proliferation, and from the easily identifiable target nuclear power plants provide to terrorists. Yet nuclear power provides the promise of large-scale, base-load electricity supply with zero carbon emissions from the generation of power and modest reliance on external sources of raw material supply. The economic challenge for nuclear power lies in its very high capital costs and long-lead times. As a consequence long-term government support is required, possibly in both regulatory and economic forms, for major construction programmes to move ahead. The long-lead times for planning and construction also mean that the contribution of nuclear power to reducing carbon-emissions is medium-term, not short-term. ①

The final and, arguably, the most intractable policy challenge for governments lies with managing the behaviours and expectations of individual citizens. The challenge has two sources. First, modern energy systems are complex and difficult to understand. In a traditional, pre-industrial household, each member of the household, at some stage in their lives, has to spend time gathering wood, crop waste or animal dung to fuel the family stove. Everybody understands the true opportunity cost of household energy. In modern societies, electricity and natural gas come with the flick or turn of a switch, and gasoline comes from a nearby pump. The technical, economic and regulatory systems which link the primary energy resource to the final supply are all but invisible to the energy user, except for the price. If you add to this ignorance the emotional, and often confusing, rhetoric arising from the highly

① See D. Elliott, Sustainable Energy: Nuclear Power and Renewables, in D. Elliott (ed.), *Sustainable Energy, Opportunities and Limitations*, Palgrave MacMillan 2007, pp. 1-24.

sophisticated scientific debates concerning the physics of climate change, then it is hardly surprising that most individuals and households are unable to grasp the nature of the energy challenges facing their country or the world, let alone how their own behaviours effect energy use and climate change. All governments have the responsibility of raising the level of understanding of their citizens of both the wider challenges and of the link between behaviours and energy use.

The second major challenge concerning household behaviour relates to what has been called the "rebound effect". In simple terms, greater energy efficiency of appliances can lead to greater rather than less energy use, as the user spends the money saved on other energy-consuming activities. This phenomenon was first noted by William Jevons in 1865, and remains as pertinent today as in his time. ① Though the rebound effect can be observed at several different scales in an economy, the key unit of demand is the household. Thus the government has to expend considerable effort trying to change household values, expectations and behaviours through a combination of economic and regulatory incentives, information and persuasion. ② Though technical innovations such as "smart meters" can clearly be helpful, many argue that the transition to a low carbon economy in industrialised nations may not be possible without

① See J. A. Tainter, Foreward, in J. M. Polimeni, K. Mayumi, M. Giampietro and B. Alcott, *The Jevons Paradox and the Myth of Resource Efficiency Improvements*, Earthscan, 2008, pp. ix-xvi.

② See R. Haas, N. Nakicenovic, A. Ajanovic, T. Faber, L. Kranzl, A. Muller and G. Resch, Towards Sustainability of Energy Systems: A Primer on How to Apply the Concept of Energy Services to Identify Necessary Trends and Policies, *Energy Policy*, Vol. 36, 2008, pp. 4012-4021; M. Martiskainen and J. Watson, Energy and the Citizen, in I. Scrase and G. MacKerron (eds.), *Energy for the Future. A New Agenda*, Palgrave MacMillan 2009, pp. 166-182; H. Herring, The Limits to Energy Efficiency: Time to Beat the Rebound Effect', in D. Elliott (ed.), *Sustainable Energy, Opportunities and Limitations*, Palgrave MacMillan 2007, pp. 135-151.

a wholesale change of values and lifestyles. Whilst governments may not be able to impose such changes by decree, they can take steps to assist and guide households and local communities which do wish to make such changes. ① This takes us back to the key arguments behind the concepts of transition management and reflexive governance.

3. Key features of progress to a low-carbon economy in the United Kingdom

3.1 *The policy context of the United Kingdom's energy transition*

The historical development and the current context of the United Kingdom's energy sector are quite different from those of China. Two distinguishing features of the United Kingdom are the decline in primary energy consumption and of carbon emissions. First, total primary energy consumption reached a peak during the period 1996-2005 during which energy demand was broadly stable, and since 2005 demand has slowly declined. Indeed, since the 1960s the total primary energy consumption has fluctuated with a range of only 10%, and industrial energy demand has declined steadily since 1970. Second, carbon dioxide emissions have been declining intermittently for forty years, and the total emissions in 2010 were some 25% below the level in 1970. These trends reflect the long-term de-industrialisation of the United Kingdom and the switch from coal to gas in the national energy mix. Of greatest importance was the success in weakening the link between energy consumption and economic growth which was achieved after and in response to the oil crises of the 1970s. In contrast China's energy demand and carbon dioxide emissions

---

① See P. Harper, Sustainable Lifestyles of the Future, in D. Elliott (ed.), *Sustainable Energy. Opportunities and Limitations*, Palgrave MacMillan 2007, pp. 236-260.

have risen nine-fold and eight-fold respectively over the same period 1970 to 2010, reflecting its rapid industrialisation and continuing dependence on coal. ①

The United Kingdom and China do share two common features with respect to their energy supply. First, both countries have become net importers of oil, natural gas and coal over the past few years, having been self-reliant in energy for many years. Second, in both countries the use of energy, mainly oil, in the transport sector continues to grow. ②

Over the seventy years, the framework within which the United Kingdom's energy sector is managed has undergone three major changes; or rather it has undergone two major changes, and the third change is under way today. The period after the end of the Second World War in 1945 saw a deliberate centralisation of the energy sector with widespread nationalisation. Governance was directed at securing primary energy supplies and investing in infrastructure, largely through government planning. Prices were set largely on a cost-plus basis. Domestic coal production and the development of nuclear power allowed the United Kingdom to become self-sufficient in energy. Oil was the exception, and the country's dependence on imported oil rendered it vulnerable to the Arab oil embargos of the 1970s. Rising oil production from the North relieved that pressure as Britain became a net exporter of oil from 1980. The high energy prices during the 1970s and early 1980s stimulated efforts to enhance energy efficiency and, to a lesser extent, to

---

① See BP, *BP Statistical Review of World Energy* 2010, London: BP, 2010; J. Skea, X. Wang and M. Winskel, UK Energy in An Era of Globalisation: Trends, Technologies and Environmental Impacts', in J. Skea, P. Elkins and M. Winksel (eds.), *Energy* 2050, *Making the Transition to a Secure Low Carbon Energy System*, Earthscan 2011, pp. 11-40.

② See BP, *BP Statistical Review of World Energy* 2010.

explore the development of renewable energy technologies. ①

The 1980s saw a major shift in approach to economic governance in the United Kingdom and in other countries. Steps were taken to remove government from the direct management of many sectors of the economy, including the energy sector. Under the new "regulatory state paradigm", the role of government was to take a hands-off approach to industrial governance by restricting its involvement to the regulation of competitive markets. This led to a wave of privatisation of industries which had been previously entirely or mainly in state ownership. This privatisation was accompanied by restructuring whereby single, vertically-integrated monopolists were broken up in order to segment the supply chain and to create the potential for competition where this was possible. New rules were drawn up to create and govern the new competitive markets. By the late 1990s, the entire energy industry in the United Kingdom had been privatised, including coal, oil, gas, and electricity, even nuclear power, and each individual household could choose their suppliers of electricity and gas. Within government, the Ministry of Energy was abolished and replaced with a small unit within the Department of Trade and Industry. Energy policy had, in effect, ceased to exist. The market *was* energy policy. Beside the ideological drive to remove government from industry, the stated economic aim of this radical transformation was to enhance economic efficiency and reduce energy costs, and thus to boost the United Kingdom's international competitiveness. ②

This change of paradigm had a profound effect on the United

---

① See G. MacKerron, Lessons from the UK on Urgency and Legitimacy, in I. Scrase and G. MacKerron (eds.), *Energy for the Future. A New Agenda*, Palgrave MacMillan 2009, pp. 76-88.

② See G. MacKerron, Lessons from the UK on Urgency and Legitimacy, in I. Scrase and G. MacKerron (eds.), *Energy for the Future. A New Agenda*, Palgrave MacMillan 2009, pp. 76-88.

Kingdom's energy sector. Within the industry, a small number of state-owned enterprises were replaced by a larger number of publicly-listed energy companies, each active in one or more segments of the supply chain, and each seeking to make profits from transactions along this supply chain. Whilst the role of the government itself was reduced, new regulatory agencies were created to govern the new energy markets, with an emphasis on promoting economic competition. In the electricity and natural gas industries, a succession of steps was taken to progressively enhance the effectiveness of competition. The focus of the regulator was not so much on the provision of energy as on transactions in the energy markets. Security of supply was assumed to arise from the competitive markets. Energy companies responded to the challenge by cutting their marginal costs and "sweating" their assets. As a result energy prices did indeed fall.

This apparent "success" of the new paradigm in the United Kingdom was assisted by a number of factors: [1]

- the high quality of the existing energy infrastructure;
- a surplus of electricity generating capacity;
- the availability of cheap natural gas from the North Sea;
- the timely emergence of CCGT technology which allowed the rapid and cheap construction of additional gas-fired power generation capacity;
- the status of theUnited Kingdom as a net exporter of both oil and gas.

These advantages allowed the government to claim success in all four major fields of energy policy namely:

- Security of supply, both domestic and international;

---

[1] See References on why success in UK energy policy; D. Helm (ed.), *The New Energy Paradigm*, Oxford University Press 2007, pp. 1-3.

- Economic efficiency and lower energy prices;
- Environmental protection, notably a reduction of emissions of carbon dioxide, sulphur dioxide and nitrogen oxides;
- Social equity with respect to access to affordable energy.

Whilst this paradigm was suited to the period of cheap and plentiful international energy supplies that characterised the period 1986-2002, it was less suited to the new challenges appearing in the early years of the twenty-first century. Not only was the world entering a period in which energy prices, security of supply and climate change were all of serious concern, but the United Kingdom itself was becoming a net importer of both oil and gas and much of its power generation capacity and other energy infrastructure was approaching the end of its life. ① In order to address this spectrum of challenges the government needed to adjust the priorities of national energy policy and, indeed, to overhaul the entire way in which energy was governed. In essence, it needed to drive a socio-technical transition to a low-carbon economy. But, as will be shown below, the ability of the government to instigate such a transition was constrained by the prevailing "regulatory state paradigm".

3.2 *New priorities reflected in new policies*

The government of United Kingdom was not a laggard in its recognition that climate change posed a major challenge for the world. In 1989, the Prime Minister at the time, Margaret Thatcher, stated the need to address this challenge, and the United Kingdom was a participant in the negotiations which led to the signing of the Kyoto Protocol in 1997. During this period, total carbon dioxide emissions produced by the country's energy sector had declined, in part due to the sudden

---

① See D. Helm (ed.), *The New Energy Paradigm*, Oxford University Press 2007, pp. 1-3.

proliferation of CCGT power stations. ①

Attempts to formulate a coherent approach to climate change started to emerge in the year 2000 (see Table 1). The Utilities Act of 2000 introduced a new mechanism to promote renewable energy, the "Renewable Obligation". In the same year a report entitled "Energy—The Changing Climate" identified the scale of the task facing the United Kingdom by estimating that the nation would need to reduce total carbon dioxide emissions by 60% by the year 2050 if global targets were to be met.

The following ten years were marked by a torrent of legislation aimed, in part, at addressing climate change and this period can be divided into three phases. The first phase, from 2000 to 2004 focused mainly on climate change and sustainable development. The second phase, from 2005 to 2008, reflected the reaction of the government to a variety of domestic and international challenges to security of supply which had arisen. Initiatives during this phase were directed at both security of supply and climate change. Since 2009, the government's attention has switched back to reinforcing the climate change strategies (Table 1).

Table 1. Selected United Kingdom Laws and government policy documents relating to the energy transition

Year	Laws	White Papers and policy documents
2000	Utilities Act	"Energy—The Changing Climate"
2002		"The Energy Review"

---

① See G. MacKerron, Lessons from the UK on Urgency and Legitimacy, in I. Scrase and G. MacKerron (eds.), *Energy for the Future. A New Agenda*, Palgrave MacMillan 2009, pp. 76-88.

Year	Laws	White Papers and policy documents
2003	Sustainable Energy Act	"Our Energy Future: Creating a Low Carbon Economy"
2004	Energy Act	
2006	Climate Change and Sustainable Energy Act	"The Energy Challenge" "Climate Change: the UK Programme"
2007		"Meeting the Energy Challenge: A White Paper on Energy" "Power in a Low Carbon Economy"
2008	Energy Act; Climate Change Act	"Meeting the Energy Challenge: A White Paper on Nuclear Power"
2009		"The UK Low Carbon Transition Plan: National Strategy for Climate and Energy" "The UK Renewable Energy Strategy"
2010	Energy Act	

The first phase of policy-making was notable for its deliberate and successful attempt to be inclusive. That is to say, rather atypically for the energy sector in the United Kingdom, the policy documents arose from "coordinative" rather than "communicative" discourse. A team comprising an equal number of civil servants and external specialists was assembled within the Cabinet Office for a period of six months to carry out a review of the country's energy policy. The team consulted widely with interested parties such as industrial producers and users of energy, banks and civil society organisations. Their conclusions were published in 2002 as "The Energy Review". This report placed, for the first time, climate change at the heart of energy policy, with an emphasis on energy savings, renewable energy and transportation. A belief that markets could provide security of supply was maintained and no clear support was provided for nuclear energy. Though the importance of markets was recognised, the report explicitly identified the need for a framework to be created in order to allow for government intervention in energy markets in order to address certain climate change mitigation objectives. A White Paper entitled "Our Energy Future: Creating a Low Carbon Economy" was published the following year. It maintained the emphasis on combating climate change, set emissions targets for the year 2020, promised full consultation on the future of nuclear power, but omitted the need for government intervention in the energy markets. ①

Whilst the policy documents emerging in these early years of the twenty-first century possessed political legitimacy on account of the nature of the discourse, they failed to provide sufficient guidance for the making of actual policy. No policy measures were outlined, security of supply was not adequately addressed, and no significant institutional changes were recommended. Finally, they included no attempt to rank the different priorities. Climate change, security of supply, economic efficiency and social equity were all to be equally important and achievable priorities. These policy documents offended no parties, addressed no difficult questions and, in the case of the White Paper, remained firmly embedded in the prevailing regulatory state paradigm. ②

From 2004 onwards, the view of the government of the United

---

① See G. MacKerron, Lessons from the UK on Urgency and Legitimacy, in I. Scrase and G. MacKerron (eds.), *Energy for the Future. A New Agenda*, Palgrave MacMillan 2009, pp. 76-88.

② See D. Helm, ' Energy Policy and the PIU Energy Review ', Oxford: OXERA, 2002, available at http://economics. ouls. ox. ac. uk/12510/1/EnergyPolicy PIUEnergyReview. pdf; G. MacKerron, Lessons from the UK on Urgency and Legitimacy, in I. Scrase and G. MacKerron (eds.), *Energy for the Future. A New Agenda*, Palgrave MacMillan 2009, pp. 76-88.

Kingdom, and indeed of other industrialised and industrialising nations, was that security of energy supply had becoming an urgent priority. A new review of energy policy was announced in 2005, barely two years after the publication of the last White Paper in 2003. This led to a report "The Energy Challenge" in 2006 and a further white paper "Meeting the Energy Challenge: A White Paper on Energy" in 2007. Not only did these new documents place security of supply firmly back on the agenda, but they also provided strong support for nuclear energy, unlike the earlier documents which had been ambivalent and had proposed wide consultation on the topic. The new White Paper sought to address climate change and supply security as equal priorities, and saw nuclear energy as one technology which could make a major contribution to achieving these twin objectives. In its effort to push nuclear power, the government had overlooked its previously stated intention to consult widely on the issue. As a result of a challenge by Green Peace in the High Court, the government had to postpone its decision on the future of nuclear power until it had carried out a hurried consultation. The outcome was unchanged. A White Paper on nuclear power was published in 2008, and measures to centralise the planning process were put in place in order to accelerate the construction of nuclear power plants.

This second phase of policy-making marked an important change from the first phase. Climate change was no longer the most important priority and was now ranked alongside an urgent need to address security of supply. The political process which led to these new policies was more centralised, less inclusive and, arguably, less legitimate than in the first phase. Large, centralised electricity supply capacity (nuclear) was presented as the solution, rather than decentralised renewable energy. What remained constant were the explicit reliance on markets to deliver the desired outcomes and the failure to explain how trade-offs between priorities would be addressed. The combination of this preference for markets and the continued instability of policy could only undermine the confidence of potential investors in new and renewable forms of energy and in energy saving systems and technologies. ①

The third, and current, phase of policy-making was launched in 2009 with the publication of two documents: "The UK Low Carbon Transition Plan: National Strategy for Climate and Energy" (hereafter referred to as "The Plan") and "The UK Renewable Energy Strategy". These steps were taken in the recognition that the earlier laws and policy documents were unlikely to yield the desired results. The first of these documents provided the United Kingdom's first relatively comprehensive plan to address how the country was going to achieve by the year 2020 a 30% reduction in total carbon dioxide emissions from 1990, and the production of 15% of the nation's energy and 30% of the electricity from renewable sources.

"The Plan" represented the first attempt by the government to take a broad approach to the energy transition and, at the same time, to make very specific proposals, each of which had quantifiable goals. Within the power sector, specific steps were to be taken to accelerate the delivery of renewable energy, to support nuclear power and to encourage research in carbon capture and storage. These measures would supplement the European Union Emissions Trading System. The need to develop a "smart grid" was also identified. In addition to addressing the power sector and heavy industry, "The Plan" also outlined specific steps to be taken in relation to households, communities, transport, work places, farming and land management. Each task was accompanied by quantitative targets for carbon reduction, some thirty targets in all.

The "Renewable Energy Strategy" built on "The Plan" to propose specific steps to be taken to promote renewable energy, notably:

---

① See G. MacKerron, Lessons from the UK on Urgency and Legitimacy, in I. Scrase and G. MacKerron (eds.), *Energy for the Future. A New Agenda*, Palgrave MacMillan 2009, pp. 76-88.

- A revision to the Renewables Obligation;
- A feed-in tariff for small-scale solar photovoltaics;
- Investment in different parts of the supply chain;
- Upgrading of the grid;
- New strategies for promoting technological innovation;
- Improvements to the planning process;
- Greater involvement of local governments and communities in delivering low carbon energy.

These two important documents were published in May 2009. Just ten months later a new government came to power with the explicit aim of radically cutting government budgets, and yet still claiming an intention to follow through with these new energy plans. As of May 2011, it would appear that the budgetary objectives are undermining significantly the climate change goals. ①

3.3 *Policy instruments for renewable energy supply*

Whilst the ten years of policy initiatives have yielded a wide range of measures to promote clean energy, this section will focus mainly those measures aimed at enhancing renewable electricity, in order to elaborate further some of the points made above concerning the low-carbon energy policy in the United Kingdom.

Policy instruments to promote the production of clean forms of energy date back to 1990 when the Non-Fossil Fuel Obligation (NFFO) was introduced. The main objective of the NFFO was to support nuclear power in a competitive power market, but by being presented as a clean energy initiative it was acceptable to the European Commission. It provided contracts for renewable (and nuclear) energy to be sold to the grid, with the price being set for an agreed period through competitive

---

① See J. Porritt, "*The Greenest Government Ever*": *One Year On*, Friend of the Earth, May 2011.

bidding. The scheme only delivered 30% of the capacity for which contracts had been bid. This failure arose primarily from the low level of the prices bid, the lack of a penalty for failing to construct the renewable power plants, and problems with planning permission and grid connection. [1]

The NFFO was withdrawn in 1998, and four years elapsed before it was replaced with the Renewables Obligation, which was first proposed in the Utilities Act of the year 2000. This scheme was directed not at the producers of electricity but at the companies which supplied the electricity to end-users. This new instrument placed an obligation on suppliers to purchase a certain proportion of their electricity from renewable sources: 3% by 2003, 10% by 2010 and 15% by 2015. Supply companies obtained Renewable Obligation Certificates (ROCs) either from the producers of renewable energy or from a market for traded ROCs. Alternatively the supply companies could "buy-out" their obligation by paying a penalty.

The supposed strength of the Renewables Obligation was that it was a market mechanism which was technology neutral. In essence, the government made no decisions on technology or price. It was up to the players in the market to react to the incentives and deliver the required level of renewable energy. The problem was that these incentives did not work adequately and by 2009 only 6.6% of the United Kingdom's electricity came from renewable sources, against a target of 9.1%. The main reason for this failure was that mechanism gave investors higher risks than the NFFO with respect to price and despatch, and thus did not provide a basis for obtaining loans from banks. These features tended to favour the large incumbent power generating companies and the more

[1] See G. Wood and S. Dow, 'What Lessons Have Been Learned in Reforming the Renewables Obligation? An Analysis of Internal and External Failures in UK Renewable Energy Policy, *Energy Policy*, Vol. 39, 2011, pp. 2228-2244.

mature technologies, such as onshore wind. Further, the long-standing risks relating to grid connection and the planning process remained, and were exacerbated by new developments in the power market. As a consequence the market barriers to new players and innovative technologies remained high. ①

The Energy Act of 2010 resulted in a radical modification of the Renewables Obligation scheme by introducing "banding" by which different technologies were allocated different values in terms on the number of ROCs per MWh, depending on the maturity of the technology and the costs. The values in these bands varied form 0. 25 for land-fill gas, through 1. 0 for onshore wind, to between 2. 0 and 5. 0 for emerging technologies. The scheme is to run to the year 2037 with reviews of bandings every 3-5 years. Though the reformed Renewables Obligation shows some improvements over the original scheme and should yield higher levels of renewable electricity supply, many of the same risks remain and the complexity has been further enhanced. ②

Until 2009, the United Kingdom government has steadfastly refused to countenance any kind of feed-in tariff for renewable energy (i. e. a guaranteed tariff, higher than the prevailing market rate) as has been applied in other European countries, on the grounds that it went against the principles of a competitive market. The Energy Act of 2010 introduced a feed-in tariff, for the first time, for solar photo-voltaic arrays with a capacity of up to 50 MW. The tariff will increase with inflation and is guaranteed for 25 years. The aim is to encourage householders and communities to invest in solar power and to sell the surplus to the

---

① See G. Wood and S. Dow, What Lessons Have Been Learned in Reforming the Renewables Obligation? An Analysis of Internal and External Failures in UK Renewable Energy Policy, *Energy Policy*, Vol. 39, 2011, pp. 2228-2244.

② See G. Wood and S. Dow, What Lessons Have Been Learned in Reforming the Renewables Obligation? An Analysis of Internal and External Failures in UK Renewable Energy Policy, *Energy Policy*, Vol. 39, 2011, pp. 2228-2244.

grid. However, in March 2011, barely one year after the scheme was introduced, the government announced a major change: that the generous feed-in tariff would only be paid to arrays of less than 50 kW, and that larger arrays up to 50MW would receive a less enhanced tariff. This appears to have been in response to budgetary constraints and an apparently unfounded fear that a large share of the subsidy funds would be taken by small commercial ventures rather than by householders and communities. ①

In addition to these specific instruments designed to encourage the generation of renewable electricity, a range of other measures are being taken or considered. These include:

- A carbon floor price to be applied within the United Kingdom which would place a lower limit on the price of tradable carbon permits in the European Union Emissions Trading Scheme;
- Carbon budgets, which would allow the government to monitor closely the carbon emissions from each sector, and to make adjustments in targets from one year to the next;
- Progressive broadening of the scope of responsibilities of the regulator, the Office of Gas and Electricity Markets (OFGEM), to include the low-carbon transition;
- A range of proposals being developed by the National Grid, by the government's Department of Energy and Climate Change, and by OFGEM in order to develop new market mechanisms and new grid management systems.

---

① See K. Stacey, Budget Constraints Knock UK Green Policies off Track, *Financial Times*, 22 March 2011, http://blogs. ft. com/energy-source/2011/03/22/budget-constraints-knock-uk-green-policies-off-track/ ; F. Harvey, ' Feed-in Tariff U-turn Dashes Solar Hopes for Small Businesses', *The Guardian*, 14th March 2011, http: //www. guardian. co. uk/environment/2011/mar/14/feedin-tariff-uturn-solar? intcmp = 239.

3. 4 *Policy instruments to constrain energy demand*

Over the past ten years, the United Kingdom has introduced an increasing variety of instruments directed at energy users in order to provide incentives for energy saving. ①

A number of economic instruments have been created, mainly in the form of taxation on the use of energy. The "Climate Change Levy" was introduced in 2001 as an energy tax on business, with different rates for different types of energy. Household energy and transport fuels were excluded. Firms participating in the voluntary "Climate Change Agreements" would be eligible for an 80% discount on the Climate Change Levy, provided that they met the agreed carbon emission or energy efficiency targets within the voluntary agreements. This Levy was complemented by a scheme introduced in 2008 to cover the less energy-intensive, but nonetheless large public and private sector organisations, the "Carbon Reduction Commitment Energy Efficiency Scheme". Organisations were required to buy allowances to cover their annual carbon emissions and thus have a financial incentive to reduce their energy use. Fuel efficiency in the transport sector has been addressed through the long-standing fuel taxes, the excise duties on vehicles and through air passenger duty.

One of the most significant regulatory instruments has been directed at household energy efficiency. Introduced in 2002, the "Energy Efficiency Commitment" required major electricity suppliers to achieve a certain amount of emissions reduction in a set period by helping their domestic customers to increase their energy efficiency through such

① See, for example, P. Ekins, J. Skea and M. Winksel, UK Energy Policy and Institutions ', in J. Skea, P. Elkins and M. Winksel (eds.), *Energy 2050. Making the Transition to a Secure Low Carbon Energy System*, Earthscan 2011, pp. 41-66.

actions as improved insulation. In 2008 it was renamed the "Carbon Emissions Reduction Target". The scheme places special emphasis on low-income households as their homes are more likely to be poorly constructed and poorly insulated. In order to achieve their obligations, electricity supply companies are required to work closely with their customers, providing information on what steps they can take, how to contact contractors to undertake the work and how to receive a variety of government grants.

The "UK Low Carbon Transition Plan" laid out ambitious target for building standards, declaring that all new homes should be "zero-carbon" by 2016 and all new buildings by 2019. Not only does the achievement of these objectives depend heavily on effective implementation by local governments, a challenge in the United Kingdom as in many countries, but the new government appears to have already reduced the level of ambition for the building sector. ①

A finalset of instruments falls into the category of information and advice. Energy efficiency labelling of appliances is widespread. Information and advice on energy savings can be obtained through local information centres as well as from nation-wide organisations such as the Energy Saving Trust. In order to bring households "real-time" information on their energy use, the government has started trials of "smart meters" in homes so that people can more clearly understand the impact of their behaviour on energy consumption.

4. Lessons from the United Kingdom

Some 22 years after the United Kingdom government formally recognised the need to address climate change, progress towards putting

---

① See J. Skea, P. Elkins and M. Winksel (eds.), *Energy* 2050. *Making the Transition to a Secure Low Carbon Energy System*, Earthscan 2011, pp. 41-66.

in place effective policies and institutions to reduce carbon emissions from the energy sector has been limited. Success in reducing the level of carbon dioxide has been erratic and mainly due to changes in the wider economy. It might be argued that socio-technical transitions take many decades and that the last twenty years of policy adjustments and limited success reflect the unavoidable difficulties involved in taking a national energy sector in a new direction. Such an explanation might be acceptable if it was clear that the United Kingdom was indeed now set on a path towards a low-carbon economy. But this does not appear to be the case; or, rather, the path may exist but progress along it continues to be slower than what should reasonably be achievable. Meanwhile other northern European countries such as Germany and Denmark have made greater progress. What explains the gap between rhetoric and action in the United Kingdom?

Arguably, the most important variables affecting national energy policy lie in the "socio-technical landscape"; that is to say events occurring outside the national energy sector which determine how high energy policy rises up the political agenda and the way in which energy is seen to impact on key state imperatives. Thus in the late 1990s and early 2000s, the rhetoric from the United Kingdom government on climate change was strong, policy deliberation was encouraged, but a sense of urgency was absent. Only from 2004 did energy policy rise further up the political agenda and trigger decisive action; but this was in response to threats to security of supply, rather than in order to address climate change. Likewise, the implementation of the 2009 "UK Low Carbon Transition Plan" appears to be faltering in some respects already (as of May 2011), because reducing the national debt is seen as more urgent than reducing carbon dioxide emissions.

The state of the energy infrastructure, the rate of growth of demand for energy, and the scale and nature of the natural resource base are also fundamental to how a government perceives energy policy and what it is able to do in order to pursue a low carbon transition. In the 1980s and 1990s, the United Kingdom was blessed with static energy demand, robust infrastructure, excess electricity generating capacity, surplus supplies of oil and gas which it exported, and cheap gas supplies for generating electricity. Security of supply was not a problem and emissions were declining with no government effort. By 2004, not only was the government concerned by external events which threatened security of energy supply, not least because the country was now a net importer of oil and gas, but severe threats to long-term electricity supply were appearing in the domestic energy sector through a lack of investment. Urgent action was need to ensure that the energy supply system continued to be effective. With small hope of enhancing the domestic production of coal, oil or natural gas, the government was constrained to focusing attention on nuclear and renewable energy supplies and on energy efficiency, as these promise both security of supply and reduced carbon emissions. A further set ofconstraints is provided by the "lock-in" effect which arises from the infrastructure and other physical aspects of the national energy sector.

Though the technical systems for electricity and natural gas are highly centralised, the market is relatively diverse with a number of generators, suppliers, network operators and service companies, all in the private sector and all seeking to make profits through buying and selling energy. Additional players include the regulator (OFGEM), the Department of Energy and Climate Change, local governments, and a variety of non-government organisations. The energy industry is, therefore, heterogeneous and fragmented, and coordination between the parties is poor. This has three consequences. First, designing policy instruments to incentivise the desired behaviours is fraught with uncertainty. Second, it is very difficult for the government to draw-up coherent and effective strategies and to gain legitimacy without extensive consultation. Finally, the incumbent players are in a strong position to unduly influence policy-making for their own benefit. Not only will they seek to gain advantage from new policies but they are likely to prefer policy changes that do not affect the current industrial framework; that is to say, changes which lie within the prevailing policy paradigm. ①

If the socio-technical landscape and the fundamental features of the energy sector determine the overall priorities and possible courses of action for the government, it is the policy paradigm which shapes how the problems are perceived and how solutions are formulated. Sincethe 1980s the "regulatory state paradigm" has dominated thinking in the formulation of energy policy in the United Kingdom. The direct consequences were that all incentives for renewable energy should take the form of economic instruments designed around the existing power market, that no assistance should be given to nuclear power, and that the government should not "pick winners" among emerging energy technologies. Such an approach to promoting a low-carbon transition has led to years of ineffective policies and of continuing policy adjustments. Even today, the government continues to resist the idea that it should actively intervene in energy markets, despite the recognition that the need for action is becoming increasingly urgent. Indeed, this resistance permeates much of the energy system, for all the major actors have invested in the prevailing paradigm and are unlikely to gain benefit from a major change in the institutions which govern the energy sector, for these institutions were designed in the context of this paradigm. Progress in changing the paradigm and changing the institutions has been slow. ②

This policy paradigm further constrains thinking about the energy transition in that it focuses on the buying and selling of energy rather than on the provision of energy services, and within the United Kingdom

---

① See A. Smith, Energy Governance: the Challenges of Sustainability, in I. Scrase and G. MacKerron (eds.), *Energy for the Future. A New Agenda*, Palgrave MacMillan 2009, pp. 54-75.

② See D. Helm (ed.), *The New Energy Paradigm*, Oxford University Press 2007, pp. 1-3.

the market was developed around large power companies and centralised infrastructure. Over the last twenty years the institutions (that is the rules and systems) governing the energy sector have evolved within the framework provided by the regulatory state paradigm. These institutions not only act to constraint thinking and behaviour, but they also constrain the entry of the new technologies and new enterprises which can play a vital role in delivering a low-carbon economy.

The reluctance of the United Kingdom government to challenge the regulatory state paradigm and to develop a new framework for formulating energy policy has led to a lack of intellectual honesty. This can be seen in the lack of clarity in successive policy documents concerning how tensions between priorities will be managed through trade-offs. The prevailing paradigm requires economic efficiency to lie at the heart of energy policy. This cannot be changed without a new paradigm, and thus policy priorities and instruments which do not support short-term economic efficiency (such as feed-in tariffs) tend to be pushed to the margins of policy.

The continuing failure of successive governments to formulate effective policies has led to another problem: policy instability. The preference for market instruments has led to continuous adjustments of the policy instruments as government seeks to improve their effectiveness. This can be seen in the various forms of energy tax on businesses as well as in the provision of incentives for renewable energy. This undermines the confidence of investors in the stability of policies and further constrains investment in renewable energy and energy efficiency. This highlights a problem with the concepts of "transition management" and "reflexive governance". Experimentation may indeed be necessary if a country is to reform the way in which the energy sector functions, but excessively frequent policy changes deter the very investors who are needed, especially the new players who may lack the financial strength to react to frequent policy changes.

Arguably one of the greatest failures of the United Kingdom's government in its efforts to launch an energy transition has been its inability to engage effectively with its citizens. With the exception of the Energy Review in 2001 and 2002, consultation has been limited. The government has kept to the tradition of "communicative discourse" that is to say explaining policy to the people rather than engaging the people in the policy process. With a few exceptions, the formulation of energy policy has been a "top-down" process. Those communities and towns which have sought to enhance local energy sustainability have done so largely of their own accord. Only in the 2009 "UK Low Carbon Transition Plan" was the importance of encouraging local initiatives explicitly identified. "The Plan" also gave strong incentives for households and communities to invest in renewable energy with a favourable feed-in tariff. In addition to making a break with the past, this new feed-in tariff could be seen as part of a reframing of the policy discourse, as it sought to show how citizens and businesses could benefit from the low-carbon transition. In other words, addressing climate change need not be seen as an obligation for sacrifice, but rather as an opportunity for additional revenue and an improved quality of life.

With respect to policy instruments, the United Kingdom has been a fascinating laboratory for experimentation in the design and application of a mix of market and administrative instruments to a liberalised energy market with the objective of reducing carbon emissions. The relative success or failure of individual instruments has depended greatly on many of the factors examined above, and should not be assessed outside this context. One feature that characterises many of these measures is their complexity, and such complexity tends to increase each time the instrument is adjusted to address the perceived weakness in effec-tiveness. This complexity adds to transaction costs and is likely to deter small investors. In this respect, simple and direct instruments are more likely to achieve sustainable gains, for example the new feed-in tariffs and the direct assistance to households provided by the supply companies and the government. At the same time it is necessary to employ a wide range of types of instrument, depending on the sector and the activity. The 2009 "UK Low Carbon Transition Plan" seems to recognise this need.

5. Application to China

The concept of a socio-technical regime transition and the experience of the United Kingdom over the last twenty years together illustrate a number of important considerations for China's government as it seeks to take the country along the path to a low-carbon transition. These factors relate to the scale and scope of the challenge and to the constraints to making the required changes.

The chapter has shown that undertaking a socio-technical regime change, such as moving China to a low carbon economy, requires a transformation that encompasses almost all elements of government, industry, the economy and society. In most countries this will require a new policy paradigm for the governance of energy and new forms of governance. Even in favourable conditions, such transitions can take several decades. In the case of the current energy transition, the duration may be extended by the short-term costs facing governments, industries and citizens as they seek to make the necessary adaptations. Further delays will be introduced by those governments which fail to inject a sense of purpose and urgency to their low-carbon policies, as has been shown above in the case of the United Kingdom.

A selection of lessons for China from the experience of the United Kingdom can be considered under the following headings:

- The role of external events in shaping policy priorities;

- The fundamental characteristics of the national energy sector;
- The current nature of the energy industry and markets;
- The prevailing policy paradigm;
- The institutions of governance;
- The need to address tensions between priorities;
- The tension between the need to experiment and the desirability of policy stability;
- The need for effective engagement with citizens;
- The design of policy instruments.

(1) **The role of external events in shaping policy priorities**. The making of energy policy and the ranking of energy policy on the government's agenda is subject to events and forces outside the energy sector. This is true in China as much as in other countries. Failures in the domestic energy industry, as well as rising oil prices, brought energy policy up the agenda of China's government in 2004. Conversely, the economic crisis of 2008 and the need to boost the economy through additional infrastructure spending saw the relative importance of energy policy decline. In this changing policy context, any strategy for a low-carbon transition that relies on short-term government initiatives is likely to be subject to constant interruptions and adjustments. A complete overhaul of the way energy is governed may be necessary to establish a new path to a low-carbon economy.

(2) **The fundamental characteristics of the national energy sector**. As is the case for all countries, China is constrained by the nature and location of its primary energy resources, by the rate of growth and structure of its economy, and by the current state of its energy infrastructure. The predominance of coal and the need for growing imports of oil and gas together limit the range of options available to the government to adapt its energy mix. Conversely, the rapid growth of energy demand and the consequent need to build new infrastructure to

produce, transform and deliver energy, provide a unique opportunity to invest in high quality, efficient, and safe facilities to produce clean energy. The challenge for China is to ensure that this opportunity is pursued across the entirety of the energy sector, and not just in selected segments.

(3) **The current nature of the energy industry and markets**. At present, China's energy sector lies uncomfortably between "the plan" and "the market". Each energy industry (coal, oil, gas, electricity) has a number of commercialised corporate players, most of which are wholly or partly owned by the state, either by the central government or by lower levels of government. Though the prices of coal and crude oil broadly follow international trends, prices for natural gas, for oil products and for electricity are set by the government. Regulated economic competition, as would be recognised in the "regulatory state paradigm", does not exist. Yet neither are these energy companies pure servants of the state. A high degree of rivalry prevails, and the most powerful weapons in this "competition" are political connections and influence, at national or local level, which provide access to investment opportunities and to funds. Most of these companies benefit from the existing structure and functioning of the energy industry and markets, and are unlikely to support radical change. Even those which do on occasions make financial losses, such as the oil refiners and power generators, are most likely to prefer modest adjustments to a major reform.

(4) **The prevailing policy paradigm**. China's energy sector may not be operating under a "regulatory state paradigm", but it is still subject to a policy paradigm. This paradigm revolves around ideas relating to the need for the state to control key economic assets and functions, the preference for self-reliance, the priority given to economic growth, and the emphasis placed on energy supply and on

large, centralised infrastructure. ① Though policy proposals were drawn up and initial steps were taken in the late 1990s and early 2000s to commercialise and liberalise the energy sector, the process effectively stopped after the restructuring and commercialisation of the energy companies. The external and domestic pressures on security of supply appear to have allowed a more "state capitalist paradigm" to prevail. The analysis of the United Kingdom presented above has demonstrated the ineffectiveness of the "regulatory state paradigm" as a framework for moving to a low-carbon economy. The question remains whether or not the "state capitalist paradigm", as seen in China, can provide a more effective framework for action.

(5) **The institutions of governance.** Energy policy is formulated and implemented within an institutional framework which itself has arisen from the prevailing policy paradigm, or possibly from a previous paradigm. In the case of China, the structures and systems of energy governance have their roots in the planned economy that pre-dated the reforms of the 1980s and 1990s. Though much of the economy has been released from the controlling hand of government and has been opened to market forces, the energy sector has not. Yet, at the same time, as explained above, the central government has lost its ability to directly control the energy companies in the way that it used to. Steps have been taken to change organisational structures, systems and incentives, in both government and industry. Yet when major policy challenges arise, the government tends to prefer the traditional administrative approaches, as exemplified by the five-year campaign to reduce energy intensity by

---

① See P. Andrews-Speed, The Institutions of Energy Governance in China, Paris: French Institute for Foreign Relations (IFRI), 2010, available at http://www.ifri.org/? page = detail-contribution&id = 5842&id _ provenance = 88&provenance _ context_id = 16.

20% between 2005 and 2010. ① There is little evidence to suggest that the government is seeking to make the radical institutional changes that may be required to take the country on the path to a low-carbon economy.

(6) **The need to address tensions between priorities.** China's government, like that of the United Kingdom, has been very reluctant to publish policy documents which state clearly how the energy policy priorities are ranked and how tensions between different priorities will be managed. Despite the rhetoric on climate change, it appears that security of supply remains the top priority for energy policy, and climate change policy is grafted on to the security of supply objectives rather than being a driving force. The second clear priority relates to social equity and this is revealed by the policies for pricing energy. For several years China's government has struggled to manage the policy discontinuity between the desire for energy-producing companies to receive international prices and for energy users to save energy, and the political imperative to protect the citizens from high prices. ② Continued failure to clarify the ranking of policy priorities and how trade-offs will be made is likely to constrain progress to a low carbon economy.

(7) **The tension between the need to experiment and the desirability of policy stability.** All socio-technical transitions require experimentation, by scientists, by companies and by governments. Yet this need for experimentation by government has to be balanced with the

---

① See P. Andrews-Speed, China's Ongoing Energy Efficiency Drive: Origins, Progress and Prospects ', *Energy Policy*, Vol. 37, 2009, pp. 1331-1344. ; M. Levine, L. Price, N. Zhou, D. Fridley, N. Aden, H. Lu, M. McNeil, N. Zheng, Y. Qing and P. Yowargana, *Assessment of China's Energy-Saving and Emission-Reduction Accomplishments and Opportunities during the 11ᵗʰ Five Year Plan*, Lawrence Berkeley National Laboratory, 2010.

② See P. Andrews-Speed and R. Dannreuther, *China, Oil and Global Politics*, Routledge 2011, pp. 31-33.

need for a degree of policy stability in order to provide signals to scientists and companies as to which activities are favoured. The experience of the United Kingdom over the past ten years shows that constant policy reviews hinder progress to a low carbon economy, as both policy priorities and policy instruments are rendered unstable. In China, the unpredictability lies elsewhere, in the overall sector policies and in the manner in which policies are implemented. First, as mentioned above, the process of reform of the energy sector which started in the 1990s seems to have ceased since 2004, and the nature of future reform is quite uncertain. Second, regulation of the energy sector, especially at local level, continues to be a major challenge for a number of reasons, including changes in policy priorities, a lack of capacity and authority in the regulatory agencies and the clientilistic relationship between government agencies and companies. ① As a consequence of this policy instability, powerful incumbent firms are able to entrench their positions and new players are either unable to enter the market or, if they succeed, tend to focus on maximising short-term profits rather than building sustainable business.

(8) **The need for effective engagement with citizens**. Like the United Kingdom, the energy policy discourse in China is of the "communicative" type. Major decisions are taken by senior politicians and their advisers, and then implemented through the normal channels of governance, with an emphasis on administrative or "command-and-control" instruments. Such an approach may be successful with the large state-owned, energy-intensive enterprises, as has been shown by the

---

① See P. Andrews-Speed, The Institutions of Energy Governance in China', Paris: French Institute for Foreign Relations (IFRI), 2010, available at http: // www. ifri. org/? page = detail-contribution&id = 5842&id_provenance = 88&provenance_context_id = 16.

1000-Enterprises programme, ① but is unlikely to be so effective with the population as a whole. The government has taken a number of steps to raise the energy efficiency of household appliances being purchased, through raising technical standards, through labelling, and through offering discounts on energy efficient appliances. ② On the other hand, few efforts seem to have been made to persuade the population of the need to manage energy consumption more carefully or to provide them directly with advice and assistance. Unlike in the United Kingdom, the electricity supply companies in China have not been given the obligation to save energy in households.

(9) **The design of policy instruments**. Self-evidently, individual policy instruments should be designed to provide the required incentives appropriate to the particular national and sector context. Given the fundamental differences between the energy sectors of China and the United Kingdom, it would be unwise to transfer lessons from the application of individual instruments from one country to the other. That being said, two lessons can be drawn from the United Kingdom's experience. The first is that simplicity is preferable, and that this is undermined by repeated incremental changes to policy instruments. The second lesson is that a wide range of types of policy instrument need to be employed across the economy and society in order to build momentum in the direction of a low-carbon economy.

---

① See P. Andrews-Speed, China's Ongoing Energy Efficiency Drive: Origins, Progress and Prospects', *Energy Policy*, Vol. 37, 2009, pp. 1331-1344.
② See P. Andrews-Speed, China's Ongoing Energy Efficiency Drive: Origins, Progress and Prospects', *Energy Policy*, Vol. 37, 2009, pp. 1331-1344.

第五章 安全低碳：英国能源立法的新趋势及其全球影响

2010 年 5 月 11 日，被称为"自 1992 年以来竞争最为激烈"的英国大选尘埃落定。卡梅伦领导的保守党与克莱格领导的自由民主党达成权力分享协议。然而，联合政府的出现使得英国未来能源法律与政策的走向扑朔迷离。一方面，保守党与工党存在重大分歧，调整能源法律与政策势在必行；另一方面，自由民主党与保守党也存在诸多对立，双方在能源法律与政策方面能否达成一致也面临巨大挑战。鉴于英国能源法律与政策具有延续性的传统，以及英国三大党派之间也存在某些共同利益，因此，我们通过剖析英国能源立法的现状，研究其在能源政策上的立场，就可略知英国未来能源立法的基本走向。

一、英国工党执政时期的能源立法

1997 年布莱尔领导的工党上台执政后，对英国能源法律与政策进行了大规模的调整。在工党执政的 13 年期间，英国基本上形成了以市场为主、政府支持的低碳能源组合，且在应对气候变化和能源安全方面出台了一系列国家战略性文件。

（一）以市场为主、政府支持的能源法律政策

英国工党政府完全继承了撒切尔政府时期对能源领域的私有化改革，在其历次的能源法律与政策中，均提到市场机制的重要性。例如，《2003 年能源白皮书》中提到："政府将尽可能确保市场框架和政策相互促进、相互配合。自由的、竞争性的市场，仍将是能

源政策的基石。"《2007 年能源白皮书》也指出："我们的战略是建立在自我规范、有竞争力的能源市场上，这不仅最具成本效益，也有助于完成我们的能源战略目标。"特别是 2009 年出台的英国国家战略性文件——《低碳转型计划》，更是将市场竞争放在主要位置。该计划一方面肯定了欧盟排放贸易机制在减排中的主导作用，另一方面继续强化可再生能源义务制度①。

此外，《1989 年电力法》规定的市场机制模式，不但解决了英国电力市场的垄断问题，而且推动了其他能源领域的改革，并最终促成英国能源结构的调整，实现燃煤向天然气发电的过渡，为英国掌控国际气候政治的主导权赢得了先机。

然而，布莱尔执政后，能源市场的过度竞争，低收入家庭的"燃料贫困"，以及能源生产消费过程中对环境的极度破坏却愈演愈烈。为了应对这一窘迫局面，布莱尔政府果断地提出，必须对能源产业进行必要的"政府干预"。1998 年，工党出台了第一份能源白皮书，详细地探讨了在能源领域市场和政府之间的"经济与政治界线"，提出能源市场必须建立在"供应安全、多样化以及可持续发展"的基础上②。

其后的能源法律与政策都极好地体现了这一理念。例如，《2003 年能源白皮书》指出："如果市场本身无法发出正确的信号，我们将采取措施鼓励企业进行创新并发展新的机遇，以实现我们所

---

① 在 2002 年，英国政府通过了《可再生能源义务法》确立了可再生能源义务（Renewables Obligation）制度，率先将其引入到发电系统中。该法要求电力供应商在其所提供的电力中，必须有一定比例的可再生能源电力，该比例由政府每年根据发展目标和可再生能源实际发展和市场情况加以确定。如果达到比例将获得可再生能源义务证书（Renewables Obligation Certificates, ROCs），而未完成的供应商则必须通过收购基金（Buy-out Fund）的方式向其他供应商购买他们手中剩余的可再生能源义务证书。

② See the UK Department of Trade and Industry (the UK DTI), "Conclusions of the Review of Energy Sources for Power Generation and Government Response to Fourth and Fifth Reports of the Trade and Industry Committee," Cm 4071, October 1998, p. 14.

寻求的结果。"《2007 年能源白皮书》也提出:"我们需要的是一个清晰、稳定的规则体系,以减少企业的不确定性,帮助它们获得充分及时的投资。"

(二) 低碳能源组合的能源发展路径

英国工党上台执政之际,在能源领域面临着以下两个亟待解决的问题:一是如何完成工党提出的社会民主进程,即解决能源领域的社会和环境问题;二是如何应对《京都议定书》为英国设定的减排目标。最终工党政府选择了低碳组合的能源发展路径。

2002 年英国《可再生能源义务法》第一次以法律形式规定了可再生能源义务制度。《2003 年能源白皮书》提出:"到 2010 年国内发电量的 10% 要来自于可再生能源,到 2015 年或 2016 年增加到 15.4%,到 2020 年增加到 20%。"《2007 年能源白皮书》则从能源战略高度第一次提出低碳能源组合的设想,即形成以核能、可再生能源、碳的捕获与封存(CCS)并重发展的战略布局。

(1) 核能。《2008 年核能白皮书》明确指出:"政府相信,为了公众利益,在英国未来的能源组合中,新核电站应与其他低碳能源一起发挥作用;投资新核电站必将符合公众利益,为此政府将采取积极措施,努力促成新核电站的建设。"[1] 2009 年《低碳转型计划》又重申了发展核能的重要性,指出:"政府将发挥它的战略性作用以革除新核电站发展的诸多障碍",旨在确保 2018 年建起第一座新的核电站。

(2) 可再生能源。《2007 年能源白皮书》提出,要进行可再生义务制度改革,消除可再生能源电力输送的主要障碍。《2008 年能源法》随即简化了可再生义务制度并创设"条带"规则,同时第一次以法律的形式规定了上网电价。此外,《2009 年可再生能源战略》提出进一步扩大可再生能源的电力、热力和运输,旨在到

---

① The UK Department for Business, Enterprise & Regulatory Reform (The UK BERR), Meeting the Energy Challenge: A White Paper on Nuclear Power, January 2008, p. 10.

2020 年替代 10% 的石化能源需求、20% ~ 30% 的天然气进口以及 30% 的发电量；到 2030 年减少 7.5 亿吨二氧化碳的排放，实现 1000 亿英镑的投资。

（3）碳的捕获与封存（CCS）。2009 年 4 月，英国政府正式宣布，任何新建发电能力达 300 兆瓦的发电站都必须安装"碳捕获就绪"设备（Carbon Capture Ready，CCR），以便于将来可进行 CCS 的技术改造。至此，英国成为世界上第一个以法令形式推广 CCS 技术的国家。2010 年通过的《2010 年能源法》又将 CCS 的发展作为重点，旨在通过税收和资金拨付的方式支持 4 个具有商业规模的 CCS 示范项目，并要求政府定期对 CCS 的发展情况做出报告。

（三）应对气候变化和能源安全的战略转向

从 2001 年起，国际油价开始攀升，国际能源形势一度非常紧张。再加上地缘冲突、能源民族主义甚嚣尘上，使国际社会对未来能源形势非常悲观。而英国本土的能源供应已不再像 20 世纪 80 年代那样完全可以满足本国的需求，其能源的对外依存度逐渐加大。2005 年英国总体能源消费已达到 234.7 亿吨石油当量，特别是天然气消费由原来的 7%，上升到 2008 年的 41%。而英国国内能源生产则逐年下降，2008 年的石油产量仅有 1999 年的 48%，天然气产量仅 2008 年就下降了 36%，煤炭也仅占到了总产量的 6%。况且，由于英国核电站的陆续关闭，低碳能源发电由总产量的 9% 下降到 7%。因此，英国不得不考虑本国日益严峻的能源安全问题。

当然，在对能源安全高度重视的同时，英国没有忽视应对气候变化问题。其原因主要有：一是英国不愿意丧失在国际气候政治中得来不易的主导权，这是英国在欧盟乃至世界领导地位的关键体现，也是英国国际地位提升的标志。二是工党在国内最值得称颂的业绩就是在国际气候政治的主导权，加之 2010 年英国大选，工党不会放弃自己的优势。三是《京都议定书》以及欧盟的"能源与气候一揽子规划"，也为英国在应对气候变化上规定了时限。

因此，英国政府的《低碳转型计划》就非常明确地指出，该计划是应对"气候变化和能源安全"的国家战略，并认为："本白皮书所要做的就是减少排放、确保能源供应安全，提升经济机会和保护脆弱群体，通过该转型计划将英国变成低碳国家。"

二、英国保守党和自由民主党在能源法律政策上的基本立场

如前所述，英国的能源法律与政策是英国经济发展在能源领域的直接体现，是应对能源安全、气候变化方面的现实考虑，更是争夺国际能源秩序和气候政治主导权的反映。因此，保守党和自由民主党组成的联合政府上台后，必然会对英国能源法律政策进行调整，以期反映本党在能源政策上的基本立场。

（一）保守党的能源政策立场

与工党不同，英国保守党在其政策传统中更多关注经济发展，尤其在当前金融危机对英国经济的冲击下更加重了这一趋势。这在其施政纲领中可窥见一斑。2009 年，保守党出台了政策绿皮书——《低碳经济：安全、稳定和绿色增长》，试图阐述保守党对低碳经济的态度，以及如何发展低碳能源。2010 年 3 月，保守党又发布了《重建安全——保守党在不确定世界下的能源政策》的能源绿皮书（以下简称《2010 年能源绿皮书》）。上述两份政策性文件，均是保守党关于未来英国能源法律政策的总体设想，以及英国应在能源气候议题上的基本立场与纲领。概言之，其主要内容包括以下几个方面①：

1. 对工党政府能源法律政策的否定。

保守党认为工党政府制定的能源法律政策是"过时的"，是建

---

① See the Conservative Party, Rebuilding Security：Conservative Energy Policy for an Uncertain World, 2009, available at http：//www. conservatives. com/news/news_stories/2010/03/conservatives_propose_radical_overhaul_of_britains_energy_policy. aspx, last visit on June 22, 2010.

立在 30 年前英国能源状况基础上的，已不能适应变化的环境。对此，《2010 年能源绿皮书》指出，英国目前的能源政策是以北海油气充沛为必要条件的，而现在英国面临的是电厂设备老化、油气开采下降以及气候变化的严重影响。环境发生了变化，能源政策也应随之进行调整。而工党却坐失良机，在其执政的 13 年里没有一个清晰的能源政策，如果这一现状维持到 2020 年：（1）将更多地依赖进口油气，其中 2018 年即将有 70% 的天然气来自海外；（2）1/3 的燃煤电厂、2/3 的燃油电厂将被迫关闭，同时 3/4 的核电站将退役；（3）可再生能源比例将由现在的 2.5% 提高到 15%，达到 7 倍之多；（4）还须在 1990 年基础上，温室气体减排 34%；（5）更为重要的是，有 1000～2000 亿英镑的能源基础设施投资的缺口。此外，由于能源政策的滞后，英国电力供应将自 20 世纪 70 年代以来第一次出现下降；天然气和其他能源将面临供应中断的威胁。

2. 提出制定能源法律与政策的目标和原则。

毫无疑问，正是由于能源的供应安全、可持续发展和负担能力都受到威胁，英国正面临着"能源政策的危机"，所以必须重构这一政策。保守党指出，任何改革进程的成功首先是要有明确的目标，以及为完成这些目标所需要的清晰一致的原则。为此，《2010 年能源绿皮书》提出以下四大目标和八项原则。

四大目标是：（1）安全，即英国必须有满足现在以及将来为电力、供暖和交通所需的能源供应；（2）可持续，即所有一切均须建立在健康的环境下，能源的开采、生产和消费都不得有违生态系统；（3）经济，即能源是消费者和企业必需的生活日用品，它应是丰富的和负担得起的。（4）机遇，从历史上看，能源一直是英国工商业发展的重要力量，所以必须发展和利用好能源，为英国创造新的财富。

八项原则为：（1）以市场为基础，有利投资者更多地进入能源领域，并激发能源产业的革新。（2）审慎的监管，促成能源安全、环境影响以及消费者保护目标的实现。（3）清晰的能源战略，由能源大臣直接对议会和选民负责。（4）有利的多样化，通过促进技术、能源来源和供应链的多样化实现能源供应安全。（5）寻求物有所值，以最小化的能源成本，通过市场而不是公共补贴，达到能源市场的可持续发展。（6）加强环境管理，将能源使用的环境成本和效益以持续和透明的价格，进入政府和市场的政策制定中。（7）采取国际主义的路径，加强和发展长期协议，便利英国与邻国电网并联，承认在目标分享上与欧盟和国际合作的重要性。（8）促进竞争，消除市场准入的障碍。

3. 拟订完成任务的 12 点行动计划。

《2010 年能源绿皮书》指出，为了重构能源体系，保守党政府将开展以下 12 点关键行动：

（1）确保英国有一个明确一贯的和稳定的能源政策。能源气候变化部将承担主要的能源政策战略制定的责任，改革天然气和电力市场办公室（OFGEM）。（2）建立电力市场的能力保障，监督和评估边际能力的充足性，保证公平竞争和透明度。（3）建立天然气供应安全保障机制。促进天然气进口多元化，提高储备量；与进口国签订长期供应合同。（4）改革气候变化税，提供碳底价。将气候变化税征收对象从"下游"的消费者转移到"上游"的能源生产者；将排放贸易机制与气候变化税挂钩。（5）简化大型基础设施建设的审批手续。教促议会修改《国家规划阐述》。（6）发展核能。加快核能基础设施建设，在核能领域适用"碳底价"，保留核能发展办公室。（7）加速 CCS 的示范作用。新建发电厂装备CCS，纳入到"碳预算"，并与贸易排放制度挂钩。（8）促进可再生能源。便利小规模可再生能源和废气电力上网，授权地方政府促进可再生能源供暖。（9）建立能源互联网，革新能源供需关系。出台智能电表共同标准；实现不同智能电网间的互融性，达到与邻国智能电网的并联。（10）通过绿色新政（Green Deal）的方式提高能源效率，资助每户 6500 英镑以提高能效。（11）电气化运输，减少对石油的依赖。加速建造高速电气化火车系统；提高燃料经济标准；启动可再生能源运输燃料义务制度。（12）创建绿色投资银行。与碳基金、海洋可再生能源部署基金一起，加强公共投资的来源。

此外，《2010 年能源绿皮书》还提出了减少能源安全的成本建议，通过削减资金成本、提高能源效率、减少补贴以及最大化附加利润来实现这一目标。

（二）自由民主党的能源政策立场

自由民主党是英国的第三大政党，自 1988 年创建以来，一直奉行中左翼的政治路线，在公共服务、社会公正、环境保护等方面拥有更强的进取意识。它主张建立福利型国家，反对限制公民的自由和权利；在外交方面，支持多边外交、反对伊拉克战争，积极参与欧盟的宪政建设。此次大选，自由民主党提出每年削减 150 亿英镑的政府开支，改革选举制度，提高个人所得税起征点，以及全力支持欧盟的施政纲领。由于自由民主党历来奉行积极的环境保护政策，因此，其能源政策立场也反映出这一特点①。

（1）建设绿色基础设施，创造就业机会。自由民主党指出，当前正是推动经济、进行大规模投资的又一次最佳时机。投资绿色技术、住宅保暖以及公共交通，将会创造更多的就业机会。况且，从长期来看，通过投资这些产业，势必会使英国经济更加持久和可持续。

（2）寻求公平的燃料消费支付。改革支付形式，通过制定"社会税"等方式，以一个更低的能源价格支持弱势群体的燃料消费。

（3）制定住宅保暖规划。确保每一家庭都能在严冬有一个温暖的居室，并且改进建筑标准，要求所有新建住宅都必须达到高能效。

（4）大力发展可再生能源发电。建议设立"生态—现金返还"机制。

（5）反对燃煤和核能发电。

---

① See the Liberal Democrats Policy Briefing, Climate Change and Energy, available at http://www.libdems.org.uk/siteFiles/resources/PDF/Election%20Policy/01%20-%20Climate%20Change%20and%20Energy.pdf, last visit on June 22, 2010.

三、英国保守党和自由民主党能源法律政策的影响

虽然英国保守党和自由民主党提出的上述能源政策立场，更多地体现出政党利益，甚至有些观点不符合客观事实，但是我们也不能否定，他们的观点基本上反映了当前英国所面临的能源现状，而且有些观点也迥异于工党政府。上述政策一旦具体实施，将会给未来英国能源法律与政策带来实质性的变化；更为重要的是，它还很有可能对世界能源气候格局产生新的影响。

（一）英国未来能源法律与政策的走向

基于英国保守党和自由民主党在能源政策立场上具有某些共同利益，以及它们对工党政府制定的能源法律政策也有一定延续性的特点，英国未来的能源法律政策不会出现较大的断层。不过，英国保守党和自由民主党在某些能源政策立场上差异较大。这就为未来英国能源法律与政策的发展埋下了不稳定的伏笔。综观英国保守党和自由民主党在能源政策上的立场，可以肯定的是，在低碳经济和能源组合方面，英国联合政府将延续工党政府一贯的能源政策路线，但在核能和可再生能源的发展战略上将存在更多的变数。

1. 低碳经济的道路不会改变。

从 2003 年英国工党政府的能源白皮书《我们的未来——创建低碳经济》到 2009 年《低碳转型计划》国家战略文件的出台，低碳经济的理念已深入到英国各政党的能源政策立场中。2009 年保守党出台的《低碳经济：安全、稳定和绿色增长》，尽管在具体实施低碳行动上与工党略有差别，但对于未来英国走低碳经济的能源战略却是矢志不渝的。

2009 年《低碳经济：安全、稳定和绿色增长》政策绿皮书指出："重建经济不应简单地倚重于少数几个行业，包括那些不稳定的碳密集能源部门。未来应该是不同于过去的，保守党深信，我们迫切需要采取一个低碳经济的行动。因为只有这样，才能创造更多的就业机会，提升英国的竞争力；只有这样，才能保障我们的能源

安全；也只有这样，才能保护我们下一代的环境空间。"①

同样，自由民主党早在 2007 年就通过了《零碳英国——引领全球》的政策文件。2009 年，该党再次重申了这一立场。《零碳英国——引领全球》的政策文件指出："发达国家应率先转型进入低碳、高能效的经济模式。而英国更要引领这一国际气候构架，通过贸易、税收或者规则确立碳价，鼓励、示范和部署低碳技术，并激励人们长期行为的改变。"②

2010 年 5 月 11 日，保守党与自由民主党达成权力分享的《保守党自由民主党联盟协议》（以下简称《联盟协议》），其中就规定："两党同意实施含有一系列举措的全面方案，以期完成低碳和生态友好型经济的目标。"可见，英国联合政府将延续低碳经济的未来发展。

2. 继续发挥低碳能源组合的战略导向。

英国工党政府在《2003 年能源白皮书》中首先提出低碳能源组合的问题，但是直到《2007 年能源白皮书》才确立以核能、可再生能源和 CCS 为主的低碳能源组合。从英国保守党的能源政策立场来看，它提出的能源多元化政策，尽管与工党政府的低碳能源组合在范围、方法上有所不同，但都将工党提出的低碳能源囊括其中。卡梅伦在《能源绿皮书》的前言中指出："安全和可持续是硬币的两个面。除非多元化我们的能源来源，除非提升我们的能源网络，除非提高我们能源的有效性，否则我们既不会有安全，也不会有可持续。"

英国自由民主党对低碳能源组合也持肯定态度。虽然自由民主党反对核能作为低碳能源组合的一部分，但它在对可再生能源、

---

① The Conservative Party Policy Green Paper, The Low Carbon Economy: Security, Stable and Green Growth, 2009, p. 3, available at http://www. conservatives. com/ ~ /media/Files/Downloadable%20Files/lce. ashx , last visit on June 22, 2010.

② The Liberal Democrats Party Policy Paper, Zero Carbon Britain—Taking a Global Lead, 2009, p. 1, available at http://www. libdems. org. uk/siteFiles/resources/PDF/Zero_Carbon_Britain. pdf , last visit on June 22, 2010.

CCS 的支持上远比工党政府的力度要大。在自由民主党《零碳英国——引领全球》的政策文件中，它试图通过引入碳税、加大排放贸易机制、强化上网电价以及促进 CCS 技术转化等多个方面，来促进低碳能源的全面发展。特别是，在达成保守党与自由民主党组建联合政府的协议中，关于环境的 18 个共同建议中，其中有一半都涉及低碳能源。因此，未来英国能源法律政策在低碳能源组合的发展趋势上，将不会出现大的变化。

3. 核能法律政策面临挑战。

如前所述，英国保守党和自由民主党在能源法律政策上的最大分歧体现在核能的利用上。保守党认为，核能应该作为低碳能源组合中重要一环，它甚至批评工党政府由于不能尽早地决定将核能纳入到低碳能源组合中，而延误了能源的多元化发展，造成今天英国在能源供应上的被动局面。为此，保守党在其《2010 年能源绿皮书》的第 6 个关键行动中，提出要加快核能发展，支持国家规划阐述（NPS），将"碳底价"适用于核能，并保留核能发展办公室。

而自由民主党极力反对新建核电站，它在其《零碳英国——引领全球》中对核能做出如下评价："首先，核电站的建设将花费大量的公共补贴；其次，新建核电站将会使英国陷入中心化和不灵活的电力供应，而且这将阻碍对可再生能源、家庭发电以及 CCS 的投资，有损促进节能的努力；最后，核废物至今还没有找到一个安全的和可接受的处理方式，民用核电的全球增长将引发核扩散和核恐怖主义的风险，这与英国的核战略是相违背的。"

可见，英国保守党和自由民主党在发展核电的立场上，是截然不同的。这也体现在保守党与自由民主党的《联盟协议》中，双方在协议的最后部分表示两党难以在核能问题达成一致，因而只能做出"边走边看"的妥协。首先，保守党和自由民主党都同意目前的三家核电站按期退役，不再延长其运行。其次，承诺核电站建设将得不到任何公共补贴。再次，在自由民主党保留反对发展核能的同时，保守党可以通过核能国家规划阐述（NPS）提交议会修改，以促使核能发展。最后，双方都同意在核能方面的分歧，不属于法律意义上"信任问题"。

因此，英国保守党和自由民主党在核能问题上的不同立场，势必会影响两党的联盟，同时也会影响未来英国核能法律政策的走向。尽管《联盟协议》试图在这一问题上达成妥协，但它依然是英国联合政府在能源法律与政策上最薄弱的环节。

4．可再生能源政策存在分歧。

相比核能而言，英国保守党和自由民主党在可再生能源发展上的分歧仅限于如何促进可再生能源的方式上。保守党认为，在促进可再生能源发展方面，工党政府创立的可再生能源义务制度（RO）与上网电价机制相比，不但费用高，而且程序更行政化，投资者根本难以知晓对可再生能源的投资是否会收益。因此，这一制度阻碍了可再生能源的发展。

而自由民主党坚持认为，可再生能源义务制度促进了英国可再生能源的发展，只是在刺激投资方面，该制度需要进一步改革，但不至于废除这一制度。当然，可以考虑在未来上网电价机制的基础上，代替可再生能源义务制度。

保守党和自由民主党最终在《联盟协议》中达成如下妥协：全面支持上网电价机制，但同时保留经改革后的可再生义务制度；如果双方无法在可再生能源目标上达成一致，最终决定下一步可再生能源发展的目标将根据气候变化委员会的建议做出。

（二）对国际能源气候格局的影响

从英国保守党和自由民主党的能源政策立场及其达成的《联盟协议》来看，一旦联合政府将其能源政策付诸实施，不但会影响英国能源法律与政策的走向，而且还会对国际能源气候格局带来新的冲击。后者主要体现在国际天然气市场、国际气候变化协议以及国际低碳能源投资等三个方面。

1．对国际天然气市场的影响。

英国保守党对工党政府最尖锐的批评就体现在天然气供应问题上。它指出，工党政府的天然气政策是建立在30年前的理念上（即英国的天然气供应是充沛的，是无须过多考虑能源供应安全的），这完全是错误的。工党政府在天然气政策上的"不作为"将英国带入了一个"不安全"的能源环境。

为此，保守党提出相应的改革建议：第一，战略上英国应全面进入国际天然气市场，特别是在液化天然气（LNG）和页岩气开发上，确保英国在多元的国际天然气贸易框架中发挥核心作用，而不仅仅是欧亚天然气供应链上的"末端"。第二，英国将在欧洲乃至全球签订新的 LNG 和管道天然气的"长期供应合同"，维持和加深与其他北海天然气供应国的传统贸易关系，特别是与挪威的关系。第三，大力推动欧盟甚至全球天然气和其他能源市场的自由化。第四，加大天然气的战略储备。可见，卡梅伦政府在英国天然气的改革方面，将有较大动作。然而，这可能会增加国际天然气市场上的不确定性。

（1）英国势必会积极参与欧盟天然气政治，对欧俄"北流"管道和途经土耳其的"纳布科"管道施加影响（英国在天然气管道上是主要的投资者之一）。他们有可能迫于英国的压力，为满足欧盟特别是英国的天然气供应而减少对其他国家天然气的输送。况且，自由民主党也一直主张积极参与欧盟事务。因此，欧盟境内天然气网络建设的速度将会加快，并将增加欧盟在国际气候谈判中的砝码（天然气是碳排放最少的化石燃料）。

（2）英国将会在液化天然气方面有所行动。据国际能源机构预测，尽管 2007 年到 2030 年间，世界天然气的需求量将增加 17%，但是未来几年里，由于北美非常规天然气技术的突破，天然气有可能供应过剩①。英国正是希望利用这一机会，进军液化天然气市场，实现英国天然气的多元化供应。然而，英国的加入极有可能会造成国际天然气价格波动，液化天然气的国际市场会更加复杂多变。

2. 对国际气候变化协议的影响。

英国保守党对气候变化的科学性一直心存怀疑，因此在温室气

---

① 参见国际能源机构：《世界能源展望 2009——执行摘要》，2009 年，第 8—10 页。

候减排问题上没有工党政府积极①。然而，这并不意味着保守党将在这一问题上不作为。相反，出于政治考虑，特别是与工党的竞争，保守党亦提出相应的气候变化的改革举措，如通过制定"碳底价"来取代气候变化税，并与欧盟的排放贸易制度（ETS）挂钩。

与保守党相比，英国自由民主党在气候变化问题上要激进得多。首先，它率先提出到 2020 年英国电力供应的 30% 应来自可再生能源，到 2050 年将达到 100%。

其次，它要求直接将气候变化税改为"碳税"，在碳排放基础上，向新出厂的车辆征收"绿税"（Green Tax），改革航空税，制定可再生运输燃料义务（the Renewable Transport Fuels Obligation, RTFO），实现到 2015 年燃料中有 10% 来自可再生能源。

再次，它要求英国制定国家适应规划，以提升个人和企业的适应气候变化的能力（它成为英国第一个提出适应气候变化举措的政党）。

最后，它提出帮助发展中国家减排和适应的议题。例如，通过建立国际跨越式基金（International Leapfrog Fund），帮助发展中国家发展低碳技术、可再生能源技术，以提高能源效率；支持建立一个新的联合国适应基金。

此外，为了提高英国政府对气候变化的关注度，自由民主党还要求改革政府机构，设立气候变化内阁委员会，创建新的环境、能源和交通部。

可见，尽管保守党在气候变化问题上并不积极，但由于英国联合政府中自由民主党的参与，特别是能源与气候变化部的大臣职位由自由民主党的胡尼（Huhne）担任，这就决定了英国不但会继续重视气候变化问题，而且还会在气候变化问题上有较大的举措。正

---

① See the Liberal Democrats Policy Briefing, Climate Change and Energy, available at http://www. libdems. org. uk/siteFiles/resources/PDF/Election% 20Policy/ 01% 20-% 20Climate% 20Change% 20and% 20Energy. pdf , last visit on 2010-07- 22)

如《零碳英国——引领全球》所言："自由民主党相信，在制定国际气候变化政策上，英国应发挥更为强大的作用，以促使其他发达国家包括美国在内以及发展中国家都进行减排。"

值得注意的是，2010 年 3 月，英国政府迅速出台了《超越哥本哈根——英国政府的国际气候变化行动计划》，以推动在 2010 年墨西哥坎昆气候变化会议上达成全面的具有法律约束力的国际气候变化协议。

3. 对国际低碳能源投资的影响。

虽然在低碳能源发展规模上，英国不及美国和中国，但是在低碳能源发展的法律和政策方面，英国却一直独领风骚。不论是"碳预算"，还是可再生能源义务制度，都是如此。

（1）英国在可再生能源方面的发展，将会促进国际可再生能源的投资。尽管英国保守党和自由民主党的《联合协议》没有最终确定可再生能源的目标，但该协议明确规定只会增加可再生能源的比重，而不会减少。这在某种程度上说明：可再生能源仍是低碳经济发展的主流，各国在可再生能源发展的竞争势必会更加激烈。

（2）英国将更加关注对碳捕获与封存（CCS）的发展。这是因为联合政府已意识到碳捕获与封存的研发，特别是碳捕获与封存的商业化将是未来国际低碳能源发展的重点和核心。谁率先掌握这一技术，谁将获得引领全球低碳经济的话语权。碳捕获与封存技术的发展，将彻底改变能源安全等非传统安全的性质，并将步入一个新的技术革命时代。因此，在碳捕获与封存的发展上，无论是英国保守党还是自由民主党，均无异议。《联合协议》要求，所有的新建燃煤电厂都必须装备符合排放标准的碳捕获与封存设备，并且将对公共部门进行碳捕获与封存的投资开展征询。

（3）英国联合政府在核能利用上的模糊立场，可能会给世界民用核能的发展蒙上一层阴影。英国自由民主党反对新建核电站，不但会对英国未来低碳能源发展战略产生实质性的影响，而且也会给国际核能的开发利用带来消极因素。近年来，特别是 2011 年日本福岛核事故发生后，发达国家对核能利用的态度摇摆不定，使其完全没有达到像可再生能源那样的发展势头，英国联合政府在核能开发利用上的消极态度更加重了这一趋势。因此，未来世界核能开发利用能否走出摇摆不定的局面，将变得更加模糊。

四、结 语

英国未来低碳能源的发展将走向何方，在很大程度上取决于英国联合政府能持续多久。如前所述，英国保守党和自由民主党在基本的能源政策上仍然存在较大分歧，这是它们难以逾越的障碍。然而，英国的能源法律与政策进入了一个新的发展期，它是对工党执政 13 年能源法律与政策的重新评估。更重要的是，鉴于英国在国际能源气候政治中占有举足轻重的地位，其能源政策的变化将直接影响国际能源气候格局的走向。

因此，包括中国在内的发展中国家应高度重视英国等发达国家在低碳能源法律与政策上的新动向。一方面，通过与其进行广泛的能源合作，吸收它们在低碳能源发展上的新技术，从而推动本国低碳能源的发展；另一方面，应借鉴其成熟的低碳能源法律与政策，吸取它们在能源发展中的经验教训，以完善本国的能源立法，最终促成能源结构的调整，构建起安全低碳的能源体系。

第六章　社会秩序规则二元观与新能源立法的制度性设计

——以英国《2010 年能源法》为例

一、引　言

在全球金融危机影响下，中国经济正面临着三重连锁反应的困境：外向型经济遭遇严重挤压①；高速经济增长对能源需求的极度膨胀②；扩大的能源消费引发的对气候环境的破坏③。因此，经济转型、能源安全和气候变化乃是当下中国亟待解决的现实而又严峻的课题。这也就不难理解，为何人们将更多的目光投向新能源

---

①　根据国家统计局对 2009 年的统计数据，由于受金融危机影响，2009 年货物进出口总额比 2008 年下降了 13.9%，其中货物出口下降了 16%。参见国家统计局：《2009 年国民经济和社会发展统计公报》。

②　据国际能源机构《世界能源展望 2010》报告，中国于 2010 年能源消费已超美国跃居第一位。当然，国家发改委认为国际能源机构的数据存在一定问题。See IEA, *World Energy Outlook* 2010, Paris, 2010, pp. 4-5. 张璐晶：《对话国际能源机构首席经济学家法提赫·比罗尔：我们可能在计算方法上存在差异》，载《中国经济周刊》2010 年第 30 期，第 14—15 页。

③　据 UN 统计数据，从 2007 年开始中国已成为二氧化碳最大排放国，造成这一形势的原因，主要是由于中国能源消费的递增。参见 http://unstats. un. org/unsd/environment/air_co2_emissions. htm，最后访问日期 2010 年 12 月 24 日；also see IEA, *CO_2 Emissions from Fuel Combustion Highlights* (2010 *Edition*), Paris, 2010, p. 13.

投资①。然而，新能源投资必然能带来经济增长的转型、能源供应的安全和温室气体排放的下降吗？

罗尔斯在《万民法》一书中指出："国家生活的如何，极其重要的因素在于其政治文化，而并非其资源水平。"② 这表明国家经济财富的增长并非基于资源之上，而是政治文化。因此，即便我们拥有庞大的新能源投资，也并不意味着必然能实现上述三者的转变。而这其中的关键则在于是否有适宜的制度。美国制度经济学家阿塞墨格鲁（Daron Acemoglu）在其新著《现代经济增长导读》中再一次用详尽的数据证明，制度才是一国经济增长、财富积累的最根本的原因③。所以，我们认为在中国新能源立法呼之欲出之际，找到新能源发展的制度路径才是其根本。而英国经济学家哈耶克的社会秩序规则二元观，无疑为我们提供了一个良好的理论旨趣。

哈耶克认为："许多社会制度都是我们成功追求有意识的目标所不可或缺的条件。然而，这些制度事实上却是那些既不是被发明出来的，也不是为了实现任何这类目的而被遵循的习俗、习惯或惯例所形成的结果。在我们生活于其间的社会中，我们之所以能够成功地对我们自己做出调适，而且我们的行动也之所以有着良好的机会去实现它们所指向的目标，不但是因为我们的同胞受着已知的目的的支配，或者受着手段与目的之间已知的关系的支配，而且是因为他们也受着这样一些规则的约束——而对于这些规则所具有的目的或起源，我们常常是不知道的，甚至对于这些规则的存在，我们

---

① 据美国皮尤中心报告，中国已于 2009 年超美国成为全球最大的清洁能源投资国。See The Pew Charitable Trusts, *Who's winning the Clean Energy Race? Growth, Competition and Opportunity in the World's Largest Economies*, Washington: The Pew Charitable Trusts, 2010, p. 7.

② ［美］约翰·罗尔斯：《万民法》，张晓辉等译，吉林人民出版社 2001 年版，第 124—125 页。

③ See Daron Acemoglu, *Introduction to Modern Economic Growth*, Princeton: Princeton University Press 2009, pp. 1023-1094.

也常常是无意识的。"① 正是基于这种理念，哈耶克将社会秩序分为两类，即内部秩序和外部秩序。内部秩序乃是一种自生自发秩序，是"人之行动而非人之设计的结果"，是一种非依赖于人之目的的高度复杂的秩序；而外部秩序是一种组织安排，是人们刻意创造出来的，服务于人之目的的相对简单的秩序②。与之对应的则是内部规则与外部规则。所谓内部规则是指社会在长期的文化进化过程中自发形成的规则，而外部规则意指那些根据组织或治理者的意志制定的，只适用于特定之人或服务于统治者的目的的规则③。

这种社会秩序规则二元观认为，内部规则即自生自发秩序才是社会进化的根本，而外部规则所起的作用则主要是补充自生自发秩序的不足，而不是干预或打破内部秩序的平衡。正如哈耶克所指出的，"正是由于现代社会的结构并不依赖于组织而是作为一种自生自发的秩序演化发展起来的，所以它才达到了它所拥有的这种复杂程度，而且它所达致的这一复杂程度也远远超过了刻意建构的组织所能够达致的任何复杂程度"。因而，"人们不仅完全不可能在以组织替代自生自发秩序的同时，又欲求尽可能地运用其成员所掌握的分散的知识，而且也完全不可能在以直接命令的方式干涉自生自发秩序的同时，又达致对这种秩序的改进或矫正"④。这正是哈耶克为我们建构的一个在制度性设计上的基本认知。

众所周知，在新能源立法方面英国一直处于世界前列⑤。英国

---

① ［英］哈耶克：《法律、立法与自由》（第一卷），邓正来等译，中国大百科全书出版社 2000 年版，第 7 页。

② 参见［英］哈耶克：《法律、立法与自由》（第一卷），邓正来等译，中国大百科全书出版社 2000 年版，第 52—85 页。

③ 参见邓正来：《法律与立法的二元观：哈耶克法律理论的研究》，上海三联书店 2000 年版，第 59 页。

④ ［英］哈耶克：《法律、立法与自由》（第一卷），邓正来等译，中国大百科全书出版社 2000 年版，第 73 页。

⑤ 英国是世界上第一个提出创建低碳经济的国家，第一个将温室气体减排目标写进法律的国家，第一个实施"碳预算"的国家；同时，也是第一个以法律规定碳捕获与封存商业化的国家。See The UK DTI, *Our Energy Future-Creating A Low Carbon Economy*, London 2003; The UK Climate Change Act 2008, The UK Energy Act 2010.

颇具特色的能源法范式，在很大程度上体现了上述哈耶克社会秩序规则二元观的理念。特别是英国《2010 年能源法》，更是将内部规则与外部规则与新能源发展紧密结合在一起，也是对市场与政府在新能源发展定位上做出的一个恰如其分的界分。虽然这些制度设计未必完全适合中国的新能源立法建设，但是它所体现出来的理念价值却是值得我们深思的。

二、英国《2010 年能源法》对哈耶克内部规则的制度性设计——市场激励机制

英国《2010 年能源法》是继 2009 年英国《低碳转型计划》国家战略文件公布后，在能源法律与政策领域出台的第一部法律。它规定了碳捕获与封存、强制社会价格支持机制等相关新能源法律问题。其中，对碳捕获与封存的制度性设计，正是旨在实现新能源发展的市场激励。

碳捕获与封存（Carbon Capture & Storage，CCS）是新能源中最具潜力的技术之一，它具有使单位碳排放减少 90% 的潜能①。因而世界各国、特别是发达国家竞相开发这一技术②。而英国在 CCS 上不但占据技术领先的优势，而且拥有他国不可比拟的地理环境优势③。无疑，一旦实现 CCS 彻底商业化，不仅有利于英国本身的经济发展，也将给全球低碳市场带来一场新的技术革命。英国在其《2007 年能源白皮书》中正式提出发展 CCS 技术的新能

① See IPCC, *Carbon Dioxide Capture and Storage*, Cambridge University Press 2005, p. 3.

② See IEA, *Carbon Capture and Storage: Progress and Next Steps*, Paris 2010, pp. 11-24.

③ 英国北海地区拥有大量适宜存储二氧化碳的岩层，其空间超过了除挪威以外的所有北欧国家的总和。这意味着英国可以将碳储存许可出售给其他国家，每年可获利高达 50 亿英镑。参见薛亮：《碳存储有望为英国带来巨额收益》，载人民网 http://env.people.com.cn/GB/10049160.html，最后访问日期 2010 年 12 月 22 日。

源政策①。《2008 年能源法》则第一次以法律形式确定了 CCS 发展的法律地位②。2009 年英国《低碳转型计划》国家战略文件又将 CCS 设定为低碳转型的主要手段和途径③。《2010 年能源法》则正式启动了 CCS 的商业化运作。

《2010 年能源法》规定，在全英燃煤发电厂建造 4 个具有 CCS 商业规模的示范项目，到 2025 年全面实现 CCS 发电能力，并使英国成为全球 CCS 研发中心。为实现这一目标，立法机构拟第一步提出 CCS 的市场激励机制；第二步在 2010 年夏对市场激励机制立法进行征询；第三步于 2010 年秋季正式提交 CCS 市场激励机制立法；第四步在 2011 年 4 月进入 CCS 市场激励机制的操作阶段。为此，《2010 年能源法》提出三项制度设计：一是创设 CCS 税；二是以合同形式资助 CCS 示范项目；三是通过市场竞争选择 CCS 示范项目。

毋庸置疑，技术进步是经济长期增长的一个关键因素④。因此，促进技术进步就成为各国政府倍加关注的内容之一。但这是否意味着可以通过政府的具体行动来直接推动技术进步呢？哈耶克深刻指出这种行动的不可行性，因为"无论是科学还是任何为我们所知道的技术，都不可能使我们克服这样一个事实性困难，即任何个人心智，从任何一项接受刻意指导的行动，都不可能通盘考虑到所有的特定事实；尽管这些事实是一些人所知道的，但是作为一个整体，这些事实又是任何特定的个人所不知道的"⑤。这一论断表

① The UK DTI, *Meeting the Energy Challenge*, London 2007, pp. 170-179.

② See The Article 17-35, The UK Energy Act 2008.

③ The UK DECC, *The UK Low Carbon Transition Plan*, London 2009, pp. 65-68.

④ 无论是马克思的技术发展理论，还是熊彼得的创新理论，以及曼斯菲尔德的技术创新的扩散理论，都阐明了技术进步对经济增长的重要性。而在实践中，20 世纪 90 年代兴起的知识经济本身就是一个有力的证明。

⑤ ［英］哈耶克：《法律、立法与自由》（第一卷），邓正来等译，中国大百科全书出版社 2000 年版，第 13 页。

明，在社会的发展过程中存在着一种理性不及，无论未来我们所获得的知识多么充分、完备，都不可能逾越这一现实。同理，人存在这样一种理性不及，而由人组成的政府亦存在这种理性不及，政府不可能聚集所有个人拥有的分散知识，所以无论它制定的计划多么完善，也总会有未能考虑到的因素。因此，如果政府采取一种指令式的行政手段来推动技术进步，带来的结果只会是适得其反。

然而，这是否意味着在技术进步方面政府将无可作为？哈耶克同样指出这也是一种谬误。他认为："人们在一个只是部分为他们所知的世界中试图获得成功，实是一个难题。然而，他们却可以经由遵循那些极有助益于他们，但他们本人并不知道、而且也不可能知道它们是否是笛卡儿意义上的那种真的规则，来解决这个难题。"① 显而易见，正是经由这种自生自发秩序，众多分散的知识得以检验，才最终发现那个具有"真"的规则，进而促进社会进步。这样做的结果，一方面可以找到理性所不及的那部分知识，使其得以发挥作用；另一方面也降低了人类设计之结果的"恶性"。因此，无论我们的理性正确与否，只有投入到自生自发秩序中，才能将理性发挥至极致，才能最大程度减小理性不及所带来的危害。

至于如何才能实现分散的知识投入到自生自发秩序中，哈耶克为我们提供了一条方法路径，即"在自生自发秩序的情形中，我们可以经由确定一些形成这些秩序的因素来确定它们的抽象特征，但是我们却不得不把具体细节留给我们并不知道的情势去决定"②。就 CCS 的技术进步的制度性设计来看，市场无疑是最为典型的自生自发秩序，因而将 CCS 技术进步交由市场来决定是最为理想的选择。

为此，英国《2010 年能源法》规定的三个制度性设计都紧

---

① ［英］哈耶克：《法律、立法与自由》（第一卷），邓正来等译，中国大百科全书出版社 2000 年版，第 17 页。

② ［英］哈耶克：《法律、立法与自由》（第一卷），邓正来等译，中国大百科全书出版社 2000 年版，第 61 页。

密围绕市场展开。首先，在创设 CCS 税中，税收的份额分配是根据电力供应商在电力市场上拥有的市场份额比例进行征收。这样，对电力供应商而言，税收份额的比例不是固定的，而是随着市场变化而变化的，不会造成 CCS 技术进步上来自电力供应商的阻碍。其次，政府对 CCS 示范项目的资金拨付是以合同形式完成的，通过法律手段确立了政府与开发商之间的市场地位、权利和义务，以及相关责任，保证了资金拨付使用的有效性和开发商按市场运作进行技术创新的自由。最后，通过市场竞争对 CCS 示范项目进行选择。开发商将通过展示燃烧前捕获技术、燃烧后捕获技术以及燃烧后二者最大捕获值的比较这一方式来自由竞争，最终拥有最优技术的开发商将首先获得项目资助。毫无疑问，通过这种围绕市场进行的制度设计，会极大地促进 CCS 技术的创新与进步。即使我们不知道哪一种 CCS 技术更符合商业化运作，但最终脱颖而出的必将是经由市场选择出来的 CCS 技术。

三、英国《2010 年能源法》对哈耶克外部规则的制度性设计——强制社会价格支持机制

在英国，"燃料贫困"是一个非常严重的社会保障问题①。1996 年，英国共有 500 万人处于"燃料贫困"。经过工党政府在能源政策上的有力推进，到 2004 年这一数字业已下降到 120 万人。其间，2001 年出台的《英国燃料贫困战略》是其最主要的应对策略，它提出到 2010 年彻底解决英国的燃料贫困问题②。然而，据英国 2009 年燃料贫困年度报告的数据显示，到 2007 年英国已连续

---

① 所谓"燃料贫困"（Fuel Poverty）是指家庭难以支付取暖费用。按英国标准，它是指一户家庭如果其总收入的 10% 用于取暖（通常卧室要求保持在 21 度，其他房间在 18 度以上），那么就属于燃料贫困。引发燃料贫困的主要因素有：房屋的低能效、昂贵的能源价格以及较低的家庭收入等。

② See The UK Government, *The UK Fuel Poverty Strategy*, London 2001, pp. 10-12.

三年出现燃料贫困人口激增的情况，近 400 万人生活在燃料贫困中①。造成这种不降反升的原因，主要是英国能源价格的高涨。为了应对这种局面，英国政府 2008 年开始与能源供应商达成自愿协议，向燃料贫困家庭提供各种援助。

在此基础上，《2010 年能源法》创建了相关法律框架，即强制社会价格支持机制。它授权国务大臣在现有自愿协议的基础上，采取强制措施，要求所有能源供应商提供具体的社会价格支持；通过削减能源账单，直接向燃料贫困家庭提供援助，实现 2013～2014 年间能源供应商每年投入 3 亿英镑用于此项目。

毋庸讳言，无论是经济学理论还是国家实践都已揭示，市场不是万能的。因此，市场失灵引发的各种社会问题，就成为政府进入市场的主要原因之一。哈耶克在极力强调自生自发秩序的同时，并未忽略政府在整个社会变迁中的作用。他指出："我们完全有理由认为，在自由的社会中，政府也应当以一种确获保障的最低收入的形式（或以一种保证任何人都不会获得低于某一最低收入额的形式），来确使所有的人都得到保护并免遭极度不幸的保障措施，当然会符合所有人的利益"②；而且"把那些在市场中无力切实维持生计的人，完全置于市场过程之外，并用专门划拨出来的资产对他们施以救济，也是完全可能的"③。

英国的"燃料贫困"问题，正是基于能源在市场运作过程中产生的那些不能为市场秩序所调整而引发的社会问题。尽管政府干预不是唯一解决这一问题的途径，但是在其他办法未形成之前，政府则应负有首要责任。因此，《2010 年能源法》规定的强制社会价格机制正体现了政府行使社会保障的最根本的职能。当然，在提供

①　See The UK DECC, *UK Fuel Poverty Strategy-7th Annual Progress Report-2009*, London 2009, pp. 7-9.

②　［英］哈耶克：《法律、立法与自由》（第二、三卷），邓正来等译，中国大百科全书出版社 2000 年版，第 151 页。

③　［英］哈耶克：《法律、立法与自由》（第二、三卷），邓正来等译，中国大百科全书出版社 2000 年版，第 244 页。

能源保障的同时，英国并没有采取直接的行政手段，而是进行了一系列的制度性设计，规定供应商有权在英国天然气、电力办公室的监督下选择援助的水平和种类，亦可选择援助的目标群体。此外，为了保障分配的公平性，英国政府还设立了协调机制，按能源供应商在能源市场上占有的份额进行分配，以保证价格支持的公平性。可见，强制社会价格支持机制彰显了哈耶克对政府在市场作用中的基本认知。

首先，肯定了政府是市场秩序不可或缺的主体地位。哈耶克强调："政府应当运用它所享有的经由征税而筹集资金的权力，并由此而为人们提供市场因种种缘故而不能提供或不能充分提供的一系列服务。"① 因此，这一制度性设计可以彰显，政府是这一机制发挥作用的最主要的推动力。

其次，哈耶克不赞同政府是唯一提供公共服务的主体。他指出："即使事实上只有政府有能力提供特定的服务，我们也没有理由因此而禁止私营机构去尝试和寻求其他的方法，亦即在不使用强制性权力的情况下提供这些服务的方法。"② 从英国《2010年能源法》对强制社会价格支持机制的制度性设计来看，政府并没有把改变"燃料贫困"的责任揽于一身；相反，更多的是将这种服务交给能源供应商。这种制度性设计的优势就在于，政府没有成为唯一的能源资助的主体，进而留给其他社会主体进入提供能源资助的可能性。

最后，哈耶克认为在外部规则制度性设计中，市场仍应发挥相应的功能。哈耶克提出："我们在依靠市场提供这些服务的情势中，采取下述做法亦是极为可行的，即一方面我们用中央决策这种强制性措施来实现筹措资金的目的，而另一方面我们则尽可能地把组织这些服务之生产的工作和在不同的生产者当中分配这些可供使

---

① ［英］哈耶克：《法律、立法与自由》（第二、三卷），邓正来等译，中国大百科全书出版社2000年版，第332页。

② ［英］哈耶克：《法律、立法与自由》（第二、三卷），邓正来等译，中国大百科全书出版社2000年版，第339页。

用的资金的工作，交由市场所具有的各种力量去决定。"① 从强制社会价格支持机制中可以看出，这一制度性设计含有众多市场元素，比如能源供应商有权选择服务的对象、水平和种类，能源资助的分配按他们在能源市场上的份额进行。这些都体现了外部规则与市场相结合的特点，打破了经由政府独享社会保障提供者的界限。

总之，无论是从对碳捕获与封存技术的市场激励机制，还是强制社会价格支持机制的法律设定，英国《2010 年能源法》都融入了哈耶克社会规则二元观的理念。这也启发我们在进行新能源立法时，应注重贯彻这一理念，从而促进新能源的进一步发展。

四、中国新能源立法的关键——重新思考政府与市场的界分

在新能源立法的各国实践中，问题的关键在于找准在新能源问题上政府与市场的界分②。而要找到这一关键点，就必须承认一个事实，即哈耶克所指出的，"人们对于深嵌于大社会秩序之中的大多数特定事实所处于的上述那种必然无知的状态，乃是我们认识社会秩序这个核心问题的根源"③。所以我们所制定的"行为规则的功能，就在于克服我们对那些决定着整体秩序的特定事实的无知而形成的那种障碍"④。换言之，"规则乃是对我们对于大多数特定情势所具有的这种不可避免的无知，所做的一种应对或调适"⑤。

---

① ［英］哈耶克：《法律、立法与自由》（第二、三卷），邓正来等译，中国大百科全书出版社 2000 年版，第 338 页。

② See Dieter Helm, *Rethinking the Economic Borders of the State*, London 2010, pp. 8-29.

③ ［英］哈耶克：《法律、立法与自由》（第一卷），邓正来等译，中国大百科全书出版社 2000 年版，第 9 页。

④ ［英］哈耶克：《法律、立法与自由》（第二、三卷），邓正来等译，中国大百科全书出版社 2000 年版，第 11 页。

⑤ ［英］哈耶克：《法律、立法与自由》（第二、三卷），邓正来等译，中国大百科全书出版社 2000 年版，第 28 页。

当下各国经济社会中普遍存在着一种倾向——政府对市场的过度干预。尽管金融危机的产生，很多人认为是政府监管不力，但我们发现这一危机产生的最根本的原因仍是经由政府对金融市场干预所引发的①。经济学理论已充分证明，市场本身所产生的垄断等相关问题并不会造成对经济的影响，而正是由于人为因素的介入，才最终引发了具有破坏力的结果。因此，克服人之理性不及才是解决市场问题的关键。诚如哈耶克一再表明的，"理性的使命之一，就是要确定理性控制的范围或限度，或者是要确定理性应当在多大程度上依赖于它所不能完全控制的其他力量"②。

因此，作为国内最具理性的体现，政府只有将其行为限定在一法定额度内才能发挥实质性的作用，只有明晰政府在市场中的界线，才能保证市场的有序发展。因此，"对政府在实施行为规则方面所具有的强制功能，与它在只需管理那些由其支配的资源方面所具有的服务功能之间做出界分，具有根本的重要意义"③。

（一）新能源立法应限定政府对市场的干预仅是提供普遍的机会

哈耶克强调："我们决不能把公众的主要关注点引向特定且已知的需求，而必须将其指向那些维护自生自发秩序所需要的条件，因为这

---

① 近期的一些研究成果将 2008 年延续至今的金融危机的生成原因归因于新自由主义理论。笔者认为不妥。参见何秉孟：《美国金融危机与国际金融垄断资本主义》，载《中国社会科学》2010 年第 2 期，第 28—44 页；刘迎秋：《国际金融危机与新自由主义的理论反思》，载《经济研究》2009 年第 11 期，第 12—21 页。上述两篇文章都没有具体展开新自由主义理论，特别是哈耶克对于货币金融问题的论断。参见［英］哈耶克：《法律、立法与自由》（第二、三卷），邓正来等译，中国大百科全书出版社 2000 年版，第 485—486 页。相反，中国经济增长与宏观稳定课题组：《全球失衡、金融危机与中国经济的复苏》，载《经济研究》2009 年第 5 期，第 4—20 页。该文在论证方面更可取，从本质上讲，危机的产生还是缘起于政府的过度干预。

② ［英］哈耶克：《法律、立法与自由》（第一卷），邓正来等译，中国大百科全书出版社 2000 年版，第 33 页。

③ ［英］哈耶克：《法律、立法与自由》（第一卷），邓正来等译，中国大百科全书出版社 2000 年版，第 69—70 页。

种自生自发的秩序能够使个人以权力当局所不知道的各种方式满足自己的需求。"① "因此，政府可以通过强制人们遵守那些从以往的经验来看最有助于自生自发秩序之型构的抽象行为规则的方式，去增进不确定的任何人成功地追求同样不确定的任务目的的机会。"②

无疑，新能源立法就是旨在明晰政府对市场干预的界线，就是旨在强调政府只能提供普遍的机会，而不是对特定结果或目的的追求。如果不这样去做，必然会引起不同利益群体之间为争夺新能源投资而引发的利益冲突，而政府根本无力去平衡如此众多的利益纷争，当利益平衡被打破时，来自利益群体的不满将势必削弱政府的威信力。退一步而言，即便政府最终平衡了所有利益群体的要求，然而新能源市场这一自生自发秩序也将在满足不同利益的要求下扭曲变形，最终的结果则只会是新能源市场发展的萎缩和凋零。

因此，新能源立法就是要通过划清政府在市场中的界线，从而保护政府不受利益群体的干扰，顺利完成新能源的投资发展。这样做，一方面可减轻政府的负担，能更好地服务于公共产品；另一方面，由于提供的是一种普遍机会，使得所有个体都可以参与新能源的投资，从而极大激发了市场的潜力。而一种由普遍机会决定的利益分配、一种由市场决定的利益分配，不仅符合自生自发秩序的正常演进，而且即使出现利益的不平衡，由于是非基于政府行为所致，政府的威信力亦不会受到减损。

（二）新能源立法应保障市场是发挥个人、地方制度性设计的主渠道

哈耶克曾指出："如果我们希望每个人都生活得富裕，那么我们据以趋近这个目标的方式就不能是经由法律的规定去命令人们应当实现这个目标，或赋予每个人以一项法律权利去要求获得我们认

① ［英］哈耶克：《法律、立法与自由》（第二、三卷），邓正来等译，中国大百科全书出版社 2000 年版，第 3 页。
② ［英］哈耶克：《法律、立法与自由》（第二、三卷），邓正来等译，中国大百科全书出版社 2000 年版，第 14 页。

为他应当享有的东西，而毋宁是向所有的人提供激励以促使他们尽可能地去做有助益于其他人的事情。"① 而"市场秩序对我们实现自己的目的极有助益：它不仅像所有其他的自生自发秩序那样，会在我们的行动中给我们以指导和在不同人的预期之间促成某种应合关系，而且还会拓展每个人在更大程度上支配各种物品（亦即商品和服务）的前景或机会，而通过任何其他方式，我们都不可能做到这一点"②。此外，"市场乃是一种仅仅以互惠互利原则为基础的秩序，而立基于这项原则，任何人的机遇都可能比他在任何其他情况下所享有的机会要多得多"③。

从哈耶克的上述论断可以看出，市场是经济发展最主要的动力源，同时它亦是个人获得物质财富最直接的渠道，因此经由市场促进经济发展才是最为可取的途径。特别是"人之活动的这种结构会持续不断地调整自己，以与千百万计的从整体上不为任何个人所知道的事实相调适，并且通过与这些事实相调适的过程而发挥自己的作用。这种适应或调适过程的重要意义在经济领域中最为凸显，而且也首先是在这一领域中得到强调的"④。

因此，新能源立法中应发挥市场作为新能源配置的基础性作用。无论是从新能源投资而言，还是就新能源技术的促进来说，立法的制度性设计均应建立在市场模式之上。这种经由市场配置调动起来的积极性无疑会激发个人更多的自主创新，从而在新能源发展过程中摸索出一套行之有效的市场模式。当然，之所以将市场的重点放在个人和地方层面上，原因有：第一，自下而上的模式能很快地与市场相融合，新制度设计的可行性也能最快地体

① ［英］哈耶克：《法律、立法与自由》（第二、三卷），邓正来等译，中国大百科全书出版社 2000 年版，第 187 页。

② ［英］哈耶克：《法律、立法与自由》（第二、三卷），邓正来等译，中国大百科全书出版社 2000 年版，第 189 页。

③ ［英］哈耶克：《法律、立法与自由》（第二、三卷），邓正来等译，中国大百科全书出版社 2000 年版，第 199 页。

④ ［英］哈耶克：《法律、立法与自由》（第一卷），邓正来等译，中国大百科全书出版社 2000 年版，第 10 页。

现出来。第二，相比政府投入到新能源市场中，个人、地方在发掘新能源制度性设计方面更具灵活和迅速转向的优势。第三，从哈耶克的实践理论而言，制度性设计的出台产生于试错的过程，而个人、地方在制度性设计的试错方面，更具分散性、更能产生多样的制度设计类型，从而将人之理性发挥到最大程度。

（三）新能源立法应确立政府在社会保障方面的首要地位

经济学的基本理论认为，市场失灵的主要原因乃是市场中存在着公共产品、自然垄断和负面的外部经济效应，而政府对于匡正市场失灵具有根本的重要意义①。所以，发挥政府在治理市场失灵方面的主导性诉求乃是一条行之不悖的规则。但是政府应如何来匡正市场失灵呢？哈耶克认为：“人们要求政府予以提供的那些最为重要的公共产品，并不是对任何特定需求的直接满足，而是对某些条件的保障，从而使个人和较小的群体在这些条件下得以享有较有利的机会以满足彼此的需求。”② 这表明，政府在匡正市场失灵方面，主要的职能应是提供那种人们得以进入市场的最低条件，简言之，就是要提供那种完善的社会保障。

新能源市场在孕育发展过程中产生一系列的社会问题是必然的。这是因为：首先，新能源投资意味着对传统能源的一种挑战。随着新能源的壮大，传统能源必将面临市场的萎缩，而随之带来的则是传统能源生产的失业问题。其次，无论是发达国家，还是发展中国家，普遍存在能源贫困问题③。特别是在新能源进入市场的初期，对新能源的外力推动必然会引发能源价格上涨。最后，我们应更多关注的是，尽管新能源发展的主要目的之一是出于环境保护的

---

① 参见文贯中：《市场机制、政府定位和法治——对市场失灵和政府失灵的匡正之法的回顾与展望》，载《经济社会体制比较》2002 年第 1 期，第 1—11 页。

② ［英］哈耶克：《法律、立法与自由》（第二、三卷），邓正来等译，中国大百科全书出版社 2000 年版，第 2—3 页。

③ See IEA, *Energy Poverty: How to Make Modern Energy Access Universal?* Paris 2010, p. 7.

需要，但这决不意味着新能源发展就必然带来环境的改善，甚至更有甚者会造成环境的恶化。例如，水电等新能源在制度性设计上的不当，就极易造成对生物系统的破坏。

因此，虽然政府不是公共产品的唯一提供者，但却是负有首要责任的提供者。所以新能源立法应明确政府在提供社会保障方面的首要地位，特别是对于新能源产生的失业救济、工作培训以及宣传方面具有不可推卸的责任和义务。而对于能源贫困和环境保护方面，税收与评估则应作为新能源立法的重点。

（四）新能源立法应着重手段与过程的制度性设计，以减少立法阻力

毋庸置疑，上述制度性设计的实现在很大程度取决于新能源立法能否被通过。而这又取决于能否设计出一个为各利益群体所能接受的新能源立法。哈耶克曾指出这种情势的困难性。他谈到，"就情势的变化会使社会结构发生某些变化成为必要这一点而言，可能会出现这样的情况：一方面，为了普遍利益，社会结构应当根据这些情势的变化而进行调整；而另一方面，某些个人的利益却会始终要求社会结构不得发生这样的变化"①。这样就会造成一种现状，"如果人们必须就应当优先考虑哪些特定利益的问题达成共识，那么不同利益群体之间就会失去和谐，并发生公开冲突"②。

我们发现，这一现象不仅被哈耶克所论及，而且也被其他政治学家、经济学家所反复强调③。从理论上而言，在立法过程出现利

---

① ［英］哈耶克：《法律、立法与自由》（第二、三卷），邓正来等译，中国大百科全书出版社 2000 年版，第 3—4 页。

② ［英］哈耶克：《法律、立法与自由》（第二、三卷），邓正来等译，中国大百科全书出版社 2000 年版，第 4 页。

③ 作为政治学家，奥尔森详尽地解读了在政治领域人类那种理性思维所造成的利益之间的分歧，从而使集体行动进入一个不可欲求的状况。参见［美］奥尔森：《集体行动的逻辑》，陈郁等译，上海三联书店 1995 年版。诺贝尔经济学奖得主布坎南同样用经济学理论分析政治制度，其提出的公共选择理论再次证明了这一点。参见［美］詹姆斯·M. 布坎南：《自由、市场和国家》，吴良健等译，北京经济学院出版社 1988 年版。

益冲突，是不可避免的，但是利益之间的平衡和妥协却不时会打破自生自发秩序，进而影响国家经济的正常运行和发展。今天我们同样能感受到一些国家经济领域出现的不和谐的情势也多源于此①。

那么，如何解决这一悖论呢？哈耶克并没有为我们指出解决之道，但他在阐述社会秩序规则二元观时提到的一些方法，却值得我们思考。他指出："在大社会中，人们之所以有可能保有和平与达成共识，实是因为个人不必就目的达成共识，而只需就那些有助益于各种各样的目的之实现且能够有助益于每个人实现自己的目的的手段达成共识"，因为"人们之所以有可能达成这种共识，实乃是因这样一个事实所致，即这种共识所会产生的特定结果是无法预见的"②。

基于这种考量，新能源立法的制度性设计应更多着眼于手段和过程的设计，而不是追求目的之设计。而目的设计所带来的只能是可预见的利益结果。这正是引发新能源立法冲突的根本原因所在。因此，只有通过对手段、过程的制度性设计，才能避免新能源立法进入一个利益冲突的博弈困境。也只有如此，才能一方面缓解利益群体之间的纷争；另一方面，又可维持市场在新能源立法中的基础性资源配置的角色。当然，这种手段与过程的设计，应更多地体现在市场这种工具性结构上，从而实现新能源立法的多元目的和结果。

①　就中国制度变迁而言，这种情势也是普遍存在的。改革开放初期经济领域中的"双轨制"到之后的并轨，很大程度上是通过高层自上而下的制度模式解决的。但当前国家的形势已发生一定变化，如何解决这一不和谐的情势，就成为我们亟待考虑的问题。参见周业安：《中国制度变迁的演进论解释》，载《经济研究》2000年第5期，第3—11页；王覃刚：《中国政府主导型制度变迁的逻辑及障碍分析》，载《山西财经大学学报》2005年第3期，第15—21页。

②　［英］哈耶克：《法律、立法与自由》（第二、三卷），邓正来等译，中国大百科全书出版社2000年版，第4—5页。

第七章　法国新能源法律与政策[①]

法国人均化石能量拥有率极低，化石能源探明储量不及世界总储量的 0.02%[②]。且法国自 2004 年起已经不再开采煤炭，而其天然气和石油的开采量仅能满足国内 3% 左右的能源需求。为了解决资源与消耗之间巨大的矛盾，确保国家能源安全，法国针对本国国情，颁布了一系列法律和政策，重点发展核能，同时大力研发包括太阳能、风能和生物质能在内的多种新能源。这一战略取得了巨大的成就，它使法国的能源自给率从 1973 年的 22.7% 提高到目前的 50% 以上，摆脱了对传统化石能源的绝对依赖。在传统化石能源日益减少、能源需求日趋增加的今天，法国的新能源法律与政策对我国颇有借鉴意义。

一、法国新能源法律与政策的体系

法国并没有一部专门针对新能源的法典，其涉及新能源的法律规范主要包括能源基本法、新电力法等综合性法律以及专门性能源立法三类。

（一）能源基本法

2005 年 7 月 13 日，法国颁布了《确定能源政策定位的能源政策法》（简称《能源法》），该法对法国未来的能源政策项目和焦点

---

① 罗国强：武汉大学国际法研究所副教授，法学博士。

② 参见王安建等：《能源与国际经济发展》，地质出版社 2008 年版，第 139 页。

问题进行了规定，确定了国家的能源政策的基本目标是保障能源供应的安全，同时适当考虑环境因素。而实现这一目标的措施之一便是促进能源供应的多样化。该法不仅对发展核能给予了极大地支持，同时也规定了一系列激励和财政措施来保障风能、太阳能和生物质能等可再生能源的发展。

（二）涉及新能源的综合性法律

首先是《电力公共服务的现代化与发展法》（简称《新电力法》）。该法于 2000 年 2 月 10 日颁布，旨在执行欧盟 1996 年《关于欧盟内部电力市场通用规则的指令》（96/92/EC），发展电力公共服务，促进电力工业现代化。该法对新能源的发展有所涉及，如发展核能、规定法国电力公司（EDF）和其他的私人电力公司应按照政府规定的价格购买可再生能源所发电力，以保证可再生能源所发电力进入电网和销售网络等①。

其次是《格纳勒格法案一》（Grenelle 1）。该法于 2009 年 8 月 3 日颁布，旨在落实格纳勒格环境会议中的各项计划。其涉及能源、建筑、运输、生物多样性和自然保护及其监管等多个领域。而在能源领域的规定主要有两方面的目标，一是要在 2050 年将温室气体排放量降低到当时的 1/4；二是实现可再生能源的利用比例达到 23%。

最后是《格纳勒格法案二》（Grenelle 2）。该法于 2010 年 7 月 12 日颁布，也是对格纳勒格环境会议中议题的落实，涵盖了建筑与城市规划、运输、能源、生物多样性、公共卫生和垃圾以及监管方面的规定。在能源方面的规定主要是为了促进可再生能源的利用，推广节能，并建立温室气体的报告和减少温室气体排放的计划机制。这是第一部用一整章专门规定可再生能源规范的立法性文件，标志着可再生能源在法国发展的新动向。

---

① 参见唐风编著：《新能源战争》，中国商业出版社 2008 年版，第 88 页。

（三）专门性立法

法国在新能源领域的专门性立法主要体现在对核能的规制方面。法国不像德国和美国那样，拥有一部"核能法"，其有关核能的法律制度是随着核能技术的发展而制定和修改的。在《环境保护法》、《水法》、《清洁空气和能源合理利用法》、《公共卫生和劳动法典》和《控制大气污染和气味法》等法律中都能找到关于核能的条款。而专门规定核能的法律主要有：1968 年 10 月 30 日颁布的《核民事责任法》、1980 年 7 月 25 日颁布的《核材料保护与控制法》、1991 年 12 月 30 日颁布的《核废物管理研究法》、2006年 6 月 13 日颁布的《信息透明与核电安全法》和 2006 年 6 月 28日颁布的《放射性材料和废物可持续管理规划法》等。这些法律不仅为法国核工业的安全快速发展提供了保障，同时也给其他国家的相关立法提供了参考。

此外，法国还制定了一系列保障新能源发展的政策，如 1996 年"太阳行动"、2003 年《可再生能源发电计划》、2005 年《实施加速发展生物能源计划》和 2008 年《发展可再生能源的计划》等。

二、法国新能源法律与政策的主要内容

（一）核能

大力发展核能是法国应对能源不足的主要手段。尽管很多国家都对核能的安全性持怀疑态度，但法国却坚持发展核能并取得了巨大成功。目前法国有现役核电机组 59 台，核能发电量占法国总发电量的 75%，占一次性能源总量的 40%，高居世界各国之首。与此同时，法国也是世界最大的电力出口国，不仅能满足本国用电，还向比利时、德国、意大利、西班牙、瑞士、英国等国家输送电力，每年能给法国带来 30 亿欧元的收入①。

---

① See http：//www.world-nuclear.org/info/inf40.html.

这一成果的取得，与以下法律制度方面的保障是分不开的：

（1）基本法的支持。2005 年《能源法》确认核电在国家中的重要地位，表明国家将坚持发展核能。由于到 2020 年第一批仍在使用的核电站将停止使用，法国要在 2015 年左右决定是否建立新一代的核电站来取代旧核电站。该法指出，国家将帮助法国电力公司在 2012 年之前，建立采用欧洲压水反应堆（EPR）① 的弗拉芒维勒核电站。同时，国家将重点支持国家核工业的发展，支持核反应堆在未来的发展（核裂变和核聚变），特别是支持国际热核试验反应堆项目和处理核废物的技术。在基本法支持的大背景下，法国选择了较之石墨堆技术经济性更好、市场竞争力更强的压水堆技术，批量建设压水堆核电站，使法国核电得到迅速发展②，并在原有的技术基础上加以创新，实现了技术的升级，使法国的核电技术得到迅速发展，步入世界前列。

（2）建立高规格、高效率的三级核能监管体制。第一层级是核外交政策理事会（CFNP）。该理事会根据 1976 年的法令而设立③。其目的是确定法国核外交政策，特别是确立对核技术、设备和产品的出口进行管理的基本原则。理事会由总统主持，由总理、工业部、研究部、外交部、国防部的部长以及原子能委员会主席组成。其他部门的部长和部分高级公务员或军事官员可以被邀请参加涉及其职务的理事会工作。

第二层级是核与放射性物质应急部际委员会（CICNR）。该委员会依据 2003 年的法令成立④，并实际上取代了 1975 年设立的核

---

① 欧洲压水核反应堆又被称为"第三代核反应堆"，它与一般的核反应堆相比有三大优势：造价和运营成本相对较低，安全性能更高，产生的放射性物质更少。

② 参见陈元主编：《能源安全与能源发展战略研究》，中国财政经济出版社 2007 年版，第 60 页。

③ 该法令是指 1976 年 9 月 1 日第 76-845 号关于建立核外交政策理事会的法令。

④ 该法令是指第 2003 年 9 月 8 日第 2003-865 号关于创设应对核与放射性物质应急部际委员会的法令。

安全部际委员会（CISN）。其主要任务是：在主要的核设施发生事故时（主要核设施指涉及机密的那些核设施）、在运输涉及民用部分或国防或军事的核装置的核材料或放射性材料时以及存在袭击或袭击的危险从而有可能造成核辐射的后果时，向总理提出建议措施。在民用或军用领域发生核事故或核辐射紧急情况时，该委员会须满足总理提出的要求，同时，它应采取措施，防止这种威胁的发生。它由总理、外交部、国防部、环保部、工业部、内政部、卫生部和交通部的部长组成。

第三层级是国家核能安全局（ASN）。为确保核安全监督的有效性，法国于 2006 年通过修订法律，设置了独立的国家核能安全局，该局直接对法国议会负责，由总统和议会独立任命的 5 人委员会领导，每个委员任期 6 年，不能连任。该局颁发的执照或许可证，根据不同内容，由工业部和环保部两个部长联合签发，或直接由国家总理签发。该局在全法国有 11 个派出机构，分 11 个区对核安全实施监督，每个核电厂都派有监督员。此外，核安全与辐射防护局（IRSN）是国家核能安全局的技术支持单位，担任技术顾问，其业务包括对核事故分析评估、进行核安全评价等。

（3）建立核废物安全处置法律制度。1991 年《核废物管理研究法》规定，对于长期、高辐射废物的管理，必须促进环境保护和人体健康，并考虑后代人的权利。该法建立了国家放射性废物管理局（ANDRA），其职责是：与原子能委员会合作，帮助其促进和成立研究发展有关辐射性废物的长期管理的项目；通过直接或中介第三方代理，确保对核废物存储点的长期管理；根据对废品及管理的长期预测，设计、选址和建设新的存储点，并且履行达到此目的的所有调查研究，特别是为了地下实验室的建设与运行，必须去研究深层地质构造；根据安全法规，制定处理和存储辐射性废物的规范；查清在法国境内的所有辐射性废物的地点①。

而依据 2001 年《创设环境卫生安全署法》设立的核安全与辐

---

① 以上职责是由 1992 年 12 月 30 日第 92-1391 号《关于处理放射性垃圾的国家办事处法令》明确的。

射防护局（IRSN），则执行在核安全领域的技能和研究任务、负责辐射裂变材料的运输安全、保护人类和环境免受辐射、保护和控制核材料、保护核设施和辐射裂变物质的运输免受恶意行为①。

之后的 2006 年《放射性材料和废物可持续管理规划法》确立了一个关于和废物管理的国家计划，并创设了一个机构来执行这个计划。该法确立了处理核废物的三种主要路线，即为了减少核废物，已经使用过的核燃料必须在核电站进行回收利用；不能回收利用的废物应该经屏蔽容器处理并且暂时储存在地面；而对于最终不能储存在地面的废物，应该储存在地质深层的设施里。

（4）建立信息披露制度。《信息透明与核电安全法》规定成立核电信息透明委员会，要求对公众披露可靠而又通俗的所有关于核电的信息。同时，按规定法国核安全局应当向公众发行《核安全监督》月刊，记录全国发生的每一起核电故障，个人也可以登录安全局或其他监管机构的网站查询各种文件和资料。另外，核电运营商以及核能开发单位在加强企业内部信息交换、交流的同时，也对外定期发布核电站周围环境监测报告或者事故报告，保障利益相关方的知情权。而媒体、舆论以及一些民间组织，也会形成对核电安全生产的有效监督。

（二）可再生能源

尽管传统化石能源匮乏，但是法国却拥有丰富的可再生能源。实际上，法国现在是欧洲可再生能源领域的领军者②。2005 年《能源法》规定可再生能源包括风能、太阳能、地热能、波浪能、潮汐能、水电和生物质能。该法确立了到 2010 年要实现 10% 的需求能源来自于可再生能源的目标。而在这些能源中，水电的开发度

---

① 上述职责是根据 2002 年 2 月 22 日第 2002-254 号法令《关于核安全与辐射防护局法令》确立的。

② See Thierry Lauriol and Sophie Da Cunha, France: Renewable Energy— The Promotion of Electricity from Renewable Energy Sources, *International Energy Law & Taxation Review*, Vol. 9, 2007, p. 135.

超过了80%，已没有多大的潜能。因而在可再生能源中，法国着重发展风能、太阳能和生物质能。

1. 风能。

法国风能储量很大、分布面广，开发利用潜力巨大。法国的风能蕴藏量居欧洲第二位，截至2009年底，风电安装已超过4500MW。在发展风能发电扶持措施中，最为关键的就是以下两个方面：

（1）建立风能开发区（ZDE）。《能源法》宣布成立风能开发区。这些开发区将享受到国家定价的电力收购政策。每一个风能开发区都需要确定其区域内的最小或者最大发电能力。这些风能开发区的建立必须通过审批的程序，审查时要特别注意是否符合城市规划的要求。风能开发区由大区行政机关的决议建立，但是只能依照市镇或市镇间协作机构（EPCI）所提出的申请进行。此项申请在提交大区行政机关批准之前需要通过地方工业、研究、环境指导署（DRIRE）的预审，它会针对风能蕴藏量和可连接电网能力进行评估。大区行政机关的决议要在接受申请后6个月内做出。大区行政机关将此申请抄送于风能开发区所关系到的周边市镇，这些市镇要在接到后3个月内出具意见书，没有在时限内出具意见视为同意设立风能开发区。大区行政机关协调风能开发区所牵涉的各省之间的关系，监督风能发电设施的建设，注重对风景的保护。

国家在风能发电站的建设过程中发挥着重要的作用。12米以上的风能发电设备的建设许可，需要由大区区长签发；风能设备高度在50米以上的需要做环境影响研究评价和公共调查，50米以下的不需要研究性评价，提供环境影响说明即可。法国环保部在2005年1月制定了《环境影响研究评价导览》，这项导览着重要求就对风景的影响、对动植物的影响、雷达的距离和噪音程度等进行研究评价。

开发商若要开发风能，首先需要通过大区行政机关的建设项目审批；其次需要按照2000年《关于批准建设开发发电站的法令》的要求取得从事电力开发的许可。这两项程序是相互独立的。开发商与市镇或市镇间协作机构之间的电力开发合同属于公共服务授权合同，受到《地方行政组织法典》相关条款的规制。另外，由于地方行政机关一般可以对风能发电站征收建筑地产税，对于规模较小的风能发电站可以征收非建筑地产税和职业税，所以地方行政机关一般会比较支持这样的开发。

《格纳勒格法案二》对于风能开发领域进行了一定的修改，无论是在陆地风能项目的规划上，还是个人开发的批准上，这项规定都将使建立风能发电站的条件更加严格。《格纳勒格法案二》要求在大区气候、空气、能源概览中，建立专门关于风能开发的特别规划：大区风能概览（SRE）。它是具有规范性效力的文件，这是其他可再生能源所没有的。大区风能概览将成为地区气候、空气、能源概览的附件，用于确定发展风能的地区。大区风能概览要考虑已经存在的风力发电区。除了这些已经确定的地方之外，并不是说在其他地方不允许进行开发。但是在大区风能概览公布之后，风能开发区的设立或者改变必须在大区风能概览确定的范围之内进行。在这些地区之外的风能发电站不享受国家定价收购，除非这些设备在大区风能概览公布之前处于风能开发区范围之内。除了要求与大区风能概览相符，风能开发区的法律制度的改变必须考虑到其建立的标准规则。它不仅要求考虑潜在风能开发的标准、电网连接的可能性、保持地域风景，还特别要求考虑维护公共安全、保护生物多样性和建筑遗产。此外，所有关于风能开发区的议案，必须通过其经过范围内的所有城市的城市间协作机构的审议以及相关省环境、卫生和技术委员会的审议。

《格纳勒格法案二》关于风能开发的另一项重大的革新就在于，它要求所有的风能开发项目都要按照环境保护建设分类标准进行划分。这项分类标准是按照 1976 年《环境法典》的规定建立的，根据项目开发对于环境的影响程度进行分类。该法还要求至少 500 米的风能发电设备与居民区之间的距离，但是它并没有就居民区的具体范围做出界定①。

---

① Jocelyn DUVAL, Grenelle 2: un traitement ambivalent des énergies renouvelables, Environnement n° 10, Octobre 2010, étude 20.

（2）确定国家定价的收购政策。《新电力法》规定风能等可再生能源发电可享受国家定价的收购政策，法国电力公司和其他的私人电力公司都必须按照此价格进行收购，从而确保了风能电力市场的有序发展。2001 年的法令①具体规定了享受国家定价收购的条件。2007 年颁布的法令规定②，从 2007 年 7 月 15 日起，凡属法国风能开发区生产的风电，法国电力公司有购买义务，并负责将风能开发区中产生的风电纳入法国电力公司的供电网络。而发生在 2007 年 7 月 15 日以前的行为，则根据 2005 年《能源法》和该法令的规定，对处于风能开发区以外、发电能力在 12MW 以上的发电站可以享受国家定价收购政策。

《新电力法》具体规定了电力收购价格的总体定价办法。风能方面，2008 年 11 月 17 日出台的《发展可再生能源的计划》确定了利用风力动能发电的电力收购条件和具体定价办法。收购价格根据当时的小时工作价值指数和物价指数确定，在一定的期限内是不变的。而 2010 年《格纳勒格法案二》规定了封顶的电力收购总量，一个电站超过 12MW 的电量将不享受定价收购政策。

除陆地风能开发区以外，法国海洋风能发电的发展潜力很大。2010 年《格纳勒格法案二》也着力于促进发展海上风能，海上的风能开发将更加便捷，不受到《城市规划法典》中关于审批规定的限制。特别需要注意的是，此法出台后，拥有 5 台以上发电机组的海上风能发电站将享受到国家定价收购政策，不受风能开发区范围的限制。另一方面，该法将发展海上风能发电的目标上升到立法的高度，确立了每年至少建立 500 台风力发电设备的目标。因此，政府需要在 2013 年 7 月 13 日以前向议会提交风力发展评估报告。

2. 太阳能。

---

① 该法令是指 2001 年 5 月 10 日第 2001-410 号关于享受国家定价的电力收购政策的条件的法令。

② 该法令是指 2007 年 9 月 4 日第 2007-1307 号关于适用修改后的 2000 年 2 月 10 日第 2000-108 号法关于电力现代化和电力服务发展的规定以及过渡性规定的法令。

1970 年，法国建成了世界上第一个实现太阳能发电的太阳能电站——奥德约（Odeillo）太阳能发电站。尽管法国在太阳能利用科技研发上具有领先地位，但由于太阳能成本昂贵、发电量低，很长时间以来法国对于太阳能的利用都处于概念探索阶段；直到近些年才逐渐扩大其应用范围，并产生了重大的经济效益。

光伏发电和太阳能热利用作为太阳能利用的两种主要形式，其发展和特点上存在诸多的差异，因此相应的法律制度也有所不同。

（1）光伏发电。与太阳热能相比，法国的光伏发电在发展规模和国家的促进政策上都处于相对优势的地位。2005 年《能源法》指出，要发展光伏发电以加强能源的竞争力。而经 2008 年修订后的《光伏发电法规》更是给予其极大的财政支持：它规定了屋顶和地面光伏系统以及光伏建筑一体化建筑的回购电价，有效期为 20 年，对后者的支持力度更是远远超过前者，从而极大地推动了光伏建筑一体化的发展；其规定政府将对太阳能发电进行"绿色贷款"补贴，贷款利率值介于 3%～5% 之间，期限为 5～10 年（某些特殊情况下为 20 年）；对于光伏系统装机容量小于 3 千瓦的，给予安装费用 50% 的个税减免，有效期至 2010 年底；就增值税而言，对于使用光伏系统超过两年，且安装容量小于 3 千瓦的，将光伏发电系统材料和安装费的 5.5% 用于增值税减免。

《发展可再生能源的计划》指出，预计从 2008 年到 2011 年在法国的每一个大区至少建立一座光伏发电站，总发电能力达到 300MW。它还规定了计算简单而长期确定的税率，以支持在诸如超市、工厂和大型农用建筑等非居住用途建筑物的楼顶上安装太阳能板进行发电。并且，规划对于居民在自己居住使用的房屋上安装太阳能板进行发电的行政审批程序大量削减，并对面积在 $30m^2$ 以下的太阳能板免于征税。另外，它还扩大了光伏发电国家定价收购政策的适用范围。同时，它规定学校等公共事业性单位也可以安装太阳能板进行光伏发电。在城市规划方面，除了在一些特别需要保护的情况下，获得建筑许可证不再是楼顶上安装可再生能源生产设备的必要条件。最后，安装太阳能板成为了翻新国家所有的建筑物的一项重要内容①。

《格纳勒格法案二》为鼓励光伏发电的普及，将享受国家定价电力收购的对象扩展到了所有的在其楼顶上安装太阳能板的法人。这项规定使所有的法人，无论是民事地产公司、国家还是公共机构，只要得到分管能源的部长的同意，就都能够享受到国家定价的电力收购政策。这个范围甚至扩大到《农业法典》和《沿海捕鱼法》中规定的从事农业开发的民事企业，尽管它们并不是建筑的所有者，只是农业租赁合同的权利人②。

在上述立法和政策的推动下，2008 年法国的光伏发电站的发电能力总和达到了 81MW，而到 2010 年达到了 850MW，也就是说在两年内翻了十倍。目前计划在建的太阳能开发项目的发电总量已经达到了 3000MW。按照这样的速度，法国将提前实现《格纳勒格法案一》确立的 2012 年太阳能发电总量 1100MW 和 2020 年 5400MW 的目标。法国太阳能的巨大进步，标志着太阳能开发起步阶段的圆满完成，太阳能在今后的发展将进入一个更加成熟的时期，太阳能建设材料的价格也将迎来规律性和结构性的下降③。

为了避免由于生产力提高和价格下降所带来的不利效应，法国政府在 2010 年颁布了一项决议④，决定对于收购定价的政策进行调整，以适应太阳能发展新时期的需要。对于大型的太阳能发电站，上网电价在 2010 年 9 月 1 日削减 12%。但对于低于 3kWc（大约为 30 m² 的太阳能板）的家庭住宅，维持上网电价还是维持在 0.58 €/kWh。这一调整充分说明国家对于家庭和个

① 参见法国环保部 2008 年 11 月 17 日关于 "le plan national de développementdes énergies renouvelables de la France" 新闻发布会内容摘要，http://www. developpement – durable. gouv. fr/IMG/spipwwwmedad/pdf/17. 11. 2008_-_Plan_National_ENR_cle719ae1. pdf.

② Jocelyn DUVAL , Grenelle 2: un traitement ambivalent des énergies renouvelables , Environnement n° 10, Octobre 2010, étude 20.

③ http://www. developpement-durable. gouv. fr/-Energie-solaire,418-. html.

④ 该决议是指 2010 年 8 月 31 日关于按照第 2000-1196 号法令第 2 条规定收购由太阳能设施发电的条件的决议。

人进行太阳能光伏发电的支持。另外，值得注意的是，为了鼓励家庭和个人安装太阳能板，对于发电量在 3kWc 以下的光伏发电系统适用简易程序；而对于在地面上建立的发电能力在 250kWc 以上的发电站，就要进行比较严格的审批程序，以保证其对于风景、环境和城市景观的破坏控制在最小。为了享受到国家定价的电力收购政策，所有的光伏电能生产者都要向电力服务网络的运营商提交入网申请，无论是法国国家电网还是其他私人运营商。一旦网络运营商处理了这个申请，这个申请就会被传送给有收购义务的主体法国电力公司。后者就将与光伏电能生产者签订合同，确定为期 20 年的电力购买条件①。

（2）太阳能热利用。太阳能热利用包括太阳能热水器、太阳能建筑（太阳能采暖空调）和太阳能热发电等。为鼓励家庭和集体单位使用太阳能热水器，法国政府于 2000 年出台了补助政策，每年向环境与能源署增拨 4000 万法郎。根据不同的容量，当时太阳能热水器的售价为 12000～35000 法郎，凡购买太阳能设备的个人，可以获得 4500～7500 法郎的补助，而且规定后买者的补助将逐步降低。对于购买太阳能热水器设备的集体单位（如游泳池、医疗单位、旅馆和集体住宅等），也采取了相应的补助优惠政策②。

太阳能热发电的效率比光伏发电要低，因为其只能利用太阳的直射光源，并且对于空气质量的要求非常高，在法国可以推广的范围相对较少。但是相对于光伏发电，太阳能热发电的优点在于其可以储存能量，即便是在晚上也可以产热和发电。2010 年 8 月 31 日的决议对由太阳热能发电的收购价格，也做出了规定。对于非经招标程序希望享受国家定价收购政策的太阳热能发电站，收购时间是 20 年，价格为 32 823 €/kWh，并且其所享受的国家定价收购量是没有年度上限的。而对于经过招标程序的太阳热能开发项目，则享

---

① 2010 年 1 月 12 日关于确定利用由 2000 年 12 月 6 日第 2000-1196 号法令第 2、3 条确立的太阳能发电设备的电力收购条件的决定。

② 参见中关村国际环保产业促进中心编著：《谁能驱动中国——世界能源危机和中国方略》，人民出版社 2006 年版，第 80 页。

受具体招标项目所规定的收购价格。

3. 生物质能。

法国是欧洲的第一农业大国，因而有着发展生物质能的良好基础。欧盟将生物质能分为木柴、沼气和生物燃料①。而在法国，生物燃料（用生物资源生产的燃料乙醇和生物柴油）的发展势头最好。早在 1987 年，法国就通过了法律，要求在特种汽油中加入 3% ~5% 生物燃料（3% 乙醇或 15% ETRE）。1992 年，法国政府同意免除乙醇汽油的消费税②。

为执行欧盟 2003 年《促进生物燃料或其他可再生燃料在运输行业应用指令》（2003/30/EC）设定的目标，法国采取了一系列法律与政策。如制定《加速发展生物能源计划》，该计划从 2005 年 1 月 1 日开始实施，其目标是在 2007 年之前，将法国生物燃料的产量提高 3 倍，并最终超过德国，成为欧洲生物燃料生产的第一大国。该计划具体内容是：在 2007 年以前，建设 4 个新一代生物能源的工厂，平均年生产能力要达到 20 万吨。到 2015 年，法国将从现在的柴油净进口国变为主要的生物柴油生产商③。

2005 年《能源法》对生物质能的发展给予了极大的支持，同时也提出了更高的目标。该法指出：国家支持生物燃料的发展并鼓励改善此领域的竞争力。为达到这一目的，法国通过批准新的生产设备，使生物燃料和其他可再生燃料在交通运输中的总比例在 2008 年底时达到 5.75%，2010 年底时达到 7%，2015 年底时达到 10%。尽管生物质能作为一种清洁能源具有无可比拟的优越性，但是使用生物燃料的价格却很高，其成本比汽油和柴油贵两倍。为鼓励公众使用生物燃料，法国出台了税收优惠等政策，从而保证了生物燃料的推广。并且随着原油价格的持续增长，生物燃料的价格劣

---

① 参见曾麟、王革华：《世界主要发展生物质能国家的目的与举措》，载《可再生能源》2005 年第 2 期，第 53 页。

② 参见中国可再生能源战略研究项目组编：《中国可再生能源发展战略研究丛书》（生物质能卷），中国电力出版社 2008 年版，第 183 页。

③ 参见红岩：《世界生物质能发展情况一览》，载《今日国土》2007 年第 5 期，第 21 页。

势已不复存在。使用生物燃料来替代石油、煤炭等传统能源，几年后可使法国每年减少进口 1100 万吨石油，也可以减少温室气体排放 300 万吨①。

同样，由于欧盟发布了《促进来自可再生资源能源的使用的指令》(2009/28/EC)，法国遂确定了一项"国家行动计划"予以执行，并在 2011 年将该指令转化为国内法。"国家行动计划"指出，2020 年时可再生能源将占所有能源消费比例的 23%。而生物质能是这个执行这个计划的关键。因此，它对利用生物质能在发电、制热以及交通工具中使用生物燃料的数量，都提出了很高的目标。

三、法国新能源法律与政策对中国的启示

我国是能源消耗大国，单位 GDP 增长所消耗的能源是世界平均水平的 3.4 倍②。近年来，我国开始重视新能源的开发和利用。目前中国虽然出台了《中华人民共和国节约能源法》、《中华人民共和国可再生能源法》、《可再生能源发电上网电价和费用分摊管理规定暂行办法》、《可再生能源产业发展指导目录》等，但是与美国、欧盟等发达国家和地区相比，中国新能源法律制度还不完善、政策激励措施还不到位③。因此，我国应充分借鉴法国在新能源法制建设中的先进之处，构建本国的新能源法律体系。

（一）健全新能源法律体系，及时、灵活地修订能源法律

法国特别注重用法律来调整新能源的发展，不但有《能源法》这样的基本法律，而且在核能、太阳能、风能、生物质能等各专门

---

① 参见中关村国际环保产业促进中心编著：《谁能驱动中国——世界能源危机和中国方略》，人民出版社 2006 年版，第 80 页。

② 参见姜雅：《日本新能源的开发利用现状及对我国的启示》，载《国土资源情报》2007 年第 7 期，第 35 页。

③ 参见杨泽伟：《〈2009 年美国清洁能源与安全法〉及其对中国的启示》，载《中国石油大学学报（社会科学版）》2010 年第 1 期，第 5 页。

领域都有相关法律对其进行规定；不但有原则性的规定，而且还有细节性的规定，从而形成了一个比较完整的、具有很强可操作性的法律体系。同时，法国往往根据社会的发展和国家的需要，适时修订相关的新能源法律。例如，法国 1963 年《重要核设施法令》，在 1973 年、1990 年、1993 年都进行了修改，并在 1999 年制定了实施细则。

而在我国，有关新能源的法律规定散见于《节约能源法》和《可再生能源法》，这些法律规定过于原则，其有效的实施不仅需要配套的行政法规和规章的出台，还需要相关政策的大力支持。而核能的发展在我国也受到严格的限制，因此导致了对核电的规制主要通过行政手段，而非法律手段①。同时，我国对这些法律的修订并不及时，从而在一定程度上阻碍了新能源的发展。因此，有必要进一步建立健全新能源法律体系，形成以《新能源法》为基本法，以各种专门性的法律法规为主干，以有关的地方性法规和部门规章为分支，较为完善的新能源法律框架。

（二）因地制宜地确定不同地区的新能源重点发展领域

法国的法律与政策都是根据本国的自然以及气候条件来制定的。法国农业发达，生物能前景广阔，因而法国很早就开始了对生物质能的规制。在风能领域，尽管它比不上丹麦等欧盟国家，但是它意识到自己拥有巨大的风能潜力，近年来也注重对风能的法律规制，大力发展风力发电。而对于太阳热能，由于法国本土的太阳光照不是特别强，它便着重在非洲和拉丁美洲的新喀里多利亚等光照非常强的历史上法属殖民地国家来发展。

相应地，我国幅员辽阔、各地气候和生态环境差异较大，因此也需要采取因地制宜的新能源法律政策，针对具体地区的具体情况，开发不同的新能源并以制度化的方式加以利用。

---

① 参见陈维春：《法国核电法律制度对中国的启示》，载《中国能源》2007 年第 8 期，第 20 页。

（三）采取合理的经济激励措施

采取投资贷款、减免税收、政府定价和保证销路等措施扶持新能源，是法国新能源快速发展的重要源泉。法国《新电力法》规定电力运营商有义务以政府规定的价格购买可再生能源所发的电力；法国于 2001 年引进上网电价政策，对小水电站、风能、生物质能、地热能等生产的电价做出规定，使其享受 15 年或 20 年的政策优惠；法国从 2005 年开始，对使用可再生能源的设备实施税收抵免 40% 的政策，并在 2006 年将其进一步提高到 50%①。在 2008 年《发展可再生能源的计划》中，规定政府将在 2009 年到 2010 年间拨款 10 亿欧元设立可再生热能基金，从而推动其公共建筑、工业和第三产业供热资源的多样化。

相比之下，我国尽管对新能源的发展虽规定了一些经济激励措施，但整体上来说，支持力度太小，投入太低。如对太阳能的研究与开发经费投入不及美国的 1%，甚至还不及印度等国家②。因此，有必要大力加强新能源开发利用的激励措施，在新能源基本法中明确采取这些措施的必要性，并在专门立法中规定详细的激励制度。

（四）在能源开发利用过程中注重保护环境

法国在发展新能源时非常注重保护环境。比如发展风力发电将会在法国村庄当中矗立着众多的风力发电设备，从而使环境不太美观，并且会造成噪音，从而无法让公众接受。因而，在 2005 年《能源法》以及《格纳勒格法案二》中都规定，风电站的建设必须在规定的区域内进行，并且有严格的审批程序，尽管这在一定程度上抑制了法国风电的发展。

---

① 参见张勇编著：《能源资源法律制度研究》，中国时代经济出版社 2008 年版，第 13 页。

② 参见刘小冰、张治宇：《我国新能源与可再生能源立法的检讨与完善》，载《南京工业大学学报（社会科学版）》2007 年第 3 期，第 17 页。

相比之下，尽管我国《电力法》第 5 条也规定："电力建设、生产、供应和使用应当保护环境，采用新技术，减少有害物质排放，防止污染和其他公害。"但是对违反此规定的行为并未设置相应的法律责任，从而难以有效地制止在开发新能源过程中破坏环境的行为。因此，我国应当细化有关的规定，明确新能源建设过程中应遵循的环保要求，并对破坏环境的行为规定较为详细的补偿机制和救济措施。

综上所述，尽管法国是一个传统化石能源异常缺乏的国家，但它却根据自己的国情，以法律和政策为支撑，选择了一条与众不同的能源发展道路，即以核能为中心，重点发展风能、太阳能和生物质能等新能源，从而使本国的能源自给率大幅度提升。法国在新能源领域处于世界领先地位，这得益于其比较健全的新能源法律体系、因地制宜的发展战略、合理的经济激励措施和对环境保护的重视。在传统化石能源日益枯竭、国际能源竞争空前激烈的当今社会，我国必须加快建立健全新能源法律和政策，从而为新能源的发展创造良好的法治环境。为此，我们应当积极学习诸如法国等新能源建设走在世界前列的国家的先进经验，构建本国的新能源法律体系。

第八章　日本新能源政策与法律

作为能源十分匮乏的国家，日本十分注重本国能源的安全性、稳定性、长期性和高效性，大力发展新能源是日本能源政策与能源立法的重要组成部分。经过 30 多年的政策引导和法律调整，日本的新能源开发利用也出现了扭亏为盈的倍增趋势，使日本对传统能源的依赖度大幅降低，经济抗风险能力大大增强。因而，研究和借鉴日本在促进新能源发展方面的政策和法律，对我国有极其重要的意义。

一、日本促进新能源发展的政策

新能源政策是日本经济政策的重要组成部分。日本之所以在新能源开发利用方面取得长足的进步，应该说是国家的新能源政策发挥了重要的作用。日本新能源政策有下列重要特色。

（一）明确发展新能源产业的具体目标

日本能源政策的重要目标是实现能源安全（Energy Security）、经济增长（Economic Growth）和环境保护（Environmental Protection）（简称 3Es）的共同发展①。3Es 中的三个因素同样重要，不可偏废②。在这一重要目标指导下逐步形成日本新能源产业发展的

---

① 参见高世宪：《日本能源领域新举措及对我国的启示》，载《中国能源》2003 年第 4 期，第 48 页。
② 参见吴志忠：《日本能源安全的政策、法律及其对中国的启示》，载《法学评论》2008 年第 3 期，第 102 页。

子目标为：

（1）完成《京都议定书》规定的减排温室气体目标。在1997年京都召开的世界环境会议上，日本政府签署了《京都议定书》，承诺在2008～2012年期间，温室气体（GHG）排放量比1990年减少6%①。为此，许多日本企业明确社会责任，发布"可持续发展报告书"②，增强了发展新能源产业的信心和动力，而政府则分别从供应方和需求方采取措施。

（2）着力提高能源使用效率。日本是较早重视提高能源效率的国家之一，自20世纪70年代以来，日本的能源效率已经有很大提高。而日本经济产业省编制的《新国家能源战略》提出要大力发展节能技术和新能源产业，争取到2030年前将全国的整体能源使用效率提高30%以上③。

（3）实施能源多样化，开发利用新能源。1973年第一次石油危机后，日本开始推行摆脱依赖石油的政策，增加液化天然气的使用，发展核能和水力发电。作为能源多样化战略的重要一环，日本更是加强了对风力、太阳能、燃料电池以及其他新能源的开发利用。通过上述这些努力，日本的能源多样化战略取得了显著成果，对石油的依赖程度明显减少④。

（二）注重制订发展计划等来推动新能源产业的发展

新能源产业是技术含量很高的综合性高技术产业，具有高风险、高投入的特点。基于此，日本新能源产业的发展，始终是通过制定明确的发展计划来加以推行的。日本于1974年制定并实施了发展新能源的"阳光计划"，1978年制定并实施了有关节能的"月

---

① 参见王乐：《日本的能源政策与能源安全》，《国际石油经济》2005年第2期，第18页。
② 日本环境省：《环境白皮书》2004年，第21页。
③ 参见马玉安：《从〈新国家能源战略〉看日本石油政策走向》，载《金融时报》2006年12月19日第4版。
④ 参见单宝：《日本推进新能源开发利用的举措及启示》，载《科学·经济·社会》2008年第2期，第76页。

光计划"，1989 年又推出了"地球环境技术开发计划"。在这些计划的实施过程中，日本认识到三项计划的目标和内容是紧密联系的，新能源、节能和地球环境技术三方面的技术开发存在互相重复的部分，把三者有机地联合起来，能够更有效、更快捷地推进能源环境技术的开发利用。于是，1993 年日本将上述三项计划有机地融为一体，推出了"能源与环境领域综合技术开发计划"，又称"新阳光计划"，目的是促进能源的开发利用和商业化①。下面重点阐述"阳光计划"和"新阳光计划"。

1. 阳光计划。

1974 年的"阳光计划"，也称"新能源开发计划"，把发展太阳能和燃料电池技术定为国家战略。这项由政府投资 10000 亿日元以上，时间目标定在 2000 年的超大型国家计划，其主要目的是开发太阳能、地热能、合成天然气以及氢能等新能源，建立一个适合日本国情的新能源体系。阳光计划的技术开发重点，主要是对上述的太阳能等四个方面的新能源项目的基本技术、输送、有效利用和储存等进行全面研究；而对风能技术和海洋能技术等多种新能源项目，进行基础研究。其主要目的旨在寻求新的替代能源以代替石油，力图从根本上解决日本的自身能源供给问题，减少环境污染。

2. 新阳光计划。

提出该计划的主要目的是：在政府领导下，采取政府、企业和大学三者联合的方式，共同攻关，以革新性的技术开发为重点，在实现经济可持续增长的同时，同步解决在能源开发中尤其是新能源开发中遇到的各种难题，包括能源环境问题。它由下面三部分组成：（1）"革新技术开发"，以防止地球变暖计划为目标。开发的主要项目有非晶硅太阳能电池、燃料电池、超导发电机、陶瓷汽轮机、分散型电池蓄电、能量的有效利用、能量与环境的先导基础技术等。（2）"国际大型合作研究"，以推进地球再生计划为主。研究的主要项目有磁流体发电技术、烟气脱硫催化技术、二氧化碳的

---

① 参见井志忠：《日本新能源产业的发展模式》，载《日本学论坛》2007 年第 1 期，第 88 页。

固定与贮藏、氢能利用等清洁能源技术。(3)"适用技术的合作研究",主要是帮助日本邻近的发展中国家开展节能技术研究与节能工作。其主要项目有燃料电池、太阳能利用技术、风力发电、煤的汽化和液化、生物质能利用技术。

"新阳光计划"是一项将对能源和环境产生巨大贡献的综合性长期计划,从 1993 年开始起至 2020 年为止,总的研究经费高达 16000 亿日元。"新阳光计划"的主导思想是实现经济增长与能源供应和环境保护之间的平衡。其主要研究课题大致可分为七大领域:能源技术、化石燃料应用技术、能源输送与储存技术、系统化技术、基础性节能技术、高效与革新性能源技术、环境计划。为了大力推进"新阳光计划",日本政府还对该计划的技术开发进行大规模的财政支援。

该计划的实施,对日本新能源的开发利用有着极大的促进作用,到 2001 年度末,日本的太阳能发电已达 45.2 万 KW,是 5 年前的 8 倍,在世界太阳能发电中位居第一。此外,2001 年度末日本的风力发电也达到了 31.2 万 KW,大约是 5 年前的 22 倍。

此外,为配合和促进"新阳光计划"的实施,1994 年 12 月,日本内阁会议通过"新能源推广大纲",指出投入能源事业的任何人都有责任与义务全力促进新能源和再生能源的推广工作,并正式宣布了日本新能源发展的政策基础,即:在国家层面上,要求政府全力推进新能源和再生能源;在地区层面上,要求当地县市政府全力配合宣传,使私人企业、一般大众了解此项基本政策。2004 年 6 月,日本政府公布了"新能源产业化远景构想",目标是在 2030 年以前,把太阳能和风能发电等新能源技术扶持成产值达 3 万亿日元的支柱产业之一,从而进一步摆脱对石油的依赖,将日本对石油的依赖程度从目前的约占能源消费量的 50% 降低到 40%,而新能源将上升到 20%,提高日本新能源产业的国际竞争力。2006 年 5 月,日本政府颁布了《新国家能源战略》,提出了今后 25 年日本能源战略的三大目标、八大战略措施计划及相关配套政策。在该国家能源战略文件中,"支持和促进新能源合作创新计划"即位列八大战略措施计划之中。

（三） 系统推出财税金融激励政策

日本政府在新能源的研发上，舍得投入，力图确保未来能源科技的制高点。1993 年推出"新阳光计划"后，每年拨款 570 多亿日元，其中约 362 亿日元用于研究新能源技术、能源输送与储存技术等①。

在财政补贴政策上：一是投资补贴。日本把石油进口税的一部分用作新能源项目补贴，政府每年向从事新能源事业的公司发放奖励性补助金，对大规模引进风力发电、太阳光发电、太阳热利用及废弃物发电等，或宣导新能源的公共团体，补助 50% 以内的事业费及推广费；对于符合新能源法认可目标的新能源推广项目，则补助 1/3 以内的事业费；另对非营利组织给予支持，以协助和推广新能源事业的发展。二是对消费者的补贴。为鼓励国民使用新型能源，除向生产企业发放补贴，令其降低设备价格外，还按 1KW 新能源能耗补贴 9 万日元标准直接补助用户家庭②。

在税收政策上：日本对于开发新能源的行业企业都实行一定程度的税收优惠。在 1998 年的税制改革中，日本将开发利用新能源写入"能源供给结构改革投资促进税制"中，在税制上提供第一年获取利润的 30% 作为特别奖赏。

在金融政策方面：一是向新能源产业提供低息贷款和信贷担保，如为住宅安装太阳能系统提供低息贷款，自 1994 年 10 月起，贷款年利率为 3.9% 和为期 5～10 年的长期贷款；二是提供出口信贷，如利用项目援助推动太阳能发电产品的出口；三是吸引民间资本的投入。

各种各样的经济激励政策的实施，使从事新能源事业的日本公司和消费者对新能源产业的前景信心十足，也极大地促进了这个新

---

① 参见唐瑞雪：《日本政府对新能源产业的扶持政策》，载《科学时报》2008 年 7 月 28 日第 2 版。

② 参见唐瑞雪：《日本政府对新能源产业的扶持政策》，载《科学时报》2008 年 7 月 28 日第 2 版。

兴产业的快速发展。

二、日本促进新能源发展的法律

在新能源研发上，日本政府同样遵循法治原则，注重立法为开发利用新能源保驾护航。1980 年日本制定了《替代石油能源法》，依照该法设立了"新能源和产业技术开发机构"（NEDO），开始了大规模的支持能够实用化的新能源技术的开发和各项领域的节能技术的开发，以及对其的推广应用。进入 20 世纪 90 年代后，日本加快了新能源的立法工作，一系列法律、法规的陆续出台，为新能源的开发和利用提供了必要的支撑。日本于 1997 年 4 月制定了《促进新能源利用特别措施法》，大力发展风力、太阳能、地热、垃圾发电和燃料电池发电等新能源与可再生能源。此后，该法于 1999 年、2001 年、2002 年先后进行了修改。为贯彻实施该项法律，日本政府在 1997 年 6 月又制定了《促进新能源利用特别措施法施行令》，具体规定了新能源利用的内容、中小企业者的范围。该法规于 1999 年、2000 年、2001 年、2002 年经过多次修改。2001 年 4 月日本制定并开始执行《关于推进采购环保产品法》。日本国会在 2002 年 6 月通过并颁布了《日本电力事业者新能源利用特别措施法》，以促进"新能源国家标准"的实施。该法于 2003 年 4 月生效。为配合该法的实施，日本政府在 2002 年 11 月和 12 月相继颁布了《日本电力事业者新能源利用特别措施法施行令》和《日本电力事业者新能源利用特别措施法施行规则》等法规。

（一）《促进新能源利用特别措施法》

在 1994 年制定的"新能源推广大纲"的基础上，日本政府于 1997 年 4 月 18 日制定了《促进新能源利用特别措施法》。在体系结构上，该法正文分为总则、基本原则、促进企业对新能源的利用、分则等 4 章，共 16 条。正文之后还有附则。

第一章总则，包括该法的第 1、2 条，明确了其立法目的和相关定义。按照该法第 1 条的规定，制定该法的目的是为了确保安定稳妥地供给适应内外社会经济环境的能源，在促进公民努力利用新能源的同时，采取必要措施以顺利推进新能源的利用，为国民经济健康发展以及人民生活安定做出贡献。

第二章基本原则等，包括该法的第 3、4、5、6、7 条。根据该法第 3 条和第 4 条的规定，促进新能源利用的基本原则由经济产业大臣制定并予以公布。具体而言，基本原则包括：（1）新能源利用中的能源使用者应采取措施的相关基本事项；（2）为促进新能源利用而进行能源供给的企业（能源供给企业）和从事新能源利用中的机械工具制造和进口的企业（制造企业）应采取措施的相关基本事项；（3）促进新能源利用措施的相关基本事项；（4）其他与新能源利用相关的基本事项。能源使用者、能源供给企业、制造企业须注意基本原则的规定，努力促进新能源的使用。该法第 5 条明确说明，经济产业大臣应根据新能源利用的特性、新能源利用相关技术水平及其他情况，不断注意保护环境，在应予推进利用的新能源种类和方法等相关事宜上，为能源使用者制定方针并予以公布。

该法的第三章旨在规定促进企业对新能源的利用。它由该法的第 8、9、10、11、12、13 条构成，主要明确了在企业活动中欲使用新能源的，须制定与该新能源利用相关的计划，并向经济产业大臣提交，方可获得对该利用计划适当性主旨的认定。如变更该利用计划，必须得到主管大臣的承认。如果该企业未按照该计划进行新能源的利用，主管大臣可取消认定。新能源产业技术综合开发机构为促进新能源的利用，还从事进行与认定企业按照所认定的利用计划进行新能源利用中必要资金相关的债务保证，和与此相关的附带业务。

第四章为分则，包括第 14、15、16 条，就征收报告、主管大臣的认定和处罚规则等进行了规定。

附则主要规定了本法的具体执行①。

---

① 参见何建坤主编：《国外可再生能源法律译编》，人民法院出版社 2004 年版，第 193—199 页。

（二）《日本电力事业者新能源利用特别措施法》

2002 年 6 月 7 日颁布的《日本电力事业者新能源利用特别措施法》包括正文 17 条和 1 个附则，附则有 6 个条文。

制定该法的目的是为了保障与国内外经济社会环境相适应的能源稳定和适当的供给，完善电力事业者利用新能源的必要措施，促进环境保护和国民经济健康发展。

该法的主要内容是电力事业者有义务使用一定量的新能源。这里的新能源主要包括风力发电、太阳能发电、地热发电、水力发电（仅限于输出功率 1000 千瓦以下的水路式水下发电）。经济产业大臣每 4 年根据经济产业省令的规定，负责制定以后的 8 年间电力事业者新能源电力的利用目标，并在情况发生显著变化而有特别必要时，变更新能源电力目标。经济产业大臣制定或变更新能源电力目标时，应及时公告。电力事业者应当在每年按照经济产业省令的规定，利用超过基准利用量的新能源电力。"基准利用量"以前一年度该电力事业者的电力供给量为基础进行测算。电力事业者应当在每年的 6 月 1 日前，按照经济产业省令的规定，将该年 4 月 1 日起至次年 3 月 31 日止的一年间预计利用的新能源电力的基准利用量和经济产业省令规定的其他事项，以及前一年度 4 月 1 日起至当年 3 月 31 日止一年中的电力利用量和经济产业省令规定的其他事项，报经济产业大臣备案。电力事业者还可以通过从其他电力事业者购买新能源发电等方式，来完成其应承担的义务量。电力事业者所利用的新能源未达到基准利用量，经济产业大臣认为该电力事业者未达到基准利用量没有正当理由时，可以对其进行劝告。如果未达到基准利用量的程度致使未达到经济产业省所规定的基准时，经济产业大臣可以命令该电力事业者在一定期限内必须进行改进。不服从改进命令者，最高罚款可达 100 万日元。

附则规定了本法的施行日期、过渡措施和本法施行情况的评估等问题①。

---

① 参见何建坤主编：《国外可再生能源法律译编》，人民法院出版社 2004 年版，第 203—207 页。

从此，太阳能、风能、地热能等发电列入日本电力事业者必须完成的指标体系。该法的实施对日本开发利用新能源产生了积极影响。

三、几点启示

促进新能源的发展，对于日本这样资源缺乏的国家，其意义自不待言。同样，对于我国这样一个有着庞大人口基数的发展中国家，其意义更是不言而喻。通过分析日本促进新能源发展的政策法律，结合我国的具体情况，我们可以得出以下几点启示：

（一）尽早建立着眼长远、目标明确的新能源政策体系

从前面的论述中我们可以看出，对于日本这样一个典型的"能源小国、经济大国"，能源尤其是新能源没有成为制约国家经济发展的瓶颈，而是为有效地支撑国家经济社会的快速发展作出了较大贡献。应该说，国家的新能源政策发挥了重要的作用。日本制定新能源政策主要有以下三个鲜明的特点：

（1）着眼长远。一方面能源的短期波动与长期发展趋势往往不一致，仅注重短期形势而忽略了长期的发展趋势难免造成决策失误；另一方面，核电的建设、太阳能发电等新能源的大规模发展，推进节能所需要创造的社会环境等都需要付出长期的努力，必须从长计议。

（2）明确目标。设置明确的目标，并为实现该目标创造必要的条件，是政府制定能源政策的真正意义所在。通过确立具有向心力的目标，引导政府、企业、科研机构乃至民间投资者共同努力，这种做法在日本证明是行之有效的。

（3）注重国家新能源总体而不是单一能源行业政策及战略的研究。只有这样制定出来的新能源政策，才有利于能源与经济、环境部门之间以及能源各行业之间政策的协调一致，避免出现各行各业各自为政、能源与经济和社会发展不相协调的问题。

日本上述制定新能源政策的三个鲜明特点值得我们学习和借

鉴。我国应尽早建立着眼长远、目标明确的新能源政策体系，以至少不低于国际同期平均发展水平的标准来规划我国新能源的发展。

（二）注意制订发展计划，以促进新能源和相关产业的发展

毫无疑问，明确的发展计划对促进新能源和相关产业的发展，发挥着重要的引领和推动作用。从前面的论述中，我们可以看出，日本的"新阳光计划"在引领和促进日本新能源开发及新能源产业的发展方面，发挥了极为重要的作用，亦是促进日本新能源普及应用的加速器。也可以我国的"863"计划为例，自从其制定实施以后，极大地带动和促进了我国高技术及其产业的发展，缩小了同世界先进水平的差距，为传统产业的改造提供了高技术的支撑，产生了巨大的经济和社会效益。有鉴于此，结合我国的具体情况，积极创造条件，制定实施相应的新能源发展计划，不失为我们促进新能源和相关产业发展的一种重要的选择和参考。

（三）发展新能源要坚持以科技为核心、以自主知识产权为主的发展模式

在促进新能源的发展过程中，我国要紧紧把握科学技术这一核心内容，加大投入力度，以科学技术推动新能源的开发利用，以科学技术提高新能源的使用效率。这样才能够彻底改变我国能源使用结构不合理的现象，促进能源使用多样化。鉴于目前新能源产业处于发展初期，其对于经济的带动主要表现在技术收益上，在大规模产业化方面还不具备市场条件，需要政府政策扶持。因此，我国新能源产业发展应注重立足于技术创新及自主知识产权的产业化方面，避免我国搭台唱戏、发达国家卖票收钱的问题。要把我国拥有巨大的能源市场优势，用于促进我国具有自主知识产权的新能源产业发展方面。

（四）优先开发利用本国具有资源优势的新能源

我国在开发太阳能、风能、生物能、氢能以及其他新型能源方面，具有巨大的潜力和优势。因为我国的地域辽阔，自然资源丰富，开发新能源所需的原料和资源十分充足。以风力资源为例，我

国 10M 高度层的风能总储量为 32 亿 KW，实际可开发的为 2.53 亿 KW 加上近海（1~15M 水深）的风力资源，共计可装机容量达 10 亿 KW。因而我国在开发太阳能、风能、生物能、氢能以及其他新型能源方面，具有巨大的潜力和优势，应该充分发挥这方面的资源优势。当然我们应该看到目前我国在新能源的开发与利用方面，已经取得了许多可喜的成果。特别是在太阳能和风能的开发与利用方面成果尤为显著，太阳能温室、太阳灶、被动太阳房、太阳能热水器和太阳能干燥器等多项技术，在农村和城市得到推广应用。这为缓解边远地区的能源短缺，改善生态环境和居民生活起了积极作用，收到了良好的实效。风力发电近年来也异军突起，呈现出快速增长局面。尽管如此，由于我国在新型能源开发上与日本这样能源利用技术较先进的国家相比还比较落后，因此发展的空间还很大。如我国风力发电有 10 亿 KW 的潜力，而目前的开发还不到 1000 万 KW。我们必须在坚持自主开发的同时，积极引进国外的先进技术，加快推进我们的整体研发能力，并快速形成规模化产业。

（五）新能源立法应注重可操作性和适应性

日本的很多新能源政策是通过立法推动的。法律的可操作性越强，就越容易贯彻执行。法律健全和完善的过程，实质上也是一个操作性不断强化的过程。日本在新能源立法方面的一个重要特点就是可操作性强，主要表现在新能源立法的法律条文明确具体，与其配套的法规衔接紧密，颁布及时。基于新能源的一些固有特点，日本在保障新能源法律的可操作性上，一方面注重在新能源法律中规定具体的量化指标，以此保证法律目标的具体化。实践证明，在法律中规定量化指标与保障法律的稳定性并无矛盾，反而较好地保证了法律制度的贯彻执行；另一方面注意及时制定和颁布与之衔接配套的法规。在制定某一新能源专门法后，日本政府会及时以《施行令》《施行规则》等形式制定相关配套法规，旨在更加具体、细致地对相关问题进行规范。如前所述，日本在 1997 年 4 月制定了《促进新能源利用特别措施法》。为保证其实施，同年 6 月日本政府又制定了《促进新能源利用特别措施法施行令》。2002 年 6 月，日本颁布了《日本电力事业者新能源利用特别措施法》，为与此衔接配套、便于执行，日本政府于同年11月和12月颁布了《日本电力事业者新能源利用特别措施法施行令》和《日本电力事业者新能源利用特别措施法施行规则》等法规。

此外，日本新能源法的另一个特点是其适应性。日本注意根据客观实际需要和形势发展变化，不断修订完善新能源法，体现出了较强的适应性。

相比较而言，我国现有的新能源法总体上偏重原则化，可操作性方面存在一些不足，相衔接的配套法规颁布不是很及时，也不完备。这种情况在涉及我国主要的新能源立法的《可再生能源法》里表现较为明显。与日本的新能源立法的特点相比，该法在可操作性方面存在的不足主要表现在以下三个方面：

（1）缺乏配套实施的具体细则。如伴随着2006年《可再生能源法》的生效，本应与该部法律同时配套的多部实施细则尚未及时出台。我国计划出台《水电适用可再生能源法的规定》、《可再生能源资源调查和技术规范》、《可再生能源发展的总体目标》等12个可再生能源配套法规，直到目前尚未全部完成，致使其可操作性大受影响。

（2）有的法律条款表述不够严谨。以《可再生能源法》第17条为例，该条明确地规定了国家鼓励单位和个人安装和使用太阳能利用系统，要求房地产商为太阳能利用提供必备的条件，并规定对已建成的建筑物，住户可以在不影响其质量与安全的前提条件下安装符合技术规范和产品标准的太阳能利用系统，而对是否影响建筑物质量与安全并没有规定一个具体判断标准，这容易导致用户和物业双方当事人各执一词，为物业公司以"影响建筑质量与安全"为由禁装太阳能利用系统提供借口，使太阳能利用系统的推广和普及增加难度和障碍，不利于很好地达到鼓励单位和个人积极安装和使用太阳能利用系统的根本目的。

（3）有的法律条款以宣示性和口号性为主，过于原则和抽象。《可再生能源法》里的很多规定原则性较强，主要以鼓励的法律规范为主要内容，直接进行行政控制和管理的规范条文很少。例如，

《可再生能源法》第 13 条规定"国家鼓励和支持可再生能源并网发电";第 18 条规定"国家鼓励和支持农村地区的可再生能源开发利用"等。这些规定只是表明了国家的一种鼓励支持的态度,较为原则和抽象,缺乏可操作性。

上述情况直接导致出现有法可依的同时却又无法可施的局面。法律的可操作性大受影响。我国应借鉴日本新能源立法在保障可操作性上的一些经验,完善相关法律规定,注意及时制定与主干法律衔接配套的完备的实施细则,强化新能源法律的可操作性和适应性。

第九章　澳大利亚新能源发展：
法律、政策

"保障可靠、廉价的能源供应和实现向低碳、高效、环保的能源体系转变，是当前人类面临的两大能源挑战。"[①] 毫无疑问，新能源将在发展低碳经济与保障能源安全方面发挥着举足轻重的作用。当前，世界各国无不竞相发展新能源，加速向低碳经济转型，以抢占未来世界经济发展的制高点。为实现能源的"繁荣、安全和可持续性"，澳大利亚在世界上最早提出"可再生能源目标"（Renewable Energy Target，RET），通过一系列法律与政策支持新能源的开发与利用，成绩斐然。

低碳经济是中国的必由之路，大力发展新能源是中国的必须之举。2010年9月，国务院常务会议审议并原则通过《关于加快培育和发展战略性新兴产业的决定》。在综合考虑国情、科技和产业发展的基础上，中国政府提出将选择节能环保、新一代信息技术、生物、高端装备制造、新能源、新材料和新能源汽车等七个产业作为未来的重点发展方向。因此，研究借鉴澳大利亚促进新能源发展的法律与政策，对于中国这样一个能源生产和消费大国而言，有着直接的现实意义。

一、澳大利亚新能源发展的现状

澳大利亚是世界上主要的能源生产国和出口国。2007~2008财政年度，能源生产量占世界能源生产总量的2.4%，煤、天然气

---

① IEA, *World Energy Outlook* 2008, Paris 2008, p. 37.

和石油是其主要的能源产品；能源净出口占国内能源生产总量的67%，黑煤和液化天然气是其主打出口产品。

辽阔国土所赋予的自然资源为澳大利亚新能源发展提供了重要的物质基础。这些新能源包括水能、风能、太阳能、核能及生物质能。在 2002 ~ 2003 财政年度至 2007 ~ 2008 财政年度的五年间，可再生能源生产增长了 6% 。其中，生物气和风能的增长十分显著，分别从 2006 ~ 2007 年度的 10 和 9 拍焦耳（Petajoules）能源增长到了 2007 ~ 2008 年度的 18 和 14 拍焦耳能源。就能源结构而言，2007 ~ 2008 财政年度，可再生能源分别占能源生产总量和消费总量的 2% 和 5% ，占主导地位的新能源是甘蔗渣能源、木头及其废料能源和大型水电，约占可再生能源生产总量的 87% ，剩余部分来自风能、太阳能和生物燃料（包括垃圾填埋和污水）。

澳大利亚新能源主要应用于电力领域，包括水电、生物质能、风能和太阳能，贡献了约 7% 的电力生产。经过最近几年的强劲增长，风电和水电分别占总发电量的 1.5% 和 4.5% 。截至2009 年 10 月底，共有 9 个可再生能源发电项目处于优先规划阶段，还有 80 个项目处于候选阶段（8 个属于先进的风电项目，71 个属于次之的风电项目）；太阳能发电方面，目前有 5 个太阳能在建项目，最大的项目是在南澳大利亚的怀阿拉（Whyalla）建一个 80 兆瓦太阳能发电厂，预计 2012 年完成；海洋能方面，四大海洋能示范项目已经完成，其他四个项目处于初级发展阶段；地热能处于欠发展状态，但是已有一个地热项目在昆士兰州的伯兹维尔（Birdsville）进行①。可以预见，未来澳大利亚可再生能源电力将会有显著增长。

澳大利亚新能源生产设施的分布因地制宜，反映了不同地区的气候特征。大型水电主要位于新南威尔士州（New South Wales）、塔斯马尼亚州（Tasmania）、昆士兰州（Queensland）和维多利亚州（Victoria），风力发电场集中于南澳大利亚（South Australia）和

---

① See Department of Resources, *Energy and Tourism*, *Energy in Australia 2010*, Canberra 2010, pp. 34-35.

维多利亚两个州，绝大部分甘蔗渣能源生产位于昆士兰州，而生物燃料生产则贯穿澳大利亚全境。

二、澳大利亚新能源法律与政策的主要内容

在阐述新能源法律与政策前，有必要简要地追溯澳大利亚能源法律与政策指导思想的演变。经过第二次世界大战后近 30 年的发展，澳大利亚成为一个高度工业化的发达资本主义国家。以 1983 年为界，澳大利亚能源法律与政策的指导思想可以分为"国家主义"和"自由主义"两个时期。在"国家主义"时期，历届政府强调政府干预，以追求国家利益；在"自由主义"时期，伴随着政府对经济管制的放松，能源产业逐步走向自由化。20 世纪末特别是进入 21 世纪后，在能源需求日益增长、油价持续攀升和气候变化明显等多重因素影响下，"国家主义"思想再度滋生①。在某种程度上，澳大利亚新能源法律与政策是"国家主义"指导思想的产物。

完备的法律与政策体系是澳大利亚新能源发展的根本推动力。澳大利亚新能源法律与政策有联邦、州及地方三个层次之分，它们统一由"澳大利亚政府部门间理事会"（Council of Australian Governments，COAG）协调②。澳大利亚充分认识到新能源将深刻影响经济和社会发展，因此，新能源法律与政策呈现出科学性、整体性和连续性等特点。

---

① See James L. Hay, Challenges to Liberalism: the Case of Australian Energy Policy, *Resources Policy*, Vol. 34, 2009, p. 143.

② 澳大利亚在国家层面上，负责能源法律与政策的政府机构主要有政府间理事会、能源部长理事会（Ministerial Council on Energy，MCE）、资源、能源与旅游部、气候变化与能源效率部（Department of Climate Change and Energy Efficiency，DCCEE）、能源监管机构（Australian Energy Regulator，AER）、能源市场委员会（Australian Energy Market Commission，AEMC）、可再生能源监管办公室等。

（一）新能源发展规划

20 世纪末，澳大利亚能源产业发展处于十字路口。一方面，过度依赖煤炭资源导致澳大利亚成为世界上人均二氧化碳排放最多的国家，温室气体排放量占全球的 1.6%。2007～2008 财政年度，生产了约 265 太瓦时（TWh）电力，贡献了 1.4% 的工业增加值，其中 76% 的电力来自煤炭发电。另一方面，日益增长的能源需求使澳大利亚面临着能源供应的巨大压力。在 2007～2008 财政年度的前十年，能源消费以年均 1.9% 的速度增加，2007～2008 年度达到 5，772 拍焦耳能源。在"碳限制"的多边政策环境下，如何实现既满足日益增长的能源需求，又能减少温室气体的排放量呢？

在世界范围内，澳大利亚率先提出新能源发展的总体规划——"可再生能源目标"。2001 年 4 月，出台《强制性可再生能源目标》（Mandatory Renewable Energy Target，MRET），旨在到 2010 年可再生能源电力达到 9，500 千兆瓦时（GWh）。为实施《强制性可再生能源目标》，修订了《可再生能源（电力）法》（Renewable Energy（Electricity）Act 2000）和《可再生能源（电力）（收费）法》（Renewable Energy（Electricity）Charge Act 2000）①。在《强制性可再生能源目标》和配套法律的推动下，可再生能源特别是风电和太阳能热水得到了有史以来的最快发展。与 1997 年相比，2008 年风电达到 3，125 GWh，太阳能热水年度使用增加了 3，229

---

① 自颁布施行以来，《可再生能源（电力）法》和《可再生能源（电力）（收费）法》经过多次修正。其中，《可再生能源（电力）法》修正案有 No. 90（2006），No. 26（2008），No. 73（2008），No. 17（2009），No. 78（2009），No. 8（2010），No. 69（2010）；《可再生能源（电力）（收费）法》修正案有 No. 150（2000），No. 79（2009），No. 70（2010）。自 2011 年 1 月 1 日起，《可再生能源（电力）（收费）法》的名称将被变更为《可再生能源（电力）（大规模发电短缺收费）法》（Renewable Energy（Electricity）（Large-scale Generation Shortfall Charge）Act 2000）。

GWh 或 12 拍焦耳能源①。

2004 年 6 月,约翰·霍华德总理签发了能源白皮书——《确保澳大利亚的能源未来》(Securing Australia's Energy Future)。在某种意义上,能源白皮书是对《强制性可再生能源目标》运行效果的评估与检讨②。结合新能源的发展实践,2009 年 8 月澳大利亚修订了目标,出台《可再生能源目标》,确定到 2020 年可再生能源电力占电力总供应的 20%,这一目标是《强制性可再生能源目标》既定目标的 4 倍,即 2020 年可再生能源电力达到 45,000 千兆瓦时。自 2011 年 1 月起,《可再生能源目标》分为"小规模可再生能源计划"(Small-scale Renewable Energy Scheme,SRES)和"大型可再生能源目标"(Large-scale Renewable Energy Target,LRET)。

(二) 能源安全制度

能源安全是澳大利亚持续关注的一个重要方面。2008 年 12 月,陆克文总理向国会发表"国家安全声明"(National Security Statement,NSS),将能源安全提高到国家安全的战略高度。2009 年 3 月,澳大利亚发布了《2009 国家能源安全评估》(National Energy Security Assessment 2009),以评估当前及未来 5 年 (2013 年)、10 年 (2018 年) 和 15 年 (2023 年) 能源安全面临的风险。

澳大利亚享有高度的能源安全,不仅得益于丰富的能源资源、完备的能源设施和进入世界市场的便利,而且依赖于政府的重视与法律政策保障③。澳大利亚能源安全的法律与政策与新能源发展息息相关,因为能源多样化是保障能源安全的关键措施,而新能源是

---

① See Department of Resources, *Energy and Tourism*, *Energy in Australia* 2010, Canberra 2010, p. 33.

② See Anthony Kent & David Mercer, Australia's Mandatory Renewable Energy Target (MRET): An Assessment, *Energy Policy*, Vol. 34, 2006, p. 1046.

③ See Commonwealth of Australia, *Securing Australia's Energy Future*, Canberra 2004, p. 115.

能源多样化的重要方面。

能源多样化与可持续发展框架相一致，既能增加能源结构的灵活性，又能减少在供应紧张或经济环境变化时能源系统的脆弱性。能源多样化在能源安全法律与政策保障中处于十分突出的地位。2007 年澳大利亚大选后，组建了以资源、能源与旅游部（Department of Resources, Energy and Tourism, DRET）为核心的集中型能源安全管理体制，而专门负责监督"可再生能源目标"履行的可再生能源监管办公室（Office of the Renewable Energy Regulator, ORER）更是其中重要的一环。《2009 国家能源安全评估》报告指出，转换能源资源的投资框架、能源多样化、价格的透明性和灵活性以及有效地分配资源的能源市场等因素将在未来增强能源安全①。更为重要的是，澳大利亚通过能源市场化改革、能源创新及国际能源合作等法律与政策来促进能源多样化，保障能源安全②。

（三）财政税收激励政策

与常规能源相比，新能源开发与利用的成本较高。因此，世界各国无不竞相运用资金补贴、税收减免和信贷等财政税收激励政策以鼓励新能源的开发与利用。澳大利亚的财政税收激励政策广泛应用于新能源发展的各个领域和环节，尤其是交通运输性行业。

澳大利亚交通运输性行业能源消费量占能源消费总量的 41%，且需求量每年增长 2.4%，预计 2019 ~ 2020 财政年度前交通运输性能源需求增长约 50%③。为了满足日益增长的交通性能源需求，澳大利亚广泛采用财政补贴和税收优惠方式，刺激替代性燃料的生产、经营与消费。一方面，积极运用财政补贴措施，为替代性燃料

① See Commonwealth of Australia, *National Energy Security Assessment 2009*, Canberra 2009, p. 6.

② 参见李化：《澳大利亚能源安全的法律政策保障及其借鉴》，载《中国地质大学学报（社会科学版）》2010 年第 6 期，第 21—24 页。

③ See Commonwealth of Australia, *Securing Australia's Energy Future*, Canberra 2004, p. 82.

的基础设施建设和替代性燃料的经营者、使用者提供财政补贴，这类措施包括：为每一个经营服务场所用于供应 E10 乙醇混合燃料的基础设施，提供最高金额为 2 万澳元的财政补贴；自 2006 年 10 月开始为购买和改造转换为液化石油气机动车辆分别提供 1,000 澳元/辆、2,000 澳元的退税补贴；分别拨款 5,500 万、3,700 万澳元用于补贴乙醇生产商和扩张乙醇混合燃料产业的生产能力。另一方面，实施燃料税改革。2002 年 9 月和 2003 年 9 月，分别减免乙醇和生物柴油 0.38143 澳元/升的联邦消费税，这一措施直到 2011 年 6 月。自 2011 年 7 月起，新燃料的实际消费税将按照五个平均年度步骤分阶段递增，2015 年达到最终税率。燃料消费税税率将取决于能源含热量，并对新燃料实施消费税税率 50% 的优惠①。

（四）能源创新支持政策与制度

基于能源创新在解决资源环境问题、实现《京都议定书》项下减排目标、促进能源安全和提高能源效率方面的积极意义，澳大利亚将能源创新确立为一项长期重要的优先考虑事项。澳大利亚一流的创新体系为能源创新提供了强大支持。2001 年《提升澳大利亚的国力》（Backing Australia's Ability，BAA）和 2004 年《提升澳大利亚的国力：科学创新，成就未来》（Backing Australia's Ability—Building Our Future through Science and Innovation，BAA2）是两大基本政策文件；《可再生能源目标》及其配套法律、《国家能源效率框架》（National Framework for Energy Efficiency，NFEE）、《最低能源利用效率标准》（Minimum Energy Performance Standards，MEPS）和《能源效率机会法》（Energy Efficiency Opportunities Act 2006）等法律中能源创新的具体规定处处可寻。

财政手段是澳大利亚支持能源创新政策的众多举措之一，包括设立各种专项新能源或能源新技术发展资金或基金。具体而言，类

---

① 参见胡德胜：《财政手段在澳大利亚能源政策和法律中的运用》，载《河南财政税务高等专科学校学报》2008 年第 1 期，第 3 页。

似财政补贴的支持能源创新的主要措施有：设立5亿澳元的"低排放技术基金"，拉动超过10亿澳元的私人商业资本开发和验证低排放技术；投资7,500万澳元用于"太阳能城市"试验项目，以在城市地区验证太阳能、能源效率和能源市场组合优势的一种新的能源利用方案；投资1.34亿澳元用于解决可再生能源技术商业开发所面临的阻碍等①。

国际合作制度有助于获取新技术和推动新技术开发与采用，它是澳大利亚能源创新支持政策与制度的重要组成部分。澳大利亚能源创新国际合作制度有两个层次：其一，通过论坛的方式建立能源创新多边合作机制，包括亚太经济合作组织能源工作小组（APEC Energy Working Group）、亚太清洁发展与气候伙伴关系（Asia-Pacific Partnership on Clean Development and Climate）、国际能源机构（International Energy Agency，IEA）和东亚能源合作小组峰会（East Asia Summit Energy Cooperation Task Force）等；其二，通过高层次的对话机制建立能源创新双边合作机制，包括与主要的能源、矿产贸易伙伴及其他利益相关者的合作。

（五）可再生能源证书制度

作为可再生能源配额制（Renewable Portfolio Standard，RPS）的一项政策工具，可再生能源证书（Renewable Energy Certificate，REC）是指认证的"绿色"或"可再生"能源生产商所生产电力的环境属性的一种电子或纸质表现形式。可再生能源证书既能跟踪和核实配额义务的履行情况，又能够帮助配额义务主体完成可再生能源配额义务②。因此，自1998年荷兰新电力法引入绿色证书制度后，以欧盟、美国和澳大利亚为代表的一些国家或地区纷纷效仿，用于推动可再生能源产业的发展。

---

① See Commonwealth of Australia, *Securing Australia's Energy Future*, Canberra 2004，p. 3.

② 参见张勇：《能源资源法律制度研究》，中国时代经济出版社2008年版，第111页。

　　《可再生能源（电力）法》以可再生能源证书制度为核心内容。该法开宗明义地规定了三大目标，即鼓励额外的可再生能源电力生产、减少电力部门的温室气体排放以及确保可再生能源可持续发展（Ecologically Sustainable）。三大目标通过签发可再生能源证书和要求电力的特定购买者提交法定数量的证书以获取年度电力来实现①。《可再生能源（电力）法》第二章以"可再生能源证书"为题，涉及 12 节计 33 个条款，规定了注册、适格发电站的认证、证书的创制、证书的形式及证书转让与失效等具体制度。

　　随着"可再生能源目标"的调整和配套法律的修订，可再生能源证书分为大规模生产证书（Large-scale Generation Certificates, LGCs）和小规模技术证书（Small-scale Technology Certificates, STCs）。其中，大规模生产证书是认证的适格发电站②创制，一份大规模生产证书相当于在发电站电力基准之上生产 1 兆瓦时可再生能源电力；小规模技术证书是适格的安装太阳能热水器、空气源热泵热水器和小型发电机组③的所有者创制，一份小规模技术证书相当于在不使用太阳能信贷证书倍增效应下小型发电机组生产 1 兆瓦时可再生能源电力或者安装太阳能热水器所置换的 1 兆瓦时可再生能源电力。

　　截至 2009 年 12 月，澳大利亚总计创制了 53，328，081 份证

---

　　① 参见《可再生能源（电力）法》第 3 条。

　　② 已获注册的个人或实体可以通过可再生能源证书注册系统（REC Registry）向监管机构提出申请，要求认证其单独或与他人所有、经营的发电系统的所有组件为单一适格发电站（Eligible Power Stations）。对于符合法定条件的发电站，监管机构应当在自收到申请之日起六个星期内（或在此期限到来前与申请人协商延长期限）依法作出认证决定。

　　③ 小型发电机组，是指《可再生能源电力（规章）》确定的生产电力的小型装置，包括小型太阳能光电板（Solar Photovoltaic Systems，含 2005 年 11 月 14 日后安装的 100 千瓦且年度电力生产少于 250 兆瓦时和 2001 年 4 月 1 日至 2005 年 11 月 13 日间安装的 10 千瓦且年度电力生产少于 25 兆瓦时）、小型风力发电机组（Small Wind Turbines，2001 年 4 月 1 日后安装的 10 千瓦且年度电力生产少于 25 兆瓦时）和小型水力发电机组（Hydroelectric Systems，2001 年 4 月 1 日后安装的 6.4 千瓦且年度电力生产少于 25 兆瓦时）。

书。其中，19，886，545 份证书已注册（Registered），827，924 份证书等待注册（Pending Registration）；26，090，071 份证书因 2001～2008 年责任履行期限被监管机构接受提交而被标注为"因提交而失效"（Invalid due to Surrender），4，475，110 份证书因自愿提交而被标注为"因自愿提交而失效"，592 份证书等待自愿提交（Pending Voluntary Surrender），2，033，476 份证书被标注为"因审计而无效"（Invalid due to Audit）；总计发生了 12，676 次证书转让交易行为，涉及 86，718，169 份证书①。

三、澳大利亚新能源法律与政策对中国的启示

"改革开放以来，我国经济社会发展取得了举世公认的伟大成就，转变经济增长方式也取得了不少成效。但从根本上看，我们还没有完全转变'高投入、高消耗、高排放、不协调、难循环、低效率'的粗放型经济增长方式。"② 2007 年 3 月，国家发展改革委员会马凯主任在"中国高层发展论坛"上表示，资源消耗高、环境压力大，突出地表明"高投入、高消耗、高排放、难循环、低效率"为特征的粗放型增长方式还没有根本转变。一方面，能源消费呈现出"富煤、缺油、少气及新能源发展不足"的基本格局。2008 年，煤炭、石油和天然气分别占一次能源消费总量的 68.7%、18% 和 3.8%，水电、核能和风电的消费占整个能源消费结构的 9.5%，煤炭仍将是中国未来 20 年的主要能源。另一方面，与世界先进水平相比，能源利用效率较低。中国综合能源利用效率约为 33%，比发达国家低 10%，原油、原煤的消耗量分别为世界消耗量的 7.4%、31%，而创造的 GDP 仅相当于世界总量的 4%。面对能源消费现状，结合自愿减排目标的承诺，未来中国能源发展战略

① See Commonwealth of Australia, *Increasing Australia's Renewable Electricity Generation Annual Report* 2009, Canberra 2009, p. 11.

② 马凯：《中国发展高层论坛 2004 年会上的发言》，载《人民日报》2004 年 3 月 22 日第 6 版。

的选择面临两难境地。

面对气候变化、能源安全的压力，新能源是世界各国最具现实性的选择。能源市场全球化背景下，能源法律与政策的趋同化和同处亚太地区、相似的能源国情，为我国学习和借鉴澳大利亚新能源发展的成功经验奠定了现实基础。

（一）发挥能源战略的引领作用，完善新能源法律体系

"当今世界，经济即国力，能源是基础。"① 能源战略关系国家未来，是国家经济社会发展战略的重中之重。面对气候变化和化石能源资源渐趋枯竭的威胁，近些年澳大利亚调整了能源战略，制定了强调"能源转型"发展趋势的新能源发展战略——《可再生能源目标》。以《可再生能源目标》为依据，澳大利亚制定了《能源效率法》、《能源市场法》、《能源许可（清洁燃料）计划法》等综合性能源法和《可再生能源（电力）法》、《可再生能源（电力）（收费）法》、《可再生能源（电力）规章》等能源单行法，体现了法制的高度统一。

中国新能源法律体系亟待完善。2007 年 8 月，国家发展改革委员会印发了《可再生能源中长期发展规划》，并先后出台了包括规划、价格、补贴、财税、产业指导等多项配套政策。然而，当前我国新能源法律主要是《可再生能源法》②。尽管《可再生能源法》促进了我国新能源的发展，但是仅此一部法律不足以满足发展的实际需要。

中国新能源法律体系的建设当可借鉴澳大利亚经验，充分发挥国家能源战略的引领作用。作为国家指导和规范新能源开发利用的能源战略，《可再生能源中长期发展规划》是制定新能源法律和具

① 石元春：《生物质能源主导论》，载《科学时报》2010 年 12 月 9 日第 1 版。

② 2005 年 2 月 28 日，第十届全国人大常务委员会第十四次会议通过《中华人民共和国可再生能源法》，并于 2009 年 12 月 26 日第十一届全国人大会常务委员会第十二次会议通过修正案。

体产业政策的依据。根据《可再生能源中长期发展规划》，我们以为，当前新能源立法工作的重点是尽快出台《能源法》，并着手制定《核能开发利用法》。

一方面，尽快出台《能源法》，弥补基本法缺位问题。能源基本法居于能源法律体系金字塔的顶端，既能为新能源单行法的制定和修改提供依据，又能协调各能源法律法规之间的关系。

另一方面，制定《核能开发利用法》，积极发展核电。作为一种技术成熟、安全高效的清洁能源，核电重新受到各国重视。核电发展对于构建节能、高效、清洁和低碳的能源体系具有重要意义。自 2009 年起，我国先后开工建设福建福清、广东阳江、浙江方家山、浙江三门等一批核电项目，核电进入新的发展阶段。然而，核电立法滞后于核电发展，仅有地方性法规①。核电的进一步发展需要法律制度层面上的保障。

（二）加大财税政策扶持力度，培育新能源市场

20 世纪 90 年代初期，澳大利亚开始了电力行业市场化改革。随后，以《可再生能源目标》为导向，澳大利亚综合运用可再生能源证书、财税激励及可再生能源商业计划等法律与政策，积极培育和发展可再生能源电力市场。如今，澳大利亚电力市场已成为最为成熟的电力市场之一，为商业和居民提供着世界上最低的电价和稳定可靠的供应。澳大利亚电力市场的成功发展表明，市场机制在新能源开发利用过程中发挥着决定性作用。

能源市场的开放，不仅是大势所趋，更是一个重大的战略转折。成熟的市场是能源发展的基础，特别是新能源的发展。总体而言，中国新能源市场呈现出成熟度低、市场竞争能力差、技术含量低及大规模发展受限等特点。要实现传统能源产业向新能源产业的跨越式发展，关键在于市场，而市场发展依赖政府引导和政策推

---

①　1997 年 12 月，广东省人大常委会曾制定《广东省民用核设施核事故预防和应急管理条例》。2003 年 2 月 1 日施行的《浙江省核电厂辐射环境保护条例》是第一部核电厂辐射环境保护的地方法规。

动。自 2006 年之后，我国出台了多项配套政策，新能源市场发展迅猛，尤其是风能、生物质能和太阳能。可喜的是，我国《关于加快培育和发展战略性新兴产业的决定》着重指出，积极培育市场，营造良好市场环境；组织实施重大应用示范工程，支持市场拓展和商业模式创新，建立行业标准和重要产品技术标准体系，完善市场准入制度。

当前，政府应当积极引导市场发展，继续加大培育和发展新能源市场的扶持力度，推动市场由非市场机制的垄断性市场转向市场机制的竞争性市场。应注意的是，政策应当保持连贯、划一，且注重市场机制与能源政策的互补性，这样既能避免市场失灵，又不会导致政府的过度干预。我国电力体制改革进程依旧缓慢，面临的问题和阻碍依然存在，而可再生能源电力市场是其中的一大问题。我们以为，必要时可修订《中华人民共和国电力法》或制定《能源市场（电力）法》，将改革成果纳入法制化管理，并明确改革的目标和步骤。当然，在时机尚不成熟之时，可以借助制定《能源法》之机，设立专章专节，规范能源（电力）市场。

（三）依托能源创新，推进"两型社会"建设

通过能源创新，澳大利亚能源技术领域硕果累累，多项能源技术居于世界市场领先地位，如能源供应技术中的先进的褐煤利用技术、热干岩和光伏发电，能源需求技术中的固体氧化物燃料电池等；风能、生物质能、波浪能等紧跟世界领先水平[①]。依托能源创新，澳大利亚走出了一条低碳经济发展的成功之路。"两型社会"的建设，实有必要学习和借鉴澳大利亚经验。

"两型社会"建设是直面传统发展模式的弊端，期盼未来实现经济发展和资源环境保护双赢的必然抉择。"两型社会"建设需要转变经济发展方式，摒弃以牺牲资源环境为代价来谋求发展的旧思维。就其本质而言，"两型社会"建设与发展低碳经济没有区别，

---

① See Commonwealth of Australia, *Securing Australia's Energy Future*, Canberra 2004, p. 32.

而新能源是推动和实现低碳经济发展的主要途径和现实之路。当前，我国新能源领域"制造环节过热"，而在新能源领域的基础性研发、终端应用环节的投入与政策安排明显滞后，造成核心技术空心化问题。这种"两头冷、中间热"的不协调现象，势必将为我国新能源产业的健康发展埋下隐患①。因此，新能源的发展，或者说资源节约和环境友好的"两型社会"建设，关键在于能源创新。

　　能源创新首先是能源科技创新，能源科技必须成为一切能源法律与政策的核心内容，国家和政府也必须在催生能源创新方面扮演关键的角色。具体而言，我们应当立足国情，从能源供应和能源使用两方面着手，通过激励机制和其他财税手段，加强科技人才队伍和产业创新支撑体系建设，促进新能源发展和资源生产率、能源利用率的提高以减少经济发展对高碳燃料的依赖。其次，深化国际合作，不断拓展合作渠道、创新合作方式，学习、引进能源高新技术，以此提升我国能源科技研发实力。2002年后，中澳两国先后签署了《中澳贸易与经济框架》、《中澳和平利用核能协议》及《中澳关于在铀矿领域开展合作协议》等协议，实现了能源合作的"双赢"。中澳两国间的巨大能源需求市场与先进的能源技术完全可以形成互补，在各自优势领域，进一步挖掘能源科技合作的潜力，互利互惠，进而推进我国"两型社会"建设的进程。

---

　　① 参见梁鹏、杨希伟等：《两头冷、中间热"为产业健康发展埋隐患——中国新能源开发现状调查》，载"新华网 http：//www. ha. xinhuanet. com/xhzt/2009-09/07/content_17683149. htm（2009年9月7日）"，最后访问日期2011年3月5日。

中　编

中国新能源法律与政策研究

第十章 中国新能源法律与政策的
缺陷与完善

本章通过中国积极发展新能源的国内外背景分析，阐述中国新能源法律与政策的现状及其不足，并对中国新能源法律与政策的完善提出相关建议。

一、中国加快发展新能源具有紧迫性

从世界范围看，各国积极追求新能源的发展主要源于以下两方面的现实压力。

一是常规能源的日益减少、能源消耗量的日益增加特别是不断出现的石油危机等现实，在不断影响甚至危及各国经济社会可持续发展进程。有关的数据表明，由于大规模的消耗，世界上的化石能源枯竭期限即将到来，全球石油探明储量可供消费 40 多年，天然气和煤炭则分别可以供应 60 年和 133 年①。传统能源供应的潜在耗竭危机迫使各国不得不加强对新能源的研究与应用，力图改变对传统能源过度依赖的状况，这也决定了新能源是未来经济稳定发展的必然选择。

二是随着传统能源开发利用所引起的环境污染问题日益显现，全球气候问题的凸显，新能源的发展开始纳入世界各国的可持续发展战略之中。特别是在 2005 年《京都议定书》开始生效以后，承担了减排二氧化碳等温室气体义务的各国为了完成温室气体减排目标，

---

① 参见崔民选主编：《中国能源发展报告（2009）》，社会科学文献出版社 2009 年版，第 164 页。

对新能源发展的支持力度进一步加大。2009 年哥本哈根气候峰会和
2010 年坎昆气候峰会，商谈了全球气候变化应对之策及 2012 年之后
的各国（包括发展中国家）温室气体减排任务分配等议题，再次使
全世界的目光聚焦于新能源的发展问题上。因为以上问题的解决、
目标的实现，最终还是要依赖新能源的开发与利用状况。

对于中国而言，加快发展新能源特别是可再生能源，实现传统
能源和新能源之间的替代是缓解我国能源供应紧张局面、完善能源
供需结构以及减轻环境压力的必然选择，也是真正实现我国经济稳
定及可持续发展的基本保障。

首先，发展新能源是维护中国能源安全供应的有效手段，是维
持中国经济持续、稳定增长的有效保证。目前，我国人均能源消费
水平还很低，中西部许多地区的用能条件还很差；农村电网虽然经
过了一轮改造，但仍显落后，农村用电水平仍然较低；我国重工业
发展比重大，高耗能产业大量存在，企业组织结构不合理，高能耗
中小企业的数量还很难减少，节能技术的利用也还需要一个过程等
多种因素，决定了今后 10 年左右的时间里，我国经济社会的发展
对能源的需求将依旧十分强劲①。但是保障我国经济社会稳定发展
的能源需求能否得到满足，现实中还存在着诸多不确定性因素，其
中最主要的就是我国能源供应的对外依存度在逐渐地加大。虽然作
为能源生产大国，我国将主要依靠立足国内来解决经济稳定发展所
需要能源供应问题，我国的能源供应的对外依存度在总体上只是达
到 6% 左右，但是在关系到我国经济稳定发展所必需的个别能源品
种领域，能源供应的对外依存度变化形势严峻。2009 年我国累计
进口煤 1.26 亿吨，比上年增长 211.9%；出口煤 2240 万吨，下降
50.7%；全年净进口 1.03 亿吨，第一次成为煤炭净进口国②。中

---

① 参见钢铁网：《今后十年我国能源需求仍将处于高增长期》，
http://www.ce.cn/cysc/ny/shiyou/scfx/200810/06/t_16981963.shtml，最后访
问日期 2010 年 10 月 13 日。

② 参见广东新闻网：《能源对外依存度继续增加，能源供应安全面临挑
战》，http://www.ceep net.cn/.WeekNews/239.htm，最后访问日期 2010 年 11
月 20 日。

国目前支撑经济社会发展使用的石油有一多半需要从国外进口，中国 2009 年生产原油 1.89 亿吨，净进口原油却达到 1.99 亿吨。自从 1993 年首度成为石油净进口国以来，中国的原油对外依存度由当年的 6% 一路攀升，到 2006 年突破 45%，其后每年都以 2 个百分点左右的速度向上攀升，2007 年为 47%，2008 年为 49%，到 2009 年突破 50% 的警戒线。另有统计数字显示，2009 年中国生产原油 1.89 亿吨，是中国 28 年来首次出现产量下滑①。显然，现实中我国能源供应的缺口不断加大，对我国能源安全带来了不确定因素，必将对我国经济的稳定发展前景带来阴影。另外，能源尤其是化石能源并不可能无限开采，现实中能源的供应安全还受到能源技术、交通运输、环境容量等制约，我国优质能源资源相对不足，制约了供应能力的提高；能源资源分布不均，也增加了持续稳定供应的难度；经济增长方式粗放、能源结构不合理、能源技术装备水平低和管理水平相对落后，导致单位国内生产总值能耗和主要耗能产品能耗高于主要能源消费国家平均水平，进一步加剧了能源供需矛盾②。因而，我国经济的稳定发展日益受到能源形势的制约，加快新能源的发展，是解决我国能源的安全供应问题、缓解能源与经济的协调发展矛盾的重要手段。

其次，发展新能源是缓解中国国内外环境压力的有效途径。随着我国经济社会的进一步发展，对能源的需求和依赖性也在持续增长，但是由于长期的不可持续的经济增长方式的影响，我国目前的经济社会发展与资源环境约束之间的矛盾日益突出，如何在能源产业领域协调经济增长、环境保护和社会发展之间的关系，已经成为我国在新时期的国家发展战略中的焦点问题。现实中，传统化石燃料在开发、利用过程中将排放大量的温室气体，如二氧化碳、二氧

---

① 参见华讯财经网：《中国能源对外依存度上升》，http: //finance. 591hx. com/article /2010-02-07/0000026790s. shtml，最后访问日期 2010 年 11 月 19 日。

② 参见中央政府门户网：《中国的能源状况与政策 》，http: //www. gov. cn/zwgk/2007-12 /26/content_844159. htm，最后访问日期 2010 年 11 月 19 日。

化硫以及氮氧化物，这些温室气体将造成地球变暖、气候变化以及酸雨等问题。我国能源环境问题的产生，在很多情况下与长期以煤炭为主的能源消费结构密切相关。资料显示，我国 85% 的二氧化碳、90% 的二氧化硫和 73% 的烟尘都是来自于燃煤活动领域①。另外，我国生态环境问题的日益恶化严重威胁着我国公民的生命健康与社会稳定。2004 年我国因矿物燃料利用所产生的大气污染共造成近 35.8 万人死亡，约 64 万呼吸和循环系统病人住院，约 25.6 万新发慢性支气管炎病人；结合我国的人口统计数字看，2004 年平均每 1 万个城市居民中就有 6 个人因为空气污染死亡，有 10 人因为大气污染引发呼吸或脑血管系统疾病住院；因此所造成的经济损失高达 1527.4 亿元②。还要看到，随着我国经济的进一步发展，环境资源被透支、生态环境被破坏的负面影响已经超出了国内范畴。2005 年松花江污染事件之后，国际社会对我国过去建立在破坏生态环境基础上的快速经济发展模式产生了广泛的质疑。特别是在《京都议定书》的现有规定下，2012 年发展中国家将承担减排责任。作为目前世界最大的二氧化硫、排名第二的二氧化碳排放国，我国必将在未来几年全球气候变化谈判中面临巨大的国际环保压力。虽然我国已经开始日益重视环境保护问题，将改善环境质量作为落实科学发展观、构建社会主义和谐社会的重要内容，把环境保护作为宏观经济调控的重要手段，采取了一系列重大政策措施，相关的能源法律与政策也把减少、治理能源开发利用活动造成的环境破坏、环境污染作为重要的任务，但是我国目前的能源环境问题仍然很严重，并且正在日益成为制约我国经济社会进一步发展的瓶颈。因而，加快发展具有污染少、资源蕴含量比较丰富、可以循环使用的特点的新能源，是我国实现能源消费与经济社会、环境协调

---

① 参见中国电力网：《能源资源开发对环境造成危机的现状与对策》，http：//www. chinapower. com. cn/article/1017 /art1017021. asp，最后访问日期 2010 年 10 月 18 日。

② 参见原国家环保总局、国家统计局：《中国绿色国民经济核算研究报告（2004 ）》，新浪网：http：//news. sina. com. cn/c/2006-09-08/09249968375s. shtml，最后访问日期 2011 年 3 月 19 日。

发展的必然选择。正因为如此，我国国民经济和社会发展十一五、十二五规划纲要，都把"构筑稳定、经济、清洁、安全"的能源供应与产业体系作为了未来国家的重要战略任务，其中的重点任务涉及：在确保安全的基础上高效发展核电；加强并网配套工程建设，有效发展风电；积极发展太阳能、生物质能、地热能等其他新能源等。

　　最后，还要看到，加快发展新能源在现实中已经具有可行性。随着能源技术水平的进一步发展，新能源开发的成本在急剧下降，部分新能源的成本已经接近甚至低于常规能源，为新能源的进一步推广利用奠定了基础。国际能源机构的研究资料表明，在大力鼓励可再生能源进入能源市场的条件下，到 2020 年新的可再生能源（不包括传统生物质能和大水电）将占全球能源消费的 20%，可再生能源在能源消费中的总比例将达 30%；美国、德国、英国和法国可再生能源发电占发电量的比重，到 2020 年都将达到 20% 以上；到 2050 年德国和法国可再生能源发电将达到 50%①。就中国现实而言，根据国家发改委 2009 年公布的有关数字，个别领域的新能源已经可以得到普遍应用，发电企业上网电价全国平均为 0.39 元/度，广东地区燃煤标杆电价为 0.4792 元/度；发电成本全国平均约为 0.5 元/度，广东地区风电上网标杆电价 0.689 元/度；核电成本，秦山二期上网电价为 0.414 元/度②。还要看到，很多国家考虑到传统能源市场供应的短缺压力问题，对于新能源特别是可再生能源的投资额度正在逐步加大。联合国环境规划署发布的报告显示，全球可再生能源投资在 2007 年创下 1480 亿美元的新纪录，与 2006 年相比增长超过 60%③。因此，国内外的现实预示着，新能源产业极有可能成为世界经济的新增长点。目前一些国家、特

---

　　①　参见崔民选主编：《中国能源发展报告（2008）：领导决策大参考》，社会科学文献出版社 2008 年版，第 258 页。

　　②　参见崔民选主编：《中国能源发展报告（2009）》，社会科学文献出版社 2009 年版，第 184 页。

　　③　参见崔民选主编：《中国能源发展报告（2009）》，社会科学文献出版社 2009 年版，第 168 页。

别是美国奥巴马政府选择把能源产业作为应对危机、复兴美国经济的关键力量，开发新能源、以新技术带动能源革命将使能源产业成为拉动美国经济增长的新引擎。由于我国进入新能源领域的时间比较晚，能源的产业链、核心技术等诸多方面与国外存在一定的差距，在世界新能源革命的新时代背景下，如果不能适应时代发展的趋势，必将会造成我国新能源产业发展的滞后和经济社会持续增长的相对乏力。

二、中国新能源法律与政策的现状评析

现实中，促进新能源发展的手段显然具有综合性，但考虑到法律所特有的调节、控制、管理、惩罚、引导等功能对于社会主体行为的重要影响，依靠法律，立法者可以有效引导新能源领域中社会主体的行为符合其根本利益和社会公共利益的价值追求。因此，1992 年《联合国 21 世纪议程》曾明确指出："为了有效地将环境与发展纳入每个国家的政策和实践中，必须发展和执行综合的、可实施的、有效的并且是建立在周全的社会、生活、经济和科学原理基础上的法律和法规。"①

（一）中国新能源法律与政策的现状

1992 年联合国里约环境与发展大会之后，能源问题在社会经济发展中日益突出。发展新能源特别是可再生能源，也受到我国的日益重视。

1. 为了加快新能源的发展，我国根据国情一直致力于相关法律法规的完善。

在我国现行的有关能源开发利用领域的专门立法，如《矿产资源法》、《电力法》、《煤炭法》、《节约能源法》中新能源的发展都在不同程度上得到了重视。其中，作为我国能源领域的第一部法

---

① 联合国环境与发展大会：《21 世纪议程》，中国环境科学出版社 1993 年版，第 61 页。

律，1995 年 12 月颁布的《中华人民共和国电力法》第一次以法律形式对可再生能源的开发利用做出明确的规定。该法第 5 条规定：国家鼓励和支持利用可再生能源和清洁能源发电。《中华人民共和国节约能源法》（1997 年颁布、2007 年修订）第 7 条规定：国家实行有利于节能和环境保护的产业政策，限制发展高耗能、高污染行业，发展节能环保型产业；国家鼓励、支持开发和利用新能源、可再生能源；第 59 条规定，国家鼓励、支持在农村大力发展沼气，推广生物质能、太阳能和风能等可再生能源利用技术，按照科学规划、有序开发的原则发展小型水力发电，推广节能型的农村住宅和炉灶等，鼓励利用非耕地种植能源植物，大力发展薪炭林等能源林。为了全面促进可再生能源的开发利用，增加能源供应，改善能源结构，保障能源安全，保护环境，实现经济社会的可持续发展。《中华人民共和国可再生能源法》于 2005 年 2 月颁布，并于 2009 年 8 月进行了修订。该法的主要目标是国家将可再生能源的开发利用列为能源发展的优先领域，通过制定可再生能源开发利用总量目标和采取相应措施，推动可再生能源市场的建立和发展；同时国家鼓励各种所有制经济主体参与可再生能源的开发利用，依法保护可再生能源开发利用者的合法权益；对可再生能源资源调查与发展规划、产业指导与技术支持、推广与应用、价格管理与费用补偿、经济激励与监督措施等进行了详细具体的规定，从而对我国可再生能源资源的开发与利用具有重要的规范与指导作用。

除了专门性的能源立法之外，在我国相关的环境保护领域的立法中，新能源在环保中的重要地位也得到了强调。例如，《中华人民共和国大气污染防治法》（1987 年颁布，2000 年第二次修订）第 9 条规定：国家鼓励和支持大气污染防治的科学技术研究，推广先进适用的大气污染防治技术；鼓励和支持开发、利用太阳能、风能、水能等清洁能源。《中华人民共和国水法》（1988 年颁布、2002 年 8 月修订）第 4 条规定：应当全面规划、统筹兼顾、标本兼治、综合利用、讲求效益，发挥水资源的多种功能；第 26 条规定：国家鼓励开发、利用水能资源。2002 年《中华人民共和国清洁生产促进法》提出了清洁生产的概念，并制定了财税激励措施和清洁或不清洁生产的产品目录及标准。

另外，国务院及有关部门、地方各省也颁布了一系列的行政法规、部门规章与地方性法规来积极促进可再生能源的发展。原电力工业部1994年颁布《风力发电场并网运行管理规定（试行）》、1997年国家计委制定《新能源基本建设项目管理的暂行规定》、1999年国家计委、科技部颁布《关于进一步支持可再生能源发展有关问题的通知》、2003年原国家环境保护总局颁布《秸秆禁烧和综合利用管理办法》、2006年1月国家发改委颁布《可再生能源发电有关管理规定》及《可再生能源发电价格和费用分摊管理试行办法》、2006年6月财政部出台《可再生能源发展专项资金管理暂行办法》、2007年8月初国家电监会出台《电网企业全额收购可再生能源电量监管办法》、2008年8月财政部颁布《风力发电设备产业化专项资金管理暂行办法》、2009年7月财政部与科技部协同国家能源局公布《金太阳示范工程财政补助资金管理暂行办法》、北京在1994年制定《北京市地热资源管理办法》、湖北省在2009年制定《湖北省农村沼气项目管理办法》等，都对于新能源的发展进行了相关的规定。

2. 相比较于立法，我国促进新能源发展的政策领域更为宽广、内容更为丰富，措施更为多样化。

1994年颁布的《中国21世纪议程》第13章专门规定了"可持续的能源生产和消费"，并把开发利用新能源和可再生能源作为重点强调。1995年通过的《中共中央关于制定国民经济和社会发展"九五"计划和2010年远景目标的建议》在经济建设的主要任务和战略布局建设中，要求在能源领域以发展电力为中心，以煤炭为基础，加强石油、天然气资源勘探开发的同时，积极发展新能源，改善能源结构。1995年1月，国家计委、国家科委、国家经贸委制定的《1996~2010年新能源和可再生能源发展纲要》则进一步明确可再生能源在未来能源发展的重要地位，进一步提出加强新能源和可再生能源发展的要求，并提出了具体的目标、措施和相应的政策建议。2000年8月，国家经贸委资源节约与综合利用司发布《2000~2015年新能源和可再生能源产业发展规划要点》，对于发展可再生能源的指导思想和基本思路及可再生能源发展中面临的问题，可再生能源发展目标以及具体的政策实施等进行了分析并提出建议。为了进一步加快新能源和可再生能源产业化发展，2001年10月国家经贸委制定了《新能源和可再生能源产业发展"十五"规划》，结合着我国可再生能源发展的现状与问题、可再生能源发展面临的形势和任务，对于发展可再生能源的指导思想和主要目标，发展重点、具体的对策与措施等提供了具体政策性指导。2004年通过的《中国能源中长期发展规划》，要求采取综合措施解决能源供应不足的问题，要大力开发水电、积极推进核电建设、鼓励发展风电和生物质能等可再生能源，在提供优质、经济、清洁的终端能源的同时，尽量减弱能源开发与利用给生态环境造成的负面影响，促进人与自然的和谐发展。

国家发展委于2007年4月发布了《能源发展"十一五"规划》，其指导方针是：用科学发展观和构建社会主义和谐社会两大战略思想统领能源工作，贯彻落实节约优先、立足国内、多元发展、保护环境，加强国际互利合作的能源战略，努力构筑稳定、经济、清洁的能源体系，以能源的可持续发展支持我国经济社会可持续发展。2007年9月，国家发改委公布了《可再生能源中长期发展规划》，提出了从2007年到2020年间我国可再生能源发展的指导思想、主要任务、发展目标、重点领域和保障措施，以指导我国可再生能源发展和项目建设；其中，要求充分利用水电、沼气、太阳能热利用和地热能等技术成熟、经济性好的可再生能源，加快推进风力发电、生物质发电、太阳能发电的产业化发展，逐步提高优质清洁可再生能源在能源结构中的比例，力争到2010年使可再生能源消费量达到能源消费总量的10%左右，到2020年达到15%左右。2007年10月，国务院正式批准了国家发展改革委上报的《国家核电发展专题规划（2005～2020年）》，该《规划》是指导我国核电建设的重要文件，对于实施核电自主化发展战略、合理安排核电建设项目、做好核电厂址的开发和储备、建立和完善核电安全运行和技术服务体系、配套落实核燃料循环和核能技术开发项目的保障条件等方面具有重要意义。

2007 年 12 月，中国政府对外发布了《中国的能源状况与政策》白皮书，对我国能源发展现状、能源发展战略和目标、提高能源供给能力、加快推进能源技术进步、促进能源与环境协调发展、加强能源领域的国际合作等问题进行了阐述。其中，要求中国能源发展坚持节约发展、清洁发展和安全发展的思路；通过有序发展煤炭、积极发展电力、加快发展石油天然气、鼓励开发煤层气、大力发展水电等可再生能源、积极推进核电建设、科学发展替代能源，优化能源结构，实现多能互补，保证中国能源的稳定供应；中国提高能源供应能力的具体措施之一应是大力发展可再生能源，并把可再生能源作为中国能源优先发展的领域。为此，中国将推进水电流域梯级综合开发，加快大型水电建设，因地制宜开发中小型水电，适当建设抽水蓄能电站；推广太阳能热利用、沼气等成熟技术，提高市场占有率；积极推进风力发电、生物质能和太阳能发电等利用技术，将建设若干个百万千瓦级风电基地，以规模化带动产业化。积极落实可再生能源发展的扶持和配套政策，培育持续稳定增长的可再生能源市场，逐步建立和完善可再生能源产业体系和市场及服务体系，促进可再生能源技术进步和产业发展。

从总体上看，中国对于新能源的发展采取了有"捧"有"压"的政策思路，并把直接推动风电、太阳能等几大新兴能源产业的发展与积极促进传统能源产业的清洁化升级密切结合起来。例如，为贯彻《可再生能源法》，落实国务院节能减排与发展新能源的战略部署，加快推进太阳能光电在城乡建筑领域的应用，2009 年财政部会同住房和城乡建设部颁布了《关于加快推进太阳能光电建筑应用的实施意见》及《太阳能光电建筑应用财政补助资金管理暂行办法》，补助资金拨付程序表现为：财政部将项目补贴资金总额预算的 70% 下达到省级财政部门，由省级财政部门会同建设部门及时将资金落实到具体项目。示范项目竣工验收达到预期效果的，财政部将拨付余下 30% 补贴资金。分两次拨付资金的规定，可以确保国家示范工程的质量，保证系统能正常发电运行，并通过示范项目验收评估，及时总结经验。为支持可再生能源发电行业的发展，2008 年 6 月，全国范围内每度电征收 0.2 分电力附加费，用于对可再生能源的电价补贴。如此，全国每年可征集大约40亿~50亿元的电力附加费用于2006年后建成的可再生能源发电系统①。

（二）中国新能源法律与政策的现状评析

中国有关新能源法律与政策的不断出台与完善，对于新能源的进一步发展具有积极的推动作用。然而，新能源在中国能源消费结构及利用率比例仍然较低。例如，在2007年，中国一次能源消费结构中煤炭为70.38%、石油为19.75%、天然气为3.25%、水电等可再生能源为5.86%、核能为0.76%②；可再生能源的商品量仅占能源消费总量的2.5%，小水电资源的开发利用率只有23%，风电资源的利用率仅有0.05%③。结合上述中国加快新能源的紧迫性因素分析，中国新能源发展的现状显然与新能源在现实经济社会发展中的迫切需求、未来能源安全保障中的重要地位不相符合，同时也说明我国长期以来致力于新能源发展的相关法律与政策仍然需要进一步的完善。

1. 法律与政策的执行依据不足，主要表现为我国加快新能源发展所需要执行的法律与政策体系建设不足、执行机制及执行的配套建设不足等。

我国2006年生效的《可再生能源法》只是一部框架性法律，其立法目标的实现需要相应的配套或实施细则。虽然《可再生能源法》在生效以后，《可再生能源发电有关管理规定》、《可再生能源发电价格和费用分摊管理试行办法》、《可再生能源发展专项资金管理办法》等相关配套法规、规章和技术规范相继出台，但是很多新能源发展领域中相关的财政贴息和税收优惠等进一步的细化法规还没有制定出来，致使许多关键性的具体措施难以操作。这也

---

① 参见崔民选主编：《中国能源发展报告（2010）》，社会科学文献出版社2010年版，第256页。

② 参见王安建、王高尚等：《能源与国家经济发展》，地质出版社2008年版，第278页。

③ 参见崔民选主编：《2007中国能源发展报告》，社会科学文献出版社2007年版，第24—25页。

使得很多省市的新能源发展规划和实施条例难以出台，相关部门和企业无章可循，影响新能源领域的进一步发展。例如，太阳能、浅层地热能等可再生能源热值不高，属低品位能源，但这类能源特别适合生活用能的需要。根据调查，利用浅层低能可实现系统节能50%以上。每推广应用浅层地热能1亿平方米的建筑，可以节约120万吨标准煤，与直接用电取热相比，节电近70%，而这方面的财税支持还是空白①。现实中，积极发展新能源也是缓解我国区域发展不平衡困境的重要手段，因为新能源本身发展资源丰富、发展的条件相对要求简单，在广大西部地区、边远地区的农村发展新能源，不仅能很好地改善民生，还能促进经济的发展和生态环境的保护。为此，我国《可再生能源法》第18条规定，国家鼓励和支持农村地区的可再生能源开发利用；县级以上地方人民政府管理能源工作的部门会同有关部门，根据当地经济社会发展、生态保护和卫生综合治理需要等实际情况，制定农村地区可再生能源发展规划，因地制宜地推广应用沼气等生物质资源转化、户用太阳能、小型风能、小型水能等技术。但是，配套建设的不完善直接影响着其实施效果，一个突出的表现就是农村沼气建设领域社会服务化体系建设发展滞后。随着农村沼气建设的快速发展，其管理服务严重滞后的问题已经凸显。建立专业化的管理服务体系，为农民用户提供全方位、专业化的管理服务，势在必行。虽然目前沼气技术、材料、池型、综合利用等问题已经得到解决，但是后期管理和服务仍然没有跟上，严重地影响了沼气池的推广和农民建池、用池的积极性。同时，由于沼气产品的用户的分散性，导致沼气产品和设备的厂家很难建立、健全商品化销售网点和售后服务网络，出现了配件服务不到位，很多地区沼气灯、灯罩、灶具等消耗品配件供应不畅、很难就近买到，即使能够买到，农户也很难正确安装②。另外，在生物

① 参见崔民选主编：《中国能源发展报告（2010）》，社会科学文献出版社2010年版，第276页。

② 参见崔民选主编：《中国能源发展报告（2009）》，社会科学文献出版社2009年版，第339页。

质能源的发展过程中，科学技术创新制度的不完善、资源评价、技术标准、产品检测和认证体系等体系不完善、市场环境和保障机制不够完善等问题也成为阻碍其发展的重要障碍①。

2. 相关立法与政策内容方面存在着诸多不足。

突出表现在：其一，在新能源的发展方面提供的激励动力不足。社会各主体积极参与新能源发展领域的实践，激励机制所提供的动力支持必不可少。作为促进新事物发展的激励措施中，财政与税收政策的完善对于新能源的发展显然是至关重要的。而目前来看，我国财政资金运用领域对新能源发展投入不足。现实中的各级政府并没有把发展新能源的相关项目规范地纳入各级政府的财政预算和计划之中，这就使得新能源投资缺乏最基本的资金支持。另外，我国目前对于新能源发展所必需的税收优惠政策支持也不到位。在增值税方面，我国尚未对新能源的有关产品给予增值优惠的统一规定，只对部分可再生能源产品给予增值税优惠，如人工沼气按13%征收、小水电按6%征收、风力发电按8.5%征收。由于可再生能源产品的可抵扣税额非常有限，这些所谓优惠的增值税税率显然偏高。在所得税方面，国家还没有制定全国统一的新能源发展所得税优惠办法，只是一些地方根据当地情况，对部分可再生能源企业出台了部分优惠措施。在关税方面，按照现行税收政策，中国企业利用自有资金进口国外先进的可再生能源设备享受不到优惠的关税政策，也在进一步影响着新能源企业的发展②。

其二，在现有的可再生能源法律与政策下，公众参与严重不足。能源的开发与利用领域存在着广泛的利益冲突，能源安全保障目标的实现需要广泛的社会主体参与，社会民众对能源领域公共政策的广泛参与不仅是能源产业积极发展的社会基础，也是社会主义民主法制进步的重要体现。目前，我国在有关能源开发利用领域中

---

① 参见崔民选主编：《中国能源发展报告（2009）》，社会科学文献出版社2009年版，第340页。

② 参见崔民选主编：《中国能源发展报告（2008）：领导决策大参考》，社会科学文献出版社2008年版，第294页。

的立法大都有公众参与的规定，并且公众参与原则也被公认为是基本的原则。但总体上看，我国法律特别是环境保护立法对于公众参与的法律规定呈现出分散而不系统的特点，大多的规定只是《环境保护法》原则性规定的机械重复，特别是与能源有关的立法中公众参与的规定只是倡导相关领域科学技术创新、鼓励有利于环保行为的实施，而且由于能源立法体系上明显的结构性缺陷，从而能源活动中很多领域还缺少公众参与的具体规定及详细的保障措施。因而，公众参与在有关能源立法条款中的地位相对薄弱，并不能适应新能源发展的现实需要。目前在中国边远落后的山区、交通不便的农牧区，由于缺乏常规电网的支持，尚有 2.8 万个村，700 万户计 2800 万人口没有用上电。但是有关专家分析，700 万无电户中，300 万户可用微水电解决用电，而 400 万户可以用小型风力发电或风光互补发电，满足用电需要。而这一任务的完成需要社会主体特别是企业的参与投资，虽然我国《可再生能源法》对于促进企业参与可再生能源发展的重要地位进行了规定，但是如果想让企业积极参与边远落后的山区、交通不便的农牧区的新能源产业的发展，显然需要出台更多的、可操作性的且具有保障性的配套措施及税收优惠政策①。鉴于能源领域广泛的利益群体的存在，维护能源领域中的公众参与机制的建设仍然任重而道远。

三、中国新能源法律与政策的完善

（一）完善的方向

能源供给安全保障及能源生态环境的日益恶化等问题，已经成为我国实现经济社会稳定发展、建设和谐社会的重大阻碍。在现实生活中，加快新能源的发展不仅能够增加能源的持续供应量，有利于能源安全目标的实现，其清洁使用、污染少的特点也能够有效减

---

① 参见李德孚：《小型风力发电行业现状与发展趋势》，载《新能源产业》2007 年第 1 期，第 50 页。

缓传统能源开发利用中的环境破坏与污染问题。因此，我国加快新能源发展法律与政策完善的总方向应该是在能源领域真正体现、符合可持续发展的要求，真正体现出可持续性，积极追求经济、社会与能源的开发利用协调发展的最终目标，最终有利于我国科学发展观的落实与和谐社会的实现。

国内外新能源立法及实践表明，在现实中阻挠一个能够体现并保障可持续发展所要求的新能源立法与政策体系出现的障碍因素主要表现在以下三个方面：

其一，分散的利益。在能源的开发利用领域中一个重要的特点就是存在着广泛的利益冲突。如果新能源发展中的环境利益及其相关的经济利益在保护者、破坏者、受益者和受害者之间不能得到公平分配，导致受益者无偿占有经济利益，保护者得不到应有的经济回报，受害者不能够得到积极的补偿，则新能源的发展就会缺乏持续性的关注，社会就会缺乏持续发展所必需的激励动力支持①。我国目前在加快新能源发展方面一个重大的缺陷是相关的法律与政策不能集中众多分散的利益者，因而不能在整个社会形成"合力"来共同推进新能源的发展。相反，集中的利益往往会得到过多的关注，在分配土地和水的产权以及在政府的运作方面莫不如此。现实中，能否集中分散的利益个体来积极营造加快新能源发展的社会氛围，是新能源产业能否得到积极发展的关键所在。

其二，难以作出可以依赖的承诺，借以保护并培育人力与资产。一个制度如果不能够令社会或人们信赖，就很难吸引整个社会的关注和参与，更不会吸引人们在该制度涉及领域进行长期性的、对实现制度目标至关重要的人力资本投资。在新能源的发展领域，保持法律与政策措施的持续性与实效性、加快新能源有关知识的普及教育、特别是加大对社会各主体进行长期投入的人力资本投资，对于提高各社会主体对于新能源发展重要性的认识，创造新能源发展所需要的社会积极性的参与氛围，显然是至关重要的。

---

① 参见中国生态补偿机制及政策研究课题组：《中国生态补偿机制及政策研究》，科学出版社 2007 年版，第 20 页。

其三，不具有包容性。如果社会和程序不公正、不民主，协调分散的利益并做出可以依赖的承诺就会变得更加困难①。

其四，不能够得到有效的实施。实施是平衡的延续，如果经过平衡做出的国家新能源法律与政策得不到有效的实施，或者由决策到实施之间步骤相隔遥远，则这种法律与政策就毫无意义。现实中能够保证新能源发展的法律与政策得到有效贯彻的基本方法就是健全的程序和广泛的全民参与。

另外，有效的信息公开制度也会在法律与政策的有效实施方面起到重要的辅助作用②。新能源发展的现状、阻碍新能源发展的原因、新能源发展相关的法律与政策的不足及其在实践中存在的问题……如果这些信息不能够得到有效、及时的反馈，这些现象就会无人过问，也不可能得到解决。这些信息或来自科学部门的检测，或来自社会民众的呼声和反馈，但是只有当这些信息得到有效、及时的反馈并促成行动时，它们才会发生积极的效力。因此，如果想在新能源发展实践中达到对人们行动目的的有效协调并符合可持续发展要求、能够保持可持续性，未来新能源法律与政策体系的构建应该围绕着对分散利益的组织、构建可信任的承诺、促进包容性、能够得到有效的实施四个基本方面进行。

（二）完善的内容

1. 加快完善新能源发展的法律与政策体系。

新能源法律法规与相关政策的完善是新能源发展的基本保证。法律是调整人们之间行为关系的基本行为规范，国家政策可以积极引导社会主体的行为选择，新能源领域法律法规与相关政策的完善不仅可以协调人们之间在新能源发展领域的行为关系，更重要的是

---

① 参见世界银行：《2003 年世界发展报告：变革世界中的可持续发展——改进制度、增长模式与生活质量》，中国财政经济出版社 2003 年版，第 37 页。

② 参见世界银行：《2003 年世界发展报告：变革世界中的可持续发展——改进制度、增长模式与生活质量》，中国财政经济出版社 2003 年版，第 46 页。

新能源法律法规的完善可以向社会"做出可以信赖的承诺，借以保护并培育人力与资产"。新能源的发展领域需要稳定的行为指导原则来保证对新能源中的投资、特别是对需要长期才能得到回报的人力资本的投资，能够得到预期的利益回报，从而新能源法律法规与国家政策的完善可以帮助创造一个稳定的新能源发展投资环境。

实践中，世界上新能源发展较快的国家中都有完善的新能源立法及相关政策，如美国近些年颁布的1992年《能源政策法》、2005年《国家能源政策法案》、2007年《能源独立与安全法》、2009年《美国复苏与再投资法案》等，加快新能源发展都是上述立法的重点。此外，很多国家都制定了有关新能源发展的专门法，如德国《可再生能源优先法》、日本《促进新能源利用特别措施法》、英国《英格兰和威尔士可再生能源义务法案》及《苏格兰可再生能源义务法案》、澳大利亚《可再生能源法》、韩国《替代能源开发利用与普及法》等，通过立法的方式对新能源的开发与利用进行促进和保障，也显示了新能源的发展在各国经济发展中的重要地位。国际能源机构的相关资料显示，截至2005年底，已经有50多个国家制定了激励可再生能源发展的政策，43个国家制定了国家级可再生能源发展指标，30多个国家对可再生能源发展提供了直接的财政补贴或其他优惠措施，32个国家出台了可再生能源发电强制上网政策①。因此，加快我国新能源的发展的首要任务是要在分析我国新能源发展中的诸多主客观障碍因素、特别是法律与政策不足的基础上，完善、构建以我国《可再生能源法》为主体的新能源法律与政策体系。

现实中，我国新能源法律法规与相关政策完善的一个重要参考依据应是围绕着特殊国情来进行，以确立符合我国国情的新能源发展品种与范围。在促进本国新能源的发展过程中，合理地依据本国各种新能源的开发与利用成本差异的国情确定新能源发展的品种与范围是快速、有效地改善本国能源结构的重要措施。新能源有关的

---

① 参见崔民选主编：《中国能源发展报告（2009）》，社会科学文献出版社2009年版，第164—165页。

法律与政策出台只有针对符合本国国情的、能源开发经济合理、法律实施成本较小的可再生能源，其实施的可靠性和稳定性才有保障。例如，德国和一些北欧国家将风能和生物质能源作为发展的重点，而南欧的一些国家，如西班牙等将风能和太阳能利用作为重点①。现实中，如果在立法过程中法律的规定过于笼统与复杂，就会导致法律在实践中增加实施的难度及成本，从而法律的有效性也将会大打折扣。

2. 强化政府在发展新能源方面的引导责任。

虽然现实中建立在产权私有化基础上的环境私人化的治理方式被很多人提倡，但是环境的公共治理模式仍然是目前环境保护实践中的最主要手段，它可以最高效率地引导社会公众意识，实现环境保护行为的有效协调②。还要看到，私人市场几乎不可能为改善环境提供鼓励性措施，社会经济行为的环境外部性和环境质量的公共物品性质决定了必须采取公共行动来解决环境行动；同样，不适宜的机构设置和政策扭曲也是加剧环境恶化的基本动因③。现实中，政府的责任领域广泛：维持服务、影响态度、形成经济制度、影响资源的使用、影响收入分配、控制货币量、控制波动、确保充分就业以及影响投资水平等④。因此，政府在环境治理、社会发展、经济增长相关的诸多方面都发挥着重要的作用，在加快新能源的发展方面也是如此。新能源的发展对于改善国民生活与生态环境、加快经济与社会的可持续发展是至关重要的，新能源的发展也具有典型的公共事业性，政府在推动新能源发展方面应该起到主导性的作

---

① 参见中国新能源网：《借鉴国外经验通过立法手段促进我国可再生能源发展》，http://www.newenergy.org.cn/html/0068/200689_11377_3.html，最后访问日期 2011 年 2 月 24 日。

② See Daniel H. Cole, *Pollution and Property*, Cambridge University Press 2002, pp. 178-179.

③ 参见中国环境与发展国际合作委员会：《给中国政府的环境与发展政策建议》，中国环境科学出版社 2005 年版，第 161 页。

④ 参见［美］阿瑟·刘易斯：《经济增长理论》，梁小民译，上海三联书店、上海人民出版社 1995 年版，第 476 页。

用。而从世界各国的实践上看，新能源发展的形势在一定程度上与本国政府的支持力度密切相关，政府的支持将是新能源能否得到及时、快速发展的关键因素。

从现实来看，新能源产业仍处于商业化的初期，对其开发利用存在成本高、风险大、回报率低等问题，投资者往往缺乏投资的经济动因，因而新能源的开发利用不可能依靠市场自发形成，必须依靠政府政策的支持。

首先，政府需要加强社会主体对加快新能源发展的重要性认识。长期以来，我国的能源结构主要是以煤炭、石油为主，导致长期以来的我国能源相关立法与政策主要是围绕着煤炭和石油的安全供应为主，其他能源的发展在国家能源法律与政策的调整中很难占据突出的地位，从而在我国的能源消费惯性作用下，新能源的开发与利用很难受到社会的重视。"一个成功的政治经济单位也即是一个成功的国家，总是与一个成功的意识形态相联系"。① 因此，如果我们想在新能源发展领域取得成功从而在我国能源安全供给中起到重要的作用，在整个社会层面提高对于新能源的重要性认识对新能源的发展是至关重要的。

其次，需要完善中央和地方政府对我国新能源发展的财政体制。从发达国家来看，2000 年美国政府支出的可再生能源研发费用就达到 4 亿美元，2007 年美国能源部出资 3.85 亿美元资助 6 家纤维素乙醇工厂②，而我国中央一级最近每年安排的可再生能源科技攻关费用仅为 1 亿元，且大多数被机构运转和人员经费所占用，地方政府和产业部门的投入就更少③。中央和地方政府对我国新能源发展的财政体制提供的支持，远远不能够满足发展新能源的现实需要，甚至在有关可再生能源的公共财政体制上还存在诸多利益冲

---

① ［美］道格拉斯·诺思：《经济史中的结构与变迁》，陈郁、罗华平等译，上海三联书店、上海人民出版社 1999 年版，第 53—54 页。

② 参见杨东平主编：《中国环境发展报告（2010）》，社会科学文献出版社 2010 年版，第 344 页。

③ 参见崔民选主编：《中国能源发展报告（2010）》，社会科学文献出版社 2010 年版，第 285 页。

突，成为阻碍可再生能源发展的一大因素。当前并没有一个关于上下级财政之间支持可再生能源发展的规范、可行的转移支付办法，上下级政府间的支出职责不清，在很大程度上也影响了地方支持可再生能源发展的积极性。

最后，积极完善有利于新能源发展的税收立法与政策。虽然新能源的发展具有紧迫性与重要性，但是在我国目前整个能源供给结构中，新能源所占的比例仍然较低，支持新能源发展应该成为税收立法与政策的战略重点。就目前促进新能源发展的税收政策内容来看，主要侧重点应该包括以下几个方面：

其一，完善增值税。从现实看，目前增值税只是对部分可再生能源产品给予了一定优惠，如人工沼气、小水电及风力发电等，但是从加快新能源发展的迫切需求来看，其税率仍然较高，应该进一步降低。从未来看，应该给予新能源产品增值税优惠的统一规定，并在新能源领域保持其系统性与完整性。

其二，完善企业所得税。应该完善现有的企业所得税优惠规定，实行投资所得税抵扣优惠、经营所得再投资项目相对应的所得税部分返还等措施，以鼓励新能源企业在新能源领域的进一步投资、获得进一步发展。

其三，完善进口关税立法与政策。为鼓励国内的资金在新能源领域的进一步投入，对利用国内资金进口国外可再生能源设备的企业采取和外商企业的同样待遇，免征关税和进口环节增值税。

另外，还可以依据国情采取一些灵活的措施，如对国内已经能够生产并且设备技术已经成熟的整机进口应该适度征收关税；对发电所必需的技术先进的零部件，可以免除进口关税和进口环节增值税，以降低发电机组的造价等，从而可以降低新能源企业发电设备的成本、带动国内相关产业的发展。

3. 加快完善新能源发展所必需的市场竞争机制。

传统的行政管理模式在能源利用与发展领域存在着诸多的弊端，比如管理的费用较高、资源配置效率低下、不利于能源市场的公平竞争秩序的建立、容易滋生腐败现象等，从而不利于能源产业的持续、健康发展。相反，市场机制在弥补行政管理手段的上述缺陷方面存在着诸多的优点，建立在灵敏的价格调节机制、优胜劣汰机制基础上的市场调控机制，可以充分、全面地体现能源资源的经济与生态价值，可以促使市场主体的行为符合外部成本内在化的要求，最终可以在能源资源的节约利用与环境保护、社会经济发展方面提供足够的激励与约束机制。

目前，我国政府在市场调控方面没有制定明确的向可再生能源产品倾斜的政策。在市场准入、政府集中采购方面，并没有体现出对可再生能源的大力支持，使得可再生能源产品在市场竞争中很难占有一席之地，甚至还会出现在同等价格下，受地方和行业垄断利益的保护，可再生能源被常规能源挤出市场的情况①。现实中，完善政府采购制度是有效促进新技术采用和可持续能源产品生产的一个强有力工具，我国应该结合着新能源发展的重要性，重新审视采购政策，突出有关环境标准在决策中的重要地位，从而促使企业积极采用有利于新能源发展的技术，形成有利于新能源发展的市场氛围②。另外，价格是影响能耗强度、燃料选择与能源替代和对资源保护程度的重要因素之一。合理的能源价格能够反映出能源资源的稀缺程度、能源产品的供求状况及生态恢复成本、能源消费后的环境损害成本，完善的能源价格形成机制是有效应用市场机制来有效配置能源资源的基础③。目前，我国新能源在市场中的定价机制也有待完善。例如，目前制约我国风力发电的一个重要因素就是风力发电上网价格的确定问题。国外的风力发电价格通常采用的是强制入网价格和固定电价收购政策：丹麦政府对煤电征收能源税和二氧化碳排放税，对风电的收购价格进行补贴，使风电机组的用户从满足自用转向销售；德国将风电上网电价分为最低保护电价和鼓励电

---

① 参见崔民选主编：《中国能源发展报告（2008）：领导决策大参考》，社会科学文献出版社 2008 年版，第 294 页。

② 参见中国环境与发展国际合作委员会：《给中国政府的环境与发展政策建议》，中国环境科学出版社 2005 年版，第 20 页。

③ 参见朱达：《能源——环境的经济分析与政策研究》，中国环境科学出版社 2000 年版，第 162 页。

价两部分，通过调节授予鼓励电价的时间，减少因资源条件引起的收益差别；另外，初期制定较高的保护电价、可以激励产业的发展，形成较大规模的风电设备制造能力，再通过逐年递减最低保护电价，可促使设备制造商努力降低成本，西班牙的风力上网电价与政府每年公布的电力基准电价挂钩，而且逐年递增①。但是，中国目前的风电上网电价还是普遍高于火电的上网电价，这在很大程度上限制了风电的发展。其他新能源，如潜力巨大的太阳能发电的并网也一直是国内太阳能市场发展的瓶颈，其最主要的原因也是在于相对于目前的火电价格而言，其发电的价格过于高昂。如果国家能够借助于目前新能源发展的时代契机，积极协调、平衡新能源产业的定价机制与电厂、电网公司、终端用户等多方市场主体之间的利益，通过国家立法与政策给予风电、太阳能发电等提供积极的补贴，加上风电及太阳能发电技术的不断改进带来的成本下降，其相关的新能源产业必将得到积极的发展。

4. 完善我国新能源发展的融资机制。

我国《可再生能源法》在第六章"经济激励与监督措施"中规定："国家财政设立可再生能源发展基金，资金来源包括国家财政年度安排的专项资金和依法征收的可再生能源电价附加收入等；对列入国家可再生能源产业发展指导目录、符合信贷条件的可再生能源开发利用项目，金融机构可以提供有财政贴息的优惠贷款。"显然，我国规定了以政府为主的新能源投资制度。但是，加快新能源投资领域的市场化，创造新能源发展融资来源多元化的机制应该是未来新能源发展的重要保障措施。因此，需要创造各种条件鼓励商业银行、股票、民间资本等进入新能源发展市场。而且，由于长期以来我国新能源行业技术水平较低，资金缺乏，对国外的技术和资金依赖较大，在经济全球化的今天，充分、合理地利用国际资金也是发展我国新能源的重要途径。

---

① 参见崔民选主编：《中国能源发展报告（2010）》，社会科学文献出版社 2010 年版，第 253 页。

5. 完善新能源发展的科学研究及技术创新机制。

造成环境压力的决定性因素，不是经济的平均增长率，而是所采用的技术及经济增长（或者经济本身）的结构①。环境问题的解决有赖于环境保护法律法规的完善，依赖于全社会各主体的积极参与和物质资金的投入保障，但是更依赖于现代化环境保护技术的发明和推广应用。科学技术是成功的环境立法的重要组成部分，好的科学可以使得环境中的现实问题得到有效的确认和解释，并且规定有效的应对措施②。显然，新能源技术的社会发展氛围与程度直接决定着新能源产业的前景。

相比较于传统能源，我国目前对于新能源发展研究提供的科研支持不够，突出表现在我国对于可再生能源的资源分布状况还没有进行统一的、详细的调查与评估，无法满足可再生能源的发展需要。另外，我国目前在新能源发展领域技术创新不够，在可再生能源开发领域，除水力发电、太阳能热利用和沼气外，其他可再生能源的技术水平较低，缺乏技术研发能力，设备制造能力弱，技术和设备生产较多依靠进口，技术水平和生产能力与国外先进水平差距较大的问题，也是阻碍我国可再生能源开发的进一步障碍③。在新能源发展领域，技术创新能力的程度直接关系着新能源的发展前景，因为如果新能源创新能力不高，则新能源发展的成本就难以下降。目前，我国可再生能源的发电成本与煤电相比，小水电为1.2倍，生物质能发电为1.5倍，风力发电为1.7倍，光伏发电为11~18倍④。没有价格优势，则在能源市场上就没有竞争力，最终新能源的发展就成为奢望。还要看到，新能源技术的发展及被采纳

---

①　［瑞典］托马斯·思德纳：《环境与自然资源管理的政策工具》，张蔚文、黄祖辉译，上海三联书店、上海人民出版社2005年版，第20页。

②　See William Wilson, *Making Environmental Laws Work*, Oxford University Press 1999, p. 63.

③　参见张勇：《能源资源法律制度研究》，中国时代经济出版社2008年版，第95页。

④　林伯强主编：《中国能源发展报告2008》，中国财政经济出版社2008年版，第343页。

的程度依靠的是一系列、甚至不相关因素的促进，其中最重要的涉及私人与公共研究机构的科研水平、政府机构提供的支持力度、可再生能源及能源效率技术的经济性、社会对于替代能源技术的接受程度及公共机构在可持续发展问题上的教育水平等①。总体上看，新能源技术融合进社会的程度主要依靠三种因素：规则、动力与教育。在新能源技术领域私人投资之前，关于投资双方之间的权利与职责的确定性是必要的，难以想象在法律地位不能够得到明确的情况下，大量的私人投资会投入到能源领域②。而对于确定能源资源开发的管理体制及相关活动主体的基本权利及职责来说，法律的作用是其他措施无法替代的。同时，不能提供激励动力的法律规则将不可能取得预期效果，而没有法律保障的激励措施也很难得到贯彻落实③。在法律制度的保障下，无论是政府还是企业，都有责任积极参与新能源技术的创新，大力开发拥有自主知识产权和有较强实用性的原创技术，同时加强科技成果向生产力的转化，做好成熟、实用新能源技术的推广和普及。政府应该鼓励企业加强对于新能源技术的科研与应用，为此政府应该给予积极的政策支持和优惠政策④。同时，我们也需要加强新能源技术领域中的国际合作机制的建设，我国经济发展中的能源问题也是世界各国面临的问题。为此，我国应该积极同国际组织或有关国家建立能源合作机制，共同研究、开发新能源、新技术，积极发展太阳能、风能、生物能、地热能等可再生能源。显然，我们需要运用科技、教育、立法等综合措施来完善新能源发展的科学研究及技术创新机制。

---

① See Rosemary Lyster, Adrian Bradbrook, *Energy Law and the Environment*, Cambridge University Press 2006, p. 29.

② See Rosemary Lyster, Adrian Bradbrook, *Energy Law and the Environment*, Cambridge University Press 2006, p. 29.

③ See Rosemary Lyster, Adrian Bradbrook, *Energy Law and the Environment*, Cambridge University Press 2006, p. 30.

④ 参见钱学文等：《中东、里海油气与中国能源安全战略》，时事出版社 2007 年版，第 682 页。

四、结　语

随着世界经济一体化进程的进一步发展，全球能源生态环境问题的进一步加剧及能源不公现象的日益显现，传统单一的能源安全观已经逐步被综合性的能源安全观所代替，能源的供给、生态环境及社会公正问题也已经成为国际能源安全战略实施过程中必须要考虑的重点问题。考虑到能源的分布状况及利用特点，加快新能源的发展显然是缓解上述经济社会持续发展障碍的重要选择。因而，完善我国的新能源法律与政策，进一步解除新能源发展中各种制度制约因素，是维护我国能源安全目标、满足经济社会持续发展、落实科学发展观、实现建立和谐社会发展目标的重要保障措施！

第十一章　风险社会与程序正当：核电厂选址问题的法律思考

一、引　言

1986 年,切尔诺贝利核电站爆炸事故之时,也是德国著名学者贝克的《风险社会》出版发行之日。正如贝克所说,风险是"人为制造出来的不确定性"(manufactured uncertainties),包括那些完全超出人类感知能力的放射性、空气、水和食物中的毒素和污染物,以及相伴随的短期的和长期的环境和健康的影响①。它们引致的伤害不可逆、不可见且不确定。全球化、市场化催促了高科技的急速发展,导致了产业化世界与生态环境之间反复的相互作用和创生的"熊彼特动态",并很容易引起风险管理上的悖论,造成公共决策和法治上的一系列两难困境②。传统法治社会体现了基于确定性的形式理性主义,而风险社会则意味着作为社会关系调整器的法律必须做出整体性的结构变迁。

程序正当性原则历来是法治国家基础性的制度保障。然而,在风险社会背景下,网络、核能、转基因等高新技术的发展及其法律规制,既凸显程序正当性的重要性,也对该原则提出了新的挑战,并展示出一些新的特征。

---

① See Ulrich Beck, *Risk Society*, *Towards a New Modernit*, Sage Publications 1992, p. 3.

② 参见季卫东:《风险社会的法治》,载《中国法律》2009 年第 1 期,第 56 页。

首先，公权力必须依法定的程序行使，是该原则始终不变的内核。其次，争议性科技问题涉及风险与利益的比较与权衡。传统的选举政治和议会监督无法满足公民参与公权力运作的需要，故发展出与高新技术产业风险规制相关的听证制度、环境影响评价制度等公众参与机制，来介入行政过程并影响决策。最后，程序正当性与效率原则的结合面临新的挑战。因此，人们开始思考"简约法律的力量"。

对于风险社会背景下程序正当原则的坚守与变革，本章拟以核电厂选址法律规制问题为例进行分析。所谓核电厂选址，是指为核电厂选择合适厂址的过程，包括针对有关设计基准的评定。核能的安全发展重在于预防，而核电厂选址便是预防的第一关。自国家《核电中长期发展规划（2005～2020年）》颁布后，我国掀起了一股从沿海到内地扩展核电厂的建设高潮。然而，我国的核能法尚付阙如。选址也是一项投资决策，相对于其他因素来说，它具有长期性和固定性，一经确定就难以变动。事实证明，坚持和完善程序正当性的选址，能够尽量规避核电厂对自然和社会环境的风险。例如，2011年日本福岛核事故便与选址不当有一定关联。

二、核电厂选址的程序法定原则

核电站选址时需要考虑几百个因素，包括地质结构风险（地震）、洪水风险、气候、核事件情况下对生活在附近居民所产生的后果及影响，以及对植物群、动物群和当地生态系统所产生的影响①。这便存在高度信息不对称，故在风险规制上有必要强化和完善相应的"命令—控制型"许可制度。即，由政府风险规制机构来进行事前许可，以便在一定程度上起到防患于未然的作用。核电厂选址作为核能风险法律规制的前置程序要件，其基本的出发点便是，万一出事故时造成的损失要最少，对周围环境的影响要最小。然而，正因为核

---

① 参见［法］布鲁诺·康姆：《环保学家谈核能》，罗健康译，原子能出版社2006年版，第204页。

能科技发展下产生了难以掌握和预测的不确定性风险,增加了国家藉由公权力行使介入企业和人民活动领域的机会,扩大了行政裁量空间。而且,核电产业的发展,无论是突发性事故,或是平常运转伴随的污染,都是涉及居民生命、财产、健康等基本权利的问题。因此,核电厂选址决策充斥浓厚的社会复杂性和政治意味,须在高度冲突的价值利益间权衡取舍,应通过程序法来规制相关风险,以达到国家利益实现与人民基本权利保护的平衡。如何分配资源而做出尽可能正确的决定或适当抉择,都在考验国家决策的整合能力和行政法治水平。因此,划定国家在此过程中权力行使的界限、程序,就十分必要。正如昂格尔所说的:"权利不是社会的一套特殊安排,而是一系列解决冲突的程序。"①

我们知道,程序法定堪称法治国家的帝王条款,也是行政合法性原则的具体化。风险规制机构关于核电厂选址的许可决定,会对公民和核能企事业的权利产生重大影响,故须由高位阶的法律来确定基本程序。发达国家通常将核电厂选址纳入法定的基本程序范畴。

早在 1954 年,美国制定颁行的《原子能法》便对核设施的选址程序作了原则性规定,并将其纳入美国联邦法规(Domestic Licensing of Production and Utilization Facilities)所规定的程序。

作为先进核能大国,法国则在《反污染法》中对核电厂的选址程序也予以规定:(1)法国核安全局负责对整个民用核能设施的选址、建造和运行等进行监管;(2)所有的核设施建设必须通过"预备程序"和"公用事业地位程序"这两道手续。

同样,根据《加拿大核安全与管制法》第 26 条,从事核能开发利用的组织或个人,须获得加拿大核安全委员会(CNSC)的许可;作为新建核电厂的第一步,"地址评估"必须考虑核电厂运行周期的全部阶段,从地址预备到废弃。

日本的核电选址程序虽未在《原子能基本法》直接规定,但《反应堆规制法》和《电力法》等确定的程序十分严密。首先,核电厂设

---

① [美]昂格尔:《现代社会中的法律》,吴玉章、周汉华译,中国政法大学出版社 1994 年版,第 76 页。

立须在国家位阶之长期及综合能源供给计划基础上,依内阁总理大臣所做的电源开发基本计划来决定个别具体核电厂的设立地点;其次,核工业安全局进行的"地址评估"作为必经程序①,将在建设程序中再次接受"安全审查"②。值得指出的是,无论"地址评估"还是环境影响评价,均须由政府规制机构对核电厂选址这一特定事项加以裁定。然而,它们并不适宜于应对处于科学知识前沿且具有高度政策考虑的核风险规制。故由专家主导的技术委员会往往充当了事实上的"科学法院"(science court)。但作为仅次于宪法位阶的核能法律不可能对选址这样的技术性事项规定得详尽无遗。故相关的法规文件便成了它们主要的补充性规制基础。例如,《加拿大核安全与管制法》第44条授权核安全委员会根据国际原子能机构有关文件,制定相关的"规章"(regulations)或"管理文件"(regulatory documents)。这些规章或文件规定了与许可证、申请等相关细节,并作为核能法框架的组成部分具有拘束力③。

核电厂选址程序,也随着法律实践的推进而日臻完善。自1969年美国《国家环境政策法》首次以法律的形式将环境影响评价作为一项基本制度规定下来,它便逐步成为了核能法上常规化、标准化的程序要求,且展现出一些新特征:(1)尽管制作民用核设施环评报告的专业技术工作量非常之大,但仍须由美国核立法局来完成,而在其他行业项目的环评报告可由有资质的企事业单位完成;(2)民用核设施的环评报告将保护环境问题直接联系于核安

---

①　"地址评估"的程序包含实施地址调查,以确定一个或多少候选地址,然后再对这些地址进行详细的评估。"地址评估"的内容包括:(1)在该地址周围发生人为或自然事件对它的影响;(2)该地址的特征及其影响核材料和辐射性物质转移的环境;(3)人口密度、分布和其他可能影响应急计划实施的外部因素。如果表明该地址是无法接受的,或无法通过地址保护的设计予以改善,则不得选址该地。

②　Japan Nuclear Energy Safety Organization, *Safety Regulation Process of Nuclear Power Plants in Japan*, April 26 ,2010. http://www. ansn-jp. org/jneslibrary/textbook4_e. pdf.

③　See Canadian Nuclear Safety Commission, *Site Evaluation For New Nuclear Power Plants*, *Regulatory Document*, RD-346, October 2007.

全问题，其责任、性质显然不同于其他行业；（3）民用核设施的环评报告直接与核立法局许可证审批程序相联系。例如，《加拿大环境影响评价法》和相关法规也适用于核电厂地址评估的全过程。其中，"地址评估"进程中搜集的信息应运用于环评阶段，并作为地址预备许可的一道评估程序，接受核安全委员会的审查。而且，根据核安全委员会的要求，地址评估主要关注环境影响①。此外，自1979年美国三厘岛核电站重大事故后，考虑到事后紧急避难上出现的纰漏，各国核电厂选址的审批程序大多加上了有关"紧急应急疏散计划"的条件。

与发达国家普遍的程序法定相比，我国尚未有基本法性质的原子能法来规定核电厂选址问题。唯一直接涉及核能领域的专项法律是2003年施行的《放射性污染防治法》。该法将环境影响评价引入了核电厂选址程序并在第18条规定："核设施选址，应当进行科学论证，并按照国家有关规定办理审批手续。"但是，"科学论证"本身是一个模糊的概念，无法界定行政机构、科学部门及利益相关者在决策上的权责划分，缺乏明确的程序法内涵；而"办理审批手续"的"有关规定"至今仍存在程序法上的空白。即使国务院颁布的《民用核设施安全监督管理条例》也没有关于选址许可的程序要求。虽然国家核安全局依据该条例制定了《核电厂安全许可证件的申请和颁发》。但根据《行政许可法》第14条，只有法律、行政法规和"国务院在必要时以决定方式"才有权设定行政许可。而该文件从严格法律意义上说，只能算部门规章。风险规制应置于法律之下，才能明晰事权划分，决定资源配置及其优先次序。因此，对于核电厂选址这样的重要事项，无疑要纳入程序正当性的范畴，最好由高位阶的核能法来确立有关国家行政机关的

①　包括：（1）可能受到拟建核电厂影响的人口；（2）涉及环境影响评价的技术信息；（3）可能受辐射等影响的自然和人为环境的特征评估及分类；（4）对该区域自然和人文环境发展可能在核电厂运行周期内对安全保障有影响的因素的预测，特别是人口增长和分布；（5）有关核燃料、废料等材料进出、运输和储存的地址合适性；（6）因核电厂化学和热释放造成的非辐射影响的信息；等等。

各自权责、运作程序及行政相对人的权利义务的基本原则，避免核电厂选址的决定等非法律方式进行，以法律的稳定性和可预见性来调控科学风险上的不确定性①。

三、社会可接受性审查的程序安排

正如贝克的风险社会理论指出，传统的决策机制由于缺乏双向、互动式科技与社会的沟通，忽视社会多元领域的价值判断与社会理性的反思，常使科技风险规制蒙上暗箱操作之弊②。而各种不同类型开发行为中所带来的利益与风险之判断，各层面的影响以及所影响地域之差异性，须整合专业知识与地方性生活经验，方能降低专家信息获得方法上的局限性。同时，贝克对于风险课题的社会性认识，使公民的角色在风险决策中的作用逐渐受到重视。公民不仅应有参与之机会，更应认识到其参与乃是责任和义务。所以，如何在制度设计上强化公民参与风险治理，并创新风险社会运作模式，日益成为法律建设的重要议题。

核电的安全记录，尽管在总体来说远远好于煤炭或石油开采，但一宗核电事故就足以推翻公众所有的好印象。这种"邻避主义"（Nimbyism，意为"不在我后院"）是所有希望发展核电的国家所面临的困扰。邻避主义者抵制包括核电站在内的一切可能对居住环境产生影响的设施建设。因此，在风险社会下，政府的信息资源公开与舆论之间的互动越来越深入，具体表现为听证会等各种公众参与决策的机制。这意味着第三者（专家、权威机构）判断的相对化、通过强制性的自由选择来推行某种自我负责的体制。它同时也

---

① 在一些细节问题上，如"核电厂离饮用水水源的距离需要是多少"等，在实务上应能直接对照具有法定效力的有关技术法规标准，具有可操作性，防止监管漏洞。当前，需要整理关于各项"条例"、"办法"或其他行政法规性文件，从而就核电厂选址问题形成系统化的相互衔接的法律体系，促进依法决策。

② See Ulrich Beck, *Risk Society*, *Towards a New Modernit*, Sage Publications 1992, p. 43.

是一种分散风险的技术或机制设计，把损害发生时的责任从决定者转移到决定的被影响者、从特定的个人转移到不特定的个人的集合体（社会）①。因此，通过政府信息公开和公众参与等法律制度的引入，使核电选址决策为当地居民和各界知晓和介入②，既可避免公众由于对核能的不了解和疑虑而导致以讹传讹，也可分散核事故损害发生的责任。为使公众参与对核电厂选址决策产生实质影响力，一些发达国家逐步在核能法上确立了公众参与制度，具体做法为"社会可接受性审查"程序。

1954 年美国《原子能法》中最早明确提出了向公众传播核科技知识和信息的要求：（1）公开有关民用涉核事务的信息，被认为是保障社会安全和人们健康事务的组成部分，故受到核能法的严格规范；（2）任何人都可以向核立法局提出一个对任何民用核设施许可证的审查、悬扣、撤销的行政制裁要求，而核立法局的一般反应是寻求司法裁决意见③。

法国 2006 年颁发的《核透明和安全法》同样强调信息透明和互动交流，要求法国核安全向公众发行《核安全监督》月刊；其中，不仅对所有核设施的信息、核电故障进行记录，普通民众也可以通过网站查阅相关信息、文件及资料。另外，法国还在核电运营商、民众和政府三者间都建立了相互监督的关系网。同样，根据奥地利法律，核电厂选址除了必须取得特殊的"设施选址核准"外，为防止企业与行政机关之间的密切关系而使审查流于形式，还引入了社会监督程序。

在风险社会，即便是专家委员会根据科学规范对科学数据的分析和推理，也无法弥合不同科学见解间的纵横捭阖。通过听证会之类的程序装置，不仅可以整合公众参与的部分要素，而且还可以在

---

① 参见陈春生：《核能利用与法之规制》，台北月旦出版社 1995 年版，第 102 页。

② 参见［法］布鲁诺·康姆：《环保学家谈核能》，罗健康译，原子能出版社 2006 年版，第 124 页。

③ See Celia Campbell-Mohn, *Sustainable Environmental Law*, West Publishing Co. 1993, p. 157.

科学和民主的紧张之间达成相对最优的选择①。所以，听证会也成为核能法上的一项公众参与的基本法律程序。美国核立法局在受理任何选址许可证申请报告后，立即在《联邦通讯》上发出听证通知。且许可证听证程序非常复杂，涉及"许可证审批委员会"、"反应堆安全顾问委员会"等程序，要由经某种资格审核的个人或组织代表等进行"交叉质询（Cross-Examination）"。重大争议可上诉至美国哥伦比亚特区联邦上诉法庭（U. S. Court of Appeals）。必须指出，有关核事项的环境影响评估不同于一般的环评，须另外提交，并在请求专家意见和公众听证后，提交最终报告②。根据《原子能基本法》等规定，日本原子能委员会先后颁布了《原子炉设置之举办听证要领》及其《实施细则》、《有关核能电厂设立地实施公开听证要纲》等法规，对核电厂设立地选择过程中的听证程序做了详细规定。

值得一提的是，现代化的地理信息系统技术也运用于核能法——"公众参与式地理信息系统"（Public Participatory Geographic Information System）成为了核电厂选址制度上的一种新趋势。它利用地理信息系统技术将专业性较强的信息以一种直观、易懂的方式展示给公众，继而推动公众参与。由于核电厂选址问题具有高度的敏感性，而民众由于受教育程度、价值观、职业思维等因素的影响，对此项目会产生不同的结论与意见，所谓"众口难调"。而基于网络优势的"公众参与式地理信息系统"能够将相关信息向民众发布，其时效性与便利性显而易见，通过与公众的互动排除了长久以来凡事都由专家说了算的不透明状况。2005 年，在加拿大安大略省核废料处理选址项目中的地理信息系统应用中，其公众参与的环节包括了选址问题，社区参与者可以按照自己的理解和价值观

---

① 参见宋华琳：《风险规制与行政法原理的转型》，载《国家行政学院学报》，2008 年第 1 期，第 79 页。

② See Japan Nuclear Energy Safety Organization, *Safety Regulation Process of Nuclear Power Plants in Japan*, April 26, 2010. http: //www. ansn-jp. org/ jneslibrary/textbook4_e. pdf.

选择选址应该考虑的因素，并发表个人的评论和观点①。

由于我国核能立法时间较短，核电厂选址程序的重大缺陷之一便是公众参与度较低。在公众参与时机上，更很少从核电厂选址开始阶段即介入。通常由决策单位或部门，在某个阶段对当地群众进行一些简单的抽样调查，将其意见简单归纳后编入报告书中，很少做认真的阐述和分析②。核电项目和决策单位一般把公众作为对立面看待，且主要从拆迁、维稳和宣传角度来"组织"公众，而对其积极因素认识不足，没有看到这是关系公众权益和国家长远发展的问题。"乳山核电项目"的案例，就反映了公众参与的重要性③。我国《宪法》第2条第2款规定："人民依照法律规定，通过各种途径和形式，管理国家事务，管理经济和文化事业，管理社会事务。"这可以成为在我国核能法中确立听证制度的宪法规范。因此，法律应该要求，核风险规制部门应主动地以定期数据发布、公示、讲座、网站讨论等方式确保信息公开，包括利用地理信息系统等高科技手段，客观地向公众提供厂址安全、环境保护和应急准备方面的问题；同时，应确立举办有专家、当地居民和各界人士参与的听证会，作为选址和建设许可的前置程序之一。如此，才可防

---

① 参见何宗宜、刘政荣：《公众参与地理信息系统在我国的发展初探》，载《测绘通报》2006年第8期，第41页。

② 参见孙逢：《环境评价中公众参与的有效性研究》，载《决策管理》2010年第11期，第88页。

③ 从2006年乳山核电项目合作协议签字以来，民间反对之声就没有平息过。尽管已有众多专家出面证明，"不会发生泄漏事故，也不会产生辐射污染"。但如此的"先见之明"显然难以服众。公众提出了该项目选址在法律根据上的严重不足：（1）拟选厂址与AAAA级旅游景区银滩距离太近；（2）120公里的海岸线上同时建设三座核电站，过于密集；（3）核电厂应尽量建在人口密度较低、地区平均人口密度较小的地点，距10万人口的城镇和距100万人口以上大城市的市区发展边界，应分别保持适当的直线距离；（4）核热电厂用于城市居民供热时，距10万人口以上的城镇发展边界应不小于10公里。参见国家环保局1986年《核电厂环境辐射防护规定》和《核动力厂环境辐射防护规定（意见稿）》以及国家技术监督局1993年《核热电厂辐射防护规定》。

止选址审查程序流于形式，杜绝行政机关与核电企业之间的"权力寻租"。

四、行政经济性与核能高效发展

合理性与效率，也是行政程序法追求的价值之一。核能风险规制不得不权衡加快核能发展带来的社会成本与效益。与石油、煤炭相比，核能利用在经济效益上还不太明显，但对于保障能源安全和减缓气候变化具有重大意义。在现实世界中，并不存在一个"零风险"的状况。过度严苛的规制，固然会减少一些潜在的风险，却也可能为此支付高昂的行政成本和企业遵守成本，以及因此带来的阻滞技术进步以及资源配置的无效率等间接风险。正如凯斯·孙斯坦教授举例所说："假如被提议的经济性油耗标准能够显著地降低温室气体，但同时也使汽车越来越小，更加不安全，以至于每年造成千余件的死亡事故，那么官员和民众就应当清醒地认识到这个负面事实。"① 同样，核能风险规制水平的选择，需要在安全、环境和产业发展促进之间作出平衡。尽管出现了日本福岛核事故，但基于能源安全与低碳发展的目标考虑，不太可能因噎废食，从根本上转变世界上多数核能国家在保障安全前提下发展核电厂的政策。

事实上，发达国家为加快核能发展曾对核电厂选址程序进行了调整，强调行政经济性。在20世纪70年代能源危机后，法国决定增加核电厂址。对此，法国的策略是强化初步研究和早期的选址阶段，并由国有垄断的法国电力公司（EDF）"包揽"在全国范围内的选址研究。第一步是EDF与地方政府和公众接触的"预备程序"，并无严格的制度化模式，只涉及所有层次上的非正式协商。地方政府和公众代表能够在协商中以及在从候选厂址中，抽出不到1/3的最终选址决策上发表意见。例如，一些候选厂址因地震因素而改变，还有一些被否决。第二步是EDF开始申请许可的"公用

---

① ［美］凯斯·孙斯坦：《风险与理性——安全、法律及环境》，师帅译，中国政法大学出版社2005年版，引言。

事业地位"程序,并引入公众参与。首先由所有相关行政机构予以审查,然后由国家工业与研究部决定是否需要进入"公众调查"阶段。如果可以,则 EDF 便提交建设许可申请并着手筹建工作。公众调查主要是向公众提供官方信息,为期 15 天至 2 个月。此后,EDF 用 3 个月时间来回答和解释有关问题。而接下来许可证程序的特征是,国家当局能够尽早对核电厂选址开展灵活有效的项目,同时减少经济影响①。早期美国对重要的民用核工业实行"两步式许可证化管理":第一步许可证是基本建设许可证,第二步许可证是反应堆许可证②。为了进一步降低新建核电厂的投资风险和技术风险,美国联邦政府于 1989 年颁布新的联邦法规《早期地址许可:核电厂厂址许可、设计批准和联合证明》,开始实行放松管制、简化或合并许可证审批等监管措施,即核电厂设计、建造和安全审查同时进行,也就是所谓的"一步法"管理程序,以增加确定性、提高效率和可预测性。根据该项法规,核电公司在决策建造核电厂之前,就可以向核管制委员会申请"厂址许可";能源部与企业签署成本分担协议,帮助申请者准备有关申请文件的指南,以保证申请建造先进核电厂的积极性。

德国采取的所谓"部分许可程序",也是程序简约而促成行政经济性的重要范例。德国《原子能法》第 7 条规定,对申请设施许可者,有关设立地点问题,可以给予预备许可。预备许可决定,在设施许可决定开始前,对设立地点做有拘束性的决定;如果设施申请人未在于预备许可给予后两年内申请许可,则预备许可无效。这种预备许可决定,是事先对设施计划本质上的各个问题做有拘束性的决定,特别是设立地点的问题,但还包括设施的计划安全技术等。第一次部分许可属于许可程序的一部分,它允许申请人能够实

---

① Micheal W. Golay, Isi I. Saragossi and Jean-Marc Willefert, *Comparative Analysis of United States and French Nuclear Power Plant Siting and Construction Regulatory Policies and their Economic Consequences*, Energy Laboratory Report No. MIT-EL 77-044-WP, December 1977.

② 参见阎政:《美国核法律与国家能源政策》,北京大学出版社 2006 年版,第 116—117 页。

施具体的挖掘工作与建设措施，但限于地表部分及特定的地点。不过，行政机关判断及评价的风险须自己承担，对于不安定性及不可衡量性，尽可能以保留或附款方式为之，而不能将风险转移至申请人①。

　　环境之成本-收益分析至少表明，建设更多核能发电厂将使中国减少对煤炭和其他化石燃料的依赖，从而减少温室气体排放。正如国际能源机构中国问题专家乔纳森·辛顿说："中国典型地体现了当前全球从以煤为主的发电形式转移所面临的艰难选择。核是煤的一种必不可少的替代。从中长期来看，这是可以提供相似规划且同样质量的电力的唯一选择。"② 基于我国能源对外依存度的迅速增加和我国以煤为主的能源结构的高度不清洁性，应兼顾选址程序的严密化与经济性。例如，可确立少数实力雄厚和经验丰富的核企业以相对垄断地位，保持行政相对人的集中性、一致性；可以考虑合并某些重复的环节，并促使相关审核机构提供便捷、规范、快速、高效的服务；我国或可研究如何借鉴德国的"预备许可制度"，或美国的"一步式"许可制度，在标准不降低的前提下，提高行政效率，为核电发展创造条件。实际上，在通过了核电厂选址阶段的严格把关和复杂程序后，其余阶段的手续便可相对简化，从而加快审批。另外，核电在国家能源战略中的地位，核能安全保障技术的进展程度，少而强或是多而弱的核电厂布局，也会影响最终的立法选择。借用爱因斯坦的名言："要使问题变得尽可能简明，但绝不是简单化。"

五、结　语

　　程序乃法之要义。正义与理性的实现，均离不开正当程序的保

---

　　① 参见陈春生：《核能利用与法之规制》，台北月旦出版社 1995 年版，第 151 页。

　　② See Keith Bradsher, A Radical Kind of Reactor, *New York Times*, March 24, 2011, available at http://www. nytimes. com/2011/03/25/business/energy-environment/25chinanuke. html? partner＝rss&emc＝rss.

障。诚如法学家哈罗德·伯尔曼所指出："法律的特点——精巧、明确、公开性、客观性、普遍性——使它成为解决这些干扰、维护社会正常秩序的有机程序。"① 核能法要实现安全保障的目标，就需要正当法律程序的保驾护航。在当前核电厂建设新形势下，要使法律与技术之间获得联结与平衡，促进以法律的确定性来规制核电发展的风险复杂性与不确定性，须从核电厂选址的程序正当问题着手。

首先，加快核能立法，通过制定《原子能法》之类的高位阶法律，确立严密的核电厂选址程序，并与相关的技术性法规相配套，填补这一重大的法律空白点。

其次，通过确立"社会可接受性审查"，使利害关系人有表达其疑虑和诉求的机会及场所，也透过决策公开，使政府关于核电厂选址审查的决定获得公众的信赖，并分散风险责任。

最后，充分借鉴发达国家的有关经验，根据我国的能源管理体制，整合程序正当性与效率原则，以简约化的程序设计来为核能安全高效发展保驾护航。无论如何，核电厂选址乃至整个核能开发利用，都需要有严密且高效的法律程序。此乃保障我国核安全的第一步。

---

① Harold J. Beman and William. R. Greiner, *The Nature of Functions of Law*, Brooklyn 1996, p. 29.

第十二章 安全低碳：构建中国能源战略体系的核心目标

回顾 20 世纪能源格局的演进历程，审视面向 21 世纪的能源体系及其构建，我们可以发现：重新认识、理解和把握能源理念，是当代中国能源研究的一项具有战略性意义的任务。因为能源体系的进步，首先在于能源理念的进步。它只有在新的历史和发展的平台上，重建能源理念的科学认知，强化能源理念构筑的战略要素，把握能源理念研究的新趋势，才能实现能源体系的战略转向。事实上，把握能源理念变革的新趋势，无论是对于世界新能源格局的确立，还是对于中国自身的能源建设来说，都是十分重要的。而"安全低碳"作为能源理念的一种高层次的螺旋式的历史回归，正是当代能源体系进步的一个显著标志。

2009 年 11 月，中国政府正式向世界承诺：到 2020 年我国单位国内生产总值二氧化碳比 2005 年下降 40%～45%。这一具体碳排放强度的提出，表明中国将开始一次重大的能源结构的战略调整，正如学者所言："从能源强度到碳排放强度的目标约束变化，体现了中国能源政策将面临一个战略性转变。"① 因此，建立什么样的能源战略理念，决定了未来中国能源结构调整的方向和目标。本章旨在阐述发达国家能源战略变革新趋势的基础上，分析"安全低碳"战略理念之所以被认同的现实背景，进而指出完成这一战略所需要的关键因素和着力点，以期对中国能源战略体系的构建有所借鉴和启示。

---

① 林伯强、姚昕、刘希颖：《节能和碳排放约束下的中国能源结构战略调整》，载《中国社会科学》2010 年第 1 期，第 60 页。

一、安全低碳：发达国家能源战略变革的新趋势

从 20 世纪 90 年代起，全球能源战略格局已悄然发生变化，世界各国都开始着眼于能源体系的创新与变革。进入 21 世纪，发达国家和地区在能源变革上的具体实践，使"安全低碳"的能源理念逐渐走向成熟。

（一）英国

英国是世界上最早提出构建"低碳"能源战略的国家，在其《2003 年能源白皮书》中第一次提出"我们的能源未来：创建低碳经济"的设想，彻底颠覆了"低碳"仅是一个能源技术的概念。2008 年《气候变化法》的出台使英国成为世界上第一个提出"碳预算"的国家，2009 年英国国家战略性文件《低碳转型计划》更为其勾勒出提升能源安全与应对气候变化的低碳能源路线图，正如英国前能源气候大臣米利班德所言："应对气候变化，转型为可持续的低碳经济，对英国经济、安全和社会发展具有重要的意义。"[1]在此基础上，2010 年英国出台了《2010 年能源法》，试图进一步扩大低碳能源与市场机制的紧密结合。特别是由保守党与自由民主党组成的新政府，在组阁仅仅 14 天就提出新的能源议案。这一切均表明，英国在能源战略发展上，已明确地向低碳能源方向转变。

（二）美国

美国尽管受国内政治影响至今没有批准《京都议定书》，但在本国能源体系的构建方面发展稳健。早在 2007 年，美国国会就通过了《能源自主与安全法》，加强对清洁能源的应用与研发[2]。特

---

① 群芳：《英国公布低碳转型计划》，载《科学时报》2009 年 7 月 20 日第 A03 版。

② 参见吕江：《试析美国〈2007 能源自主与安全法〉对能源安全的影响》，载《三晋法学》（第四辑），中国法制出版社 2009 年版，第 104—109 页。

别是 2009 年奥巴马上台之后，一改美国在气候变化议题上踯躅不前的态势，提出到 2020 年在 2005 年基础上减排 17% 的目标，2009 年美国众议院通过了《2009 年美国清洁能源与安全法》，旨在通过清洁能源发展，确保美国能源供应安全，并积极应对气候变化。更重要的是，2010 年 5 月，美国民主党参议员克里和独立参议员利伯曼向国会提交了具有战略性意义的《2010 年美国能源法》（the American Power Act of 2010）草案，它囊括了排放贸易机制、清洁能源税收减免、核能以及碳捕获技术等多项低碳发展内容①。正如参议员克里所言："《2010 年美国能源法》最终将彻底改变美国的能源政策，实现从能源弱项转变为国家的一个强大支柱。"

（三）欧盟

欧盟至今已发布了三次能源一揽子规划，以强化自身能源安全。特别是 2007 年能源与气候一揽子规划，设定了到 2020 年欧盟温室气体减排 20%，可再生能源占能源消费的 20% 的 "20-20-20" 目标。2009 年，欧盟出台的《可再生能源指令》，为所有欧盟成员国规定了具体的可再生能源消费比例，要求到 2020 年必须实现欧盟全境可再生能源消费 20% 的目标②。这一指令的发布为欧盟新能源战略的建立，奠定了坚实的法律基础。

此外，日本也于 2009 年发布了《2009 年能源白皮书》，意在强化对太阳能、风能等可再生能源的利用。毫无疑问，世界各国，特别是发达国家，都在努力构建新的能源战略体系，以期在 21 世纪占领新能源的制高点。如果说传统能源战略是以安全为核心，那么现代能源战略则更多关注低碳发展。而重塑能源体系，实现能源独立，并最终引领全球能源格局，必将成为各国能源变革的目标所在。安全与低碳已成为构建新能源体系不可或缺的战略要点。

---

① 参见高翔、牛晨：《美国气候变化立法进展及启示》，载《美国研究》2010 年第 3 期，第 39—51 页。

② See EU Directive 2009/28/EC.

二、提出"安全低碳"的能源战略理念的现实背景

2009年世界资源研究所（WRI）和国际战略研究中心（CSIS）共同发表了一份题为《发展安全低碳的能源经济路线图：平衡能源安全与气候变化》的报告，第一次提出"安全低碳"的能源战略理念，并详细探讨了实现安全低碳的能源路径。正如该报告所指出的："如果政策只顾高姿态地减少温室气体排放，而不考虑如何确保能源体系的稳定性、可靠性和安全性，那么这样的政策很可能对原已过度负税的能源行业带来破坏性的后果。同样，如果政策只强调通过扩大化石燃料的使用实现能源多样化，而不顾大气中所负荷的碳含量，那么这样的政策将导致全球变暖，直至地球无法居住。以上两种情况都是脆弱的经济体所不想看到的，都会威胁我们的安全。"① 可见，"安全低碳"能源战略理念的提出，正是建立在国际社会提升能源安全与应对气候变化这两个现实挑战的基础之上。

（一）全球能源安全的现状

进入21世纪以来，能源安全已从单纯的供应安全向多维度能源安全的方向发展，在原有的能源安全现状并未得到好转的同时又出现了许多新情况。这表现在以下三个方面：

（1）能源需求持续增长。自2001年以来，全球能源消费连续8年增长，直到2009年全球经济衰退才终止了这种增长势头。然而，根据美国能源信息署《2010年国际能源展望》报告，到2035年全球能源消费仍将会上升49%②。

---

① Sarah Ladislaw etc., *A Roadmap for A Secure, Low-Carbon Energy Economy: Balancing Energy Security and Climate Change*, Washington: WRI & CSIS, 2009, p. 6.

② See EIA, 2010 *International Energy Outlook*, Washington: EIA, 2010, p. 1.

（2）能源市场波动剧烈。2008 年原油价格一路高涨直逼 150 美元/桶的大关，但短短几个月之后就下跌到 40 美元/桶。这种剧烈波动是 1991 年海湾战争以来从未有过的。更为严重的是，全球能源市场充斥着各种投机行为，严重扰乱了正常的国际能源秩序。

（3）地缘政治冲突不断，国际能源治理混乱。在欧洲，俄乌天然气争端直接威胁到欧盟的天然气供应安全；在拉美，委内瑞拉等国掀起了新一轮石油国有化热潮，能源民族主义的呼声甚嚣尘上；国际能源署以及《能源宪章条约》已难以适应新形势的变化，其治理模式受到严峻挑战。

此外，全球经济衰退给能源市场的未来也带来了更多的不确定因素。许多投资者或撤离能源领域，或采取观望态度，直接影响了对未来能源生产的投入。无疑，这样的国际能源体系完全不具备安全和可持续的发展态势。能源价格的振荡、供给的紧张以及包括能源市场的投机行为和能源民族主义在内的安全威胁愈发普遍，特别是随着世界各国对能源依赖程度的增大，能源体系的稳定性和可靠性将会受到更严重的冲击。

（二）气候变化的挑战

气候变化是 21 世纪人类社会面临的最严峻挑战，也是当今世界各国普遍关注的全球性问题。正如政府间气候变化委员会《第四次评估报告》所指出的那样："自工业化时代以来，人类活动所引发的温室气体排放是造成气候变暖的主要原因。如果不采取相应的减缓措施，未来几十年全球温室气体排放将持续增长，高温、干旱、台风和洪水将更加频繁，全球也将面临严重的粮食短缺和疾病增加。"① 正是基于这一严峻形势，各国普遍认识到协同减缓气候变化的重要性和紧迫性。

1992 年《联合国气候变化框架公约》首次对气候问题进行了规定，指出："要将大气中温室气体的浓度，稳定在防止气候系统

---

① 政府间气候变化专门委员会：《政府间气候变化专门委员会第四次评估报告——气候变化 2007 综合报告》，2008 年，第 2—13 页。

受到危险的人为干扰的水平上。"1997 年《京都议定书》更直接地提出，发达国家到 2012 年要在 1990 年的基础上将温室气体减少 5%。

而所有这些温室气体的减排，无不与能源变革有着紧密联系。若要减少温室气体排放，就要降低对化石燃料的使用，就要增加对可再生能源、核能等低碳能源的利用，并最终实现一个从传统能源向低碳能源发展的战略性变革。

如果这一转向能得以实现，不但可以解决气候变化问题，而且能从根本上改变能源安全的性质。因为低碳能源打破了传统能源分布不均的现状，增加了能源供应的多样化，并缓解了由此引发的地缘政治冲突。更重要的是，它开启了一场新的技术革命，其带来的经济价值将远远超过人类历史上任何一次技术革命，而且速度之快、爆发之迅猛也将是前所未有的。

一言以蔽之，"安全低碳"能源战略理念的提出，是国际能源发展的新趋势，是能源理论提升的又一显著标志，它将成为指导未来能源体系构建的主要基石。这正如英国能源问题专家赫尔姆（Dieter Helm）指出的："未来新能源范式的中心问题，将是以能源供应安全和气候变化为核心的制度设计。"①

三、构建"安全低碳"的战略要素

既然"安全低碳"的能源战略理念是未来能源体系的发展方向，那么如何实现从传统能源向低碳能源的过渡，如何构建起可持续的能源体系，就成为至关重要的一步。然而，这一转型却面临着极大的困难。一方面，转型的成本高昂。到目前为止，化石燃料依然占据着价格优势，低碳能源缺乏与之抗衡的竞争力。另一方面，制度设计复杂。低碳能源战略的构建势必打乱原有的能源体系，对能源治理的稳定性、可靠性形成冲击；若制度设计不合理，则可能

---

① Dieter Helm ed., *The New Energy Paradigm*, Oxford University Press 2009, p. 34.

会使整个能源体系面临崩溃。

对此，2008 年世界观察研究所（WWI）发表的《低碳能源：一个路线图》①　和前面所述的《发展安全低碳的能源经济路线图》，都旨在提出一个切实可行的解决方案，试图通过树立未来愿景、使国家能源体系步入正确的轨道以及管理过渡来实现这一目标。然而，这三个框架仅体现了能源战略构建的部分路径。我们认为，"安全低碳"能源战略应建立在以下四个战略要素的基础上，即经济机遇、技术创新、政策导向和社会认知。

（一）经济机遇

经济机遇是所有能源变革中最核心的战略要素。从柴薪到煤炭，从煤炭到石油，若没有适宜的经济机遇，纵然其他条件成熟，亦不能实现能源的战略转向。例如，19 世纪 60 年代，在美国宾夕法尼亚第一次发现石油时，它根本无法被广泛使用，而仅仅作为照明的材料。谁能想到今天石油却成为日常生活所必不可少的能源。因此，没有适宜的经济机遇，没有能源发展的新空间，能源结构或体系断难发生实质性的变化。

此外，回溯英国能源发展历程也可以发现，英国之所以今天能引领全球气候政治，主导低碳经济发展潮流，在很大程度上是与其能源发展的经济机遇密不可分的。如果英国北海没有发现大规模的油气田，没有用天然气取代燃煤发电，也没有进行彻底的能源结构调整，它显然不可能出现今天在气候变化和低碳经济上的领先地位②。

可见，能源的战略变革需要经济机遇的存在。就目前的发展而言，全球正处于一个能源变革的最佳机遇期。这是因为，其一，气

---

① See Christopher Flavin, *Low-Carbon Energy: A Roadmap*, Washington: Worldwatch Institute, 2008, pp. 23-28.

② See M. J. Parker, The Decline of UK Coal: Economics or Politics? in G. MacKerron & P. Pearson ed. , *The UK Energy Experience: A Model or A Warming*, Imperial College Press 1996, pp. 135-144.

候变化问题使新能源变革成为必然。鉴于温室气体排放不但是造成全球气候变暖，而且是引发极端天气和粮食减产的主要原因（直接威胁到人类的生存），所以要解决这一问题，就必须减少化石燃料的使用，必须进行能源战略的变革。

其二，全球能源供应现状为能源变革创造了条件。从长远来看，尽管人类可以通过技术的不断改进增加油气的产量，但化石燃料迟早会面临枯竭，越快地改变这种能源供应现状，越能保证能源体系的稳定和可靠。从短期来看，根据国际能源机构的预测，由于北美天然气未曾预料的蓬勃发展，未来几年内天然气将出现供应的极大过剩①。而天然气是所有化石燃料中碳排放最低的，这就为减缓气候变化、实现能源变革赢得了时间。况且，从各国实践来看，也都将下一步传统能源发展的重点放在了天然气上。例如，欧盟于2009 年 7 月出台了《2009 年天然气指令》，旨在进一步扩大欧盟天然气内部市场。美国近期在技术上的突破，一跃成为全球第四大天然气储量国，这就为其能源战略的转向奠定了物质基础。

其三，全球经济衰退为能源变革的实践带来了可能性。据英国石油公司（BP）《2010 年世界能源统计》称，由于全球经济衰退，2009 年能源消费出现了自 1982 年以来的首次下降，但是水电和其他可再生能源却出现了上升②。此外，据美国皮尤慈善信托基金（Pew Charitable Trust）对全球低碳能源投资的统计，在过去的五年间，全球低碳能源投资就翻了两倍之多，甚至金融危机都难以阻挡这种投资趋势，2009 年仍以 6.6％的速度增长，预计 2010 年全球低碳能源投资将增长 25％，达到 2000 亿美元③。可见，尽管全球经济衰退使能源需求下降，但低碳能源却发展迅猛。这主要是因为

①　参见国际能源机构：《世界能源展望 2009——执行摘要》，2009 年，第 4—5 页。

②　See BP, *Statistical Review of World Energy* 2010, London: BP, 2010, p. 2.

③　See The Pew Charitable Trusts, *Who's winning the Clean Energy Race: Growth, Competition and Opportunity in the World's Largest Economies*, Washington: The Pew Charitable Trusts, 2010, p. 4.

各国均意识到低碳能源是未来经济发展新的增长点，试图通过经济刺激方案，大力投资新能源，使能源变革尽早进入实施阶段。

（二）技术创新

毋庸置疑，每一次能源变革都离不开技术进步。没有蒸汽机的发明，人类不可能进入工业革命时代；没有提炼技术和内燃机的出现，石油不可能广泛运用于今天的交通运输中。所以，如果要实现安全低碳的能源战略，就必须进行新的技术革命，因为"新能源体系的形成不仅取决于具有潜力的新能源自身能否及何时出现革命性变革，形成较大的对现在主导能源的综合竞争优势，而且还取决于需求端特别是能源利用设备方面的重大突破"[①]。

因此，未来新能源的技术创新应围绕着低碳技术的商业化、传统能源的"去碳化"以及相关技术的配套化展开。

（1）低碳技术的商业化。尽管核能在安全性方面，水电、风能、太阳能在能效强度上与传统能源相比都存在一定差距，但其现有成熟技术已为低碳能源的商业化发展开辟了一条道路。所以，加强低碳能源技术创新的商业化，使之具备与传统能源相抗衡的竞争优势，将是未来低碳技术创新的重点。此外，虽然海洋能、潮汐能等其他可再生能源的商业化技术研发尚需时日，但无论怎样，根据经验学习曲线理论，低碳技术商业化的成熟将最终催生能源战略的转向。

（2）传统能源的去碳化。若仅将安全低碳的能源变革放在可再生能源和核能的构建上，是远远不能满足未来全球能源需求的。因为，简单地抛弃化石燃料不符合能源演进的科学认知，只有建立在传统能源的去碳化，只有将传统能源作为低碳能源组合中的一部分，才能实现真正的安全低碳。因此，传统能源的去碳化也将是未来能源技术创新的一个重要方面。当前这一技术主要体现在碳的捕获与封存（CCS）技术上，它具有使单位碳排放减少90%的潜能。

---

① 赵宏图：《国际能源转型现状与前景》，载《现代国际关系》2009年第6期，第35页。

倘若这一技术获得突破，不但气候变化问题能得到彻底解决，而且人类将获得更为充足、多样化的能源。

（3）相关技术的配套化。由于低碳能源，特别是可再生能源在供给方式上与传统能源不同，这就需要对原有能源配套设施进行技术创新。当前世界各国都在加紧进行智能电网的建设，以适应可再生能源上网，并通过智能控制方式，最终实现输用电的交互运作。此外，电力汽车充电站的建设、社区家庭的节能设备都需要配套技术的完善。因此，相关配套技术的改进和研发在未来的技术创新中将占有一定比例。

（三）政策引导

不可否认，即使我们拥有解决当前所有能源问题的技术，也并不意味着就能实现能源的战略转向。这是因为，技术投入到市场就要按市场规律运作，而从传统能源到低碳能源的市场转型是有条件的。正如美国能源专家伦道夫（John Randolph）和马斯特斯（Gilbert M. Masters）在其《可持续能源：技术、规划与政策》一书中所言："甚至最好的技术都不一定能在能源市场中胜出，这将取决于技术是否具备经济性和可竞争力。"[①]

因此，正确的政策引导就成为技术与市场融合的重要桥梁，特别是在能源战略转向的初期，政策的扶持是克服低碳能源的市场失灵和竞争劣势的关键。为此，加大政府对技术研发的政策支持、对低碳能源投资的政策引导、对环境评估标准的建立以及影响消费者选择的政策导向，就显得至关重要了。

首先，政策支持是减少投资风险、吸引投资者必不可少的保障。尽管研发是技术商业化的核心，是适应市场转型的关键，尤其是涉及新的能源来源、转换系统和存储系统时，技术研发更具有战略性意义，但是低碳技术的研发具有高风险、高投入的特点，它在某种程度上阻碍了技术进步。因此，政府的研发资金和支持政策就

---

① John Randolph & Gilbert M. Masters, *Energy for Sustainability*: *Technology*, *Planning*, *Policy*, Island Press 2008, p. 629.

旨在减少投资风险，吸引投资者。

其次，政策引导提高了低碳能源的市场竞争力。与传统能源相比，低碳能源的市场化较低。所以，为了达到与传统能源相平衡的竞争优势，就需要政策引导对低碳能源的投资。一方面，提高传统能源准入的门槛，以限制社会对高排放能源的使用。例如，征收气候变化税，要求燃煤发电厂安装碳的捕获与封存装置等。另一方面，通过减免税收、提供优惠政策等方式，可降低新能源的成本，增加其市场竞争力。

再次，政府的环境监管政策有利于低碳能源的良性发展。低碳能源若不进行有效的规划仍然会对环境造成破坏，例如，水电尽管是低碳能源建设，但若不进行相关的环境评估，则可能对周边环境和气候造成影响，甚至威胁整个生态系统。所以，政策的作用就是要建立相应的环境评估机制，在适宜的地方发展适合的低碳能源。

最后，低碳能源的市场运作与消费者的选择模式紧密联系。若没有一个正确的引导，消费者的选择可能会偏离低碳路径。这就要求政府定期出台低碳能源信息、强化低碳技能的培训，从而影响消费者的选择模式。

总之，政策引导是低碳能源转型最直接的方式之一。当然，这决不意味着制定越多的低碳能源法律政策，低碳能源产业会发展越好，过多的低碳能源法律政策甚至会阻碍市场机制发挥作用。因此，低碳能源法律政策应建立在"量少、质优"的前提下。

（四）社会认知

在能源战略体系构建中，人们常常忽略社会认知的重要性。而事实上，社会认知对于能源战略体系最后的形成具有重要意义。由于所处的环境不同，文化理念以及价值观的差异，社会对能源战略体系的认知有所不同。受气候变化影响较大的地区，在低碳能源的使用上会较为积极，而且易于接受低碳能源战略；但受气候变化影响较小的地区，则可能不愿改变原有的能源消费模式。

因此，即使存在一定的经济机遇、技术条件和政策导向，但在没有达成一个全社会对低碳能源共识的情况下，能源的战略转向仍然无法最终完成。所以，要形成新的能源战略体系，就必须强化对低碳能源的社会认知。

第一，能源战略中应构建社会认知所需的物质基础。低碳能源在进入市场的初期，引起能源价格上涨，影响消费者的基本生活是必然的。例如，关闭燃煤发电厂，就会出现失业工人的再就业问题。如果这些问题处理不当，极易引发社会不稳定因素，更可能造成整个社会对新能源战略的强烈抵触。因此，设立低碳能源基金，开展"绿色就业"技能培训，是达到强化社会认知的基本物质条件。

第二，应加大对气候变化和能源安全的宣传，并展开广泛的社会征询。只有在理解气候变化与能源安全的不利影响后，社会才会考虑对原有能源消费方式的改变；只有在全面了解社会各阶层对低碳能源的基本认识之后，低碳能源战略才是符合国情的，才易于被社会认同。在这里，广泛的社会征询不但体现法律政策制定的程序性问题，而且是被社会认同的必经阶段。

总之，安全低碳能源战略体系的构建，不是一蹴而就的事情，它需要经济机遇、技术创新、政策引导以及社会认知四个战略要素的共同作用，缺一不可。因此，任何国家试图逾越这一过程或只关注某一要素，都不能彻底地完成安全低碳能源战略的转向。

四、中国"安全低碳"能源体系的未来关注点

据英国石油公司（BP）《2010 年世界能源统计》，在全球能源消费下降的同时，中国的能源消费却增长了 8.7％，其中煤炭消费增长了 9.6％，占到全球消费增长的 95％①。这对于中国构建"安全低碳"能源战略体系而言，无疑是一个严峻的挑战。因此，中国应尽早地进行"安全低碳"能源战略的构建，充分把握经济机遇，加快技术创新，突出政策引导，强化社会认知，全面地将四个

---

① See BP, *Statistical Review of World Energy* 2010, London：BP, 2010, p. 2, p. 5.

能源战略要素贯彻始终。只有这样，我们才能获得一个可持续的、稳定的能源体系，才能为中国增强经济、确保能源安全和提高国际地位提供战略机遇。同时，这也要求我们既要重视国内能源政策的正确引导，又要具有开阔的国际能源战略视野。

（一）形成规模与效率并重的国内政策导向

据美国安永公司（Ernest & Young，全球四大会计师事务所之一）2010 年 5 月的报告，2009 年中国以 346 亿美元的可再生能源投资跃居世界第一的位置，超出排名第二的美国 2 倍之多①。然而，在我们欣喜之余，不应忽视的是中国低碳能源的发展问题日益凸显，如在风电发展中已出现投资过剩、并网困难等诸多问题②。

更重要的是，从全球能源发展趋势来看，低碳能源已进入到一个新的发展阶段，它已不仅仅是经济规模的问题，更是一个效率问题，即建设好的低碳能源到底能为经济做出多大贡献。因此，低碳能源市场的效率问题无疑将是未来国际能源战略竞争的下一个焦点。谁的制度设计先进，谁就能尽快占领低碳能源的制高点；谁能促进低碳能源的效率，谁就能更快地实现低碳经济的转型。

2011 年中国将进入"十二五"规划期间，作为国家七大战略性新兴产业之一，低碳能源的发展更应着眼于效率的实现。对此，我国在加大技术自主创新、摆脱引进技术依赖的同时，要建立起更严格的市场准入机制，防止低碳能源的重复过度建设。

（二）构建合作与对抗并存的国际能源战略视野

能源战略不应只着眼于国内建设，而应构筑起一个更为开阔的

---

① See Ernest & Young, "Renewable Energy Country Attractiveness Indices," (2010-05), available at http://www.ey.com/Publication/vwLUAssets/Renewable_energy_country_attractiveness_indices_Issue_25/ $ FILE/Renewable_Energy_Issue_25.pdf, last visit on November 8,2010.

② 参见闻育旻：《能源局官员：并网难题制约风电发展》，http://www.chinanews.com.cn/ny/news/2010/06-02/2319979.shtml，最后访问日期 2010 年 11 月 8 日。

国际能源战略视野。因此，我们不但要积极寻求低碳能源的国际合作，而且也要善于运用各种国际能源气候制度安排。

1. 积极构建低碳能源的国际合作。

通过积极的低碳能源合作，不但能分享构建国际能源体系的权力，奠定中国在未来全球能源体系中的战略地位，而且可以获得国外的先进技术。特别是鉴于发达国家在这一领域拥有一定的优势，通过与其合作可以更快、更便捷的方式获得核心技术。

此外，应重视相关领域的合作。例如，国际气候合作对中国安全低碳能源体系的构建就具有重要的战略性意义。不仅是因为通过这种合作可以获得先进的减排技术，同时也会为中国能源体系构建的最终完成赢得时间（特别是未来国际气候制度的安排）。

总之，正如英国皇家国际事务研究所（查塔姆研究所）在题为《气候变化：中国与欧洲能源和气候相互依存性》的研究报告中，就中国与欧盟的双边合作所指出的那样："通过合作，全球两大重要力量可以联合起他们的政治和经济影响力，最终实现通向低碳未来的道路。"[1]

2. 善于运用各种国际能源气候制度安排。

国际关系理论已深刻揭示出，国家利益的获取不仅来自国际合作，也来自于国家间的博弈。因此，在进行广泛能源合作的同时，也要善于运用能源对抗策略。这不但是当前国际形势的反映，而且也是国际法律制度不成体系造成的结果。从欧盟与美国在能源气候领域中的博弈可以看出：欧盟旨在利用气候制度上的优势提升国际地位，引领全球能源与气候政治；而美国则试图通过 WTO、甚至试图建立地区性的能源气候体系与之抗衡，《亚太清洁发展与气候伙伴计划》就是明显例证。

毫无疑问，尽管在国际能源气候博弈中权力是国家获得相对利益的关键，但这并不排斥国家运用各种国际制度和机制安排，实现

---

① Chatham House, *Changing Climates: Interdependencies on Energy and Climate Security for China and Europe*, London: The Royal Institute of International Affairs 2007, p. 18.

维护本国能源气候利益的可能性。因此，中国应积极开展多边、双边的能源气候外交，广泛参与联合国气候变化大会和其他国际性、区域性的能源气候组织和论坛的活动，运用当前国际能源气候制度不成体系的现状，切实维护中国的能源安全，促成具有中国特色的安全低碳能源体系的最终形成。

　　总之，尽管能源体系的变革带来了巨大的挑战，但它也带来了明确的机遇：中国以及其他国家能够在维持经济发展的同时转变能源工作的重心。抓住这一机遇将从根本上改变地缘政治、经济与环境的动态平衡，以应对更富挑战的未来。因此，中国应明确构建起安全低碳的能源理念，确立相应的基础架构和框架，营造出适合中国国情的具有中国特色的能源体系。

第十三章　中美可再生能源贸易争端的 WTO 法律问题

2010 年 12 月 22 日，美国根据 WTO《争端解决规则与程序谅解》第 1 条和第 4 条、1994 年《关贸总协定》（以下简称 GATT1994）第 22.1 条以及《补贴与反补贴措施协定》（以下简称 SCM 协定）第 4 条、第 30 条，请求与中国就后者向本国风力发电设备（包括设备整体以及其中的零件）制造商提供的补助、资助和奖励措施进行磋商（以下简称"中美风能补贴案"）。① 这起围绕可再生能源引发的"绿色贸易争端"，从很多方面来看都是值得关注的。中美两国同为世界上最重要经济体、能源消耗大国和温室气体排放大国之一，也是目前可再生能源研发和生产行业的领先者。这一贸易争端表明，以可再生能源为代表的"绿色产业"，很可能成为未来主要经贸大国角力的新舞台。而从 WTO 层面来看，近年来类似争端逐步蔓延的态势，更对 WTO 相关规则的合理性和可持续性提出了拷问。本章拟对中美风能补贴案涉及的主要 WTO 法律问题及其解决前景进行初步分析，并在此基础上，着重对 WTO 补贴与反补贴规则的应有完善提出自己的思考。

一、争端背景：全球能源、气候和经贸新博弈中的可再生能源

根据国际能源机构发布的 2010 年《世界能源展望》，目前可

---

① See *China—Measures Concerning Wind Power Equipment—Request for Consultations by the United States*, WT/DS419/1, 6 January 2011.

再生能源在基本能源总需求中所占份额约为 7%，到 2035 年有望翻一番上升至 14%①。由此可见，可再生能源在目前的国际能源格局中远未占据主导地位，其根本原因是：尽管可再生能源在所依赖的自然资源（如风力、水能）上几乎是"免费"的，但迄今为止，将有关资源转化为能源仍面临着各种技术和资金壁垒，这直接导致可再生能源使用成本相对于传统能源而言仍然居高不下。在化石能源的外部环境成本未被充分考虑的情况下，从单纯市场角度来说，可再生能源还远远不能同前者竞争。因此，迄今为止，可再生能源产业的发展，极大地依赖于各国的政府扶持措施。

美国在 20 世纪 70 年代能源危机后日益重视可再生能源的开发，并相继采用了包括鼓励技术创新、推行强制性标准和政策、运用税收减免和贷款担保等经济激励手段在内的政策。在这些激励政策中，联邦和各州制定的大量相关法律法规发挥着十分重要的作用，如 2005 年《能源政策法令》、2007 年《能源自主及安全法令》、2008 年《能源改进及延长法令》、2009 年《可再生能源许可法令》和 2009 年《可再生燃料管道法》等。奥巴马政府上台后，更是提出了"清洁能源经济"（clean energy economy）的概念，认为"掌控清洁、可再生能源的国家将成为引领 21 世纪的国家"②。在 2009 年《美国复苏和再投资法令》推出的经济刺激计划中，用于提高能效和促进可再生能源的投资堪称重中之重，其额度比 2008 年财年的 17 亿美元几乎增加了 10 倍③。

中国有着较为丰富的风能、水能、太阳能等可再生能源。同时，从 1979 年改革开放至今，中国的能源需求迅速扩大，现已成为全球能源消耗大国和温室气体排放大国之一。在这一背景下，中国自 20 世纪 90 年代初以来对可再生能源的开发利用日益重视。例

---

① See IEA, *World Energy Outlook* 2010, Organization for Economic Cooperation and Development, p. 4.

② http：//www. whitehouse. gov/issues/energy-and-environment.

③ See Kevin Eber, Clean Energy Aspects of the American Recovery and Reinvestment Act, http://www. renewableenergyworld. com/rea/news/article/2009/02/clean-energy-aspects-of-the-american-recovery-and-reinvestment-act.

如，1992 年国务院出台的《环境与发展十大对策》，较早提出了"因地制宜地开发和推广太阳能、风能、地热能、潮汐能、生物质能等清洁能源"；此后，1994 年 3 月 25 日国务院通过的《中国 21 世纪议程——中国 21 世纪人口、环境与发展白皮书》、1995 年原国家科委、计委和经贸委共同制定的《中国新能源和可再生能源发展纲要（1996~2010）》、1995 年的《电力法》、1997 年 11 月通过的《节约能源法》等一系列重要文件都对可再生能源的利用加以规定①。特别是 2005 年 2 月通过（2009 年 12 月修正）的《中华人民共和国可再生能源法》，成为我国在可再生能源开发利用方面的基本法律。该法规定："国家将可再生能源的开发利用列为能源发展的优先领域，通过制定可再生能源开发利用总量目标和采取相应措施，推动可再生能源市场的建立和发展"（第 4 条），并确立了可再生能源总量目标制度、可再生能源并网发电审批和全额保障性收购制度、可再生能源上网电价与费用分摊制度、可再生能源发展基金和税收、信贷鼓励措施等。2007 年印发的《可再生能源中长期规划》提出的总体目标是：到 2010 年使可再生能源消费量达到能源消费总量的 10%，到 2020 年达到 15%。近年来，中国可再生能源的发展已呈后来居上态势，不但是世界上新能源和可再生能源增长速度最快的国家，而且水电装机容量、太阳能热水器集热面积、光伏发电容量均居世界第一位②。

综上可见，从可再生能源产业的发展现状和重要意义来看，各国采取相应政策措施对其进行扶持似乎都有其必然性。从本质上说，相关扶持措施的目的在于加强可再生能源在国内乃至国际市场的竞争力，因而有可能对国际贸易产生影响。那么，根据 WTO 规则，这种政府扶持措施处于何种法律地位？这是下一部分将予以分

---

① 参见李艳芳：《气候变化背景下的中国可再生能源法制》，载《政治与法律》2010 年第 3 期，第 12—15 页。

② 温家宝：《凝聚共识 加强合作 推进应对气候变化历史进程——在哥本哈根气候变化会议领导人会议上的讲话》（2009 年 12 月 18 日），http://news. xinhuanet. com/world/2009-12/19/content_12668033_1. htm.

析的内容。

二、WTO 法视野下的可再生能源补贴

关贸总协定乌拉圭回合谈判（1986～1994 年），推动了多边贸易体制管辖范围从货物贸易向服务贸易、与贸易有关的知识产权、投资措施等"新议题"的扩展。1995 年取代关贸总协定成立的WTO，已经成为一个囊括当今世界几乎所有重要贸易国家、管辖范围十分广泛的国际性贸易组织。尽管 WTO 并没有专门针对有关可再生能源的贸易规则，但原则上，WTO 成员向本国可再生能源产业或相关产品、服务提供的政府支持，只要影响到相关产品、服务在国际市场上的竞争条件，就可能在不同方面受到 WTO 规则的规制。例如，在国内税费或国内规章方面向本国产品提供比进口产品更优惠的待遇，可能会违反 GATT1994 关于国民待遇的规定①；对企业购买的进口产品数量或价值加以限制，或对企业购买国内来源产品的数量、价值提出强制性要求，可能违反《与贸易有关的投资措施协定》（TRIMs）有关规定②；对外国投资者的强制性工业产权转让规定，可能违反《与贸易有关的知识产权措施协定》（TRIPs）有关规定③；等等。不过，就可再生能源而言，政府补贴往往是最重要、最常见的一种支持手段，并相应地涉及 WTO 补贴与反补贴规则的适用问题。

著名国际经济法学家罗温菲尔德（Andreas F. Lowenfeld）曾经指出："在国际贸易法上，没有哪个问题比补贴问题更有争议、更复杂。"④ 从经济学角度来说，补贴既可能被用来服务于重要和正当的经济、社会政策，也可能成为扭曲国际贸易、推行贸易保护主

---

① 参见 1994 年《关贸总协定》第 3 条。

② 参见《与贸易有关的投资措施协定》附件第 1 条。

③ 参见《与贸易有关的知识产权协定》第 21 条（关于商标）、第 31 条（关于专利）等。

④ Andreas F. Lowenfeld, *International Economic Law* (2nd edition), Oxford University Press 2008, p. 216.

义的手段。因此，从战后多边贸易体制产生之时起，关于何种政府措施提供了不正当的利益、应当采取何种对策的争议，就是该体制内的一个重要问题①。乌拉圭回合谈判达成的《补贴与反补贴措施协定》(SCM 协定)，在 GATT1994 第 6 条（反倾销税和反补贴税）、第 16 条（补贴）以及东京回合《补贴与反补贴守则》的基础上，从多方面对国际贸易中的补贴与反补贴制度进行了发展及强化，它构成了 WTO 关于补贴和反补贴的基本规则。该协定第一次对"补贴"作出了较为明确的定义：如果存在一项"由政府或任何公共机构提供的财政资助"并"由此给予某种优惠"，则被视为该协定所指的补贴（第 1 条）。在这一定义基础上，该协定将补贴按照所谓的"交通灯"方案确立了不同地位：首先，出口补贴和进口替代补贴第一次被明确列为"禁止性补贴"(prohibited subsidies) 或"红灯补贴"，即这类补贴的使用本身是违法的（第 3 条）；其次，其他绝大部分补贴如果具有该协定第 2 条所指的"专项性"，则构成"可诉性补贴"(actionable subsidies) 或"黄灯补贴"，即这类补贴的使用本身不被禁止，但一旦它们给其他 WTO 成员的利益造成"消极影响"，则受影响的成员可以通过 WTO 争端解决机制或国内反补贴程序寻求救济（第 5～7 条）；再次，三类特定的补贴（研发补贴、落后地区发展补贴、帮助企业适应新环境规章而进行设备升级的补贴）被列为"不可诉补贴" (non-actionable subsidies) 或"绿灯补贴"，在符合本协定各项规定的范围内可以合法使用（第 8 条）。但是，这一类别仅根据 SCM 协定第 31 条临时适用 5 年，已于 2000 年起失效。

应当指出的是，对于农产品补贴，WTO《农产品协定》作出了特殊规定。根据该协定，农产品国内支持措施被分为无需作出削减承诺的"绿箱"(green box) 政策、需要作出削减承诺的"黄箱"(yellow box) 政策和可以免予削减的"蓝箱"(blue box) 政策（第

---

① See Alan O. Sykes, *Subsidies and Countervailing Measures*, in Patrick F. J. Macrory et al (eds.), *The World Trade Organization: Legal, Economic and Political Analysis*, Vol. II, Springer 2005, p. 84.

6~7 条）；即便对于出口补贴，该协定也仅仅要求分阶段削减（第9 条）。① 因此，相比 SCM 协定中的一般规则，《农产品协定》对农产品补贴采取了颇为宽松的政策。就可再生能源而言，符合《农产品协定》所适用产品范围②的主要是有关生物燃料（bio-fuel）的补贴和支持措施，对其他可再生能源（如风力发电设备、太阳能面板）的补贴则主要受 SCM 协定约束。本章关注和讨论的重点在于后一协定。

尽管可再生能源对于能源安全和气候变化都具有重要意义，而且该产业的现状也十分依赖各国采取包括补贴在内的扶持措施，但无论是 SCM 协定还是《农产品协定》都未对可再生能源补贴加以任何区别对待。根据 SCM 协定的现有条款，一国对可再生能源提供的补贴要么属于被禁止的"红灯补贴"（出口补贴和进口替代补贴），要么属于一旦被认为对其他国家产生不利影响就可通过 WTO 争端解决机制投诉或依据国内法采取反补贴措施的"黄灯补贴"。因此，从法律上说，可再生能源补贴在 SCM 协定下处于十分脆弱的地位③。更为严重的是，如下文所分析的那样，不但 SCM 协定中没有任何允许为保护环境等正当目的提供补贴的例外性规定，而且依据 WTO 的现有政策和争端解决实践，一项可能违反 SCM 协定的可再生能源补贴措施很可能也无法援引 GATT1994 第 20 条（一般例外）中的相关条款。

这一状况，无论从经济学还是法学角度来看都有着明显的不合理性。从经济学角度看，可再生能源和化石能源的外部环境成本有

① 2005 年 WTO 香港部长会议宣言已明确，各方应最迟在 2013 年前取消农产品出口补贴。

② 《农产品协定》附件一按照国际商品统一分类制度（Harmonized System，HS）规定了该协定适用的产品范围。

③ See Sade Q Z. Bigdeli, Incentive Schemes to Promote Renewables and the WTO Law of Subsidies, in Thomas Cottier et al (eds.), *International Trade Regulation and the Mitigation of Climate Change*, Cambridge University Press 2009, p. 188.

着显著差别。更何况，在目前已被严重扭曲的国际能源市场上，各国向石油等化石能源提供的补贴总额大约是可再生能源补贴的 10 倍①，两者本身就不在同一起跑线上。而从法学角度来说，由于 SCM 协定下的补贴措施难以援引类似 GATT1994 第 20 条的例外规定，这很可能导致豪斯（Robert Howse）教授所说的"荒唐的结果"——WTO 成员如果放弃补贴措施、转而根据 GATT1994 第 11 条（一般取消数量限制）采用贸易扭曲效果更明显和更严重的进口限制、配额等措施，反而可以通过援引第 20 条例外获得更大的政策空间②。总之，SCM 协定对有着不同环境影响的补贴采取"中立"态度，实则导致了贸易与环境的严重失衡乃至脱节。这一缺陷，随着气候变化等全球环境问题的凸显而暴露无遗。

实践中，在 2007 年之前，WTO 内并没有出现有关环境问题的补贴争端。但近几年来，仅涉及可再生能源的"绿色贸易争端"就已经发生多起。

——2007 年 1 月，加拿大就美国的特定农业补贴和国内支持计划，根据 WTO《争端解决与程序谅解》等文件，向美国提出磋商请求③。在被投诉的美国措施中，包括美国根据其国内法向其乙醇生产的主要原料——玉米提供的补贴。加拿大认为这些补贴违反了 SCM 协定、《农产品协定》相关条款和美国的相应承诺。2007 年 7 月，巴西也向美国提出磋商请求，除了一些与加拿大相同或相

---

① BENF（Bloomberg New Energy Finance），*Subsidies for Renewables, Biofuels Dwarfed by Supports for Fossil Fuels*，http：//bnef. com/PressReleases/view/123.

② See Robert Howse, Do the World Trade Organization Disciplines on Domestic Subsidies Make Sense? The Case for Legalizing Some Subsidies, in Kyle W. Bagwell et al（eds.），*Law and Economics of Contingent Protection in International Trade*，Cambridge University Press 2010，p. 98.

③ See *United States—Subsidies and Other Domestic Support for Corn and other Agricultural Products —Request for Consultations by Canada*，WT/DS357/1，8 January 2007.

似的投诉措施外，巴西还对美国向其生物汽油和柴油提供的税收减免提出投诉①。2007 年 12 月，WTO 争端解决机构正式设立单一专家组审理这两起案件，但专家组报告至今未公布。

——2009 年 7 月，欧盟决定在此前对从数十家美国公司进口的生物柴油（biodiesel）征收临时反补贴税的基础上，对这些产品分别征收为期 5 年的最终反补贴税，税率幅度为 29.1% ~41.1%。欧盟认定，这些公司的产品从美国联邦和州政府获得不同形式的补贴并在欧盟市场低价销售，对欧盟的相同产品已经造成实质性损害②。这一争端虽然没有诉诸 WTO 争端解决机制，但欧盟所采取的措施，法律依据是 SCM 协定第五部分所规定的反补贴措施。

——2010 年 9 月，日本就加拿大在可再生能源行业推行的某些国内成分要求向 WTO 投诉（DS412）。日本认为，加拿大或其地方政府在安大略省推行的可再生能源发电上网电价（feed-in tariff, FIT）保障项目中，包含了多项国内成分要求，这些要求违反了 SCM 协定第 3 条关于进口替代补贴的规定以及 GATT1994 第 3 条和《与贸易有关投资措施协定》第 2.1 条关于国民待遇的规定③。

由此可见，在国际贸易领域长期不受关注的可再生能源问题，正迅速成为一个贸易争端的多发地带。其实，无论从当前各国对环境和气候变化问题的普遍重视还是从 WTO 规则本身的缺陷来看，上述趋势都不足为怪。下文着重就中美风能补贴案这一最新的

① See *United States—Domestic Support and Export Credit Guarantees for Agricultural Products—Request for Consultations by Brazil*, WT/DS365/1, 17 July 2007.

② See *COUNCIL REGULATION（EC）No 598/2009 of 7 July 2009：Imposing A Definitive Countervailing Duty and Collecting Definitively the Provisional Duty Imposed on Imports of Biodiesel Originating in the United States of America*, http：//trade. ec. europa. eu/doclib/docs/2009/july/tradoc_143985. %20AS. def. en. L179-2009. pdf.

③ See *Canada -Certain Measures Affecting the Renewable Energy Generation Sector—Request for Consultations by Japan*, WT/DS412/1, 13 September 2010.

"绿色贸易争端"加以分析。

三、中美风能补贴案的初步分析

中美清洁能源贸易争端，起源于 2010 年 9 月美国钢铁工人联合会（United Steelworkers，USW）根据美国《1974 年贸易法令》第 301 节，向美国贸易谈判代表提起的诉愿。该诉愿指控中国在绿色科技产业采取了以下几类违反 WTO 规则的措施，向本国风能和太阳能产品、先进电池和节能汽车以及其他产品的制造商进行保护和提供不公平的扶持：（1）对稀土等绿色产业不可或缺的原材料进行出口限制；（2）向绿色科技的生产商和出口商提供被 WTO 禁止采用的出口补贴或进口替代补贴；（3）违反 WTO 国民待遇原则，对外国公司和进口产品加以歧视；（4）违反《中国入世议定书》，要求外国投资者进行技术转让；（5）采取严重损害美国利益的国内补贴①。这项长达 5800 页的诉愿，也是奥巴马政府上台以来收到的第一起 301 诉愿。

美国贸易谈判代表于 2010 年 10 月正式接受诉愿，并开始对受指控的中国相关措施进行调查。不过，当美国政府最终于 2010 年 12 月向 WTO 提出磋商请求时，所涉及的内容仅仅是诉愿中很小的一个部分，即中国财政部《关于印发风力发电设备产业化专项资金管理暂行办法》的通知及其附件《风力发电设备产业化专项资金管理暂行办法》②。美国认为，由于这些措施对使用国产产品（非进口产品）的企业提供补助、资助或奖励，它们违反了 SCM

---

① United Steelworkers, *United Steelworkers' Section* 301 *Petition Demonstrates* China's Green Technology Practices Violate WTO Rules, http://assets. usw. org/re/eases/mise section-301. pdf.

② 财政部文件［2008］第 476 号（2008 年 8 月 11 日），http://www. mof. gov. cn/caizhengbuzhuzhan/zhengwuxinxi/zhengcefabu/2008zcfb/200808/t20080822_66469. htm.

协定第 3 条关于进口替代补贴的规定①。

美国的主张在 WTO 法上有无充分法律依据？以下从两个层面进行分析。

（一）"补贴"和"进口替代补贴"的存在

从中国财政部所印发《风力发电设备产业化专项资金管理暂行办法》这一被诉措施的规定来看，所涉及的专项资金属于"中央财政安排专项资金支持风力发电设备产业化"（《办法》第 1 条），主要形式是按装机容量和规定的标准"对企业新开发并实现产业化的首 50 台兆瓦级风电机组整机及配套零部件给予补助"（第 5 条）。因此，该专项资金应当属于"由政府或任何公共机构提供的财政资助"，并给予受支持对象即"中国境内从事风力发电设备（包括整机和叶片、齿轮箱、发电机、变流器及轴承等零部件）生产制造的中资及中资控股企业"（第 4 条）某种"优惠"，也就是说，这符合 SCM 协定第 1 条所界定的补贴。

根据 SCM 协定第 3.1（b）条的界定，进口替代补贴（或称"当地成分补贴"，local content subsidies）是指"以使用国产而非进口产品作为唯一或多种条件之一而提供的补贴"。而《暂行办法》第 6 条规定："申请产业化资金的风力发电设备制造企业必须符合下述条件：……（四）风电机组配套的叶片、齿轮箱、发电机由中资或中资控股企业制造，鼓励采用中资或中资控股企业制造的变流器和轴承……（六）风电机组在国内完成生产、安装、调试，无故障运行 240 小时以上，并通过业主验收。"由此看来，该专项资金构成 SCM 协定所明文禁止的进口替代补贴，这一点也是比较明显的。

① See *China—Measures Concerning Wind Power Equipment—Request for Consultations by the United States*, WT/DS419/1, 6 January 2011. 此外，美国还认为中国将由于尚未向 WTO 告知该措施，所以中国似乎未能遵守《关贸总协定》第 16.1 条以及 SCM 协定第 25.1、25.2、25.3 和 25.4 条。

（二）中国的可能抗辩

如上所述，SCM 协定中并没有为该协定所约束的补贴（包括禁止性补贴）一般性的例外条款。不过，鉴于可再生能源在保障能源安全和应对气候变化方面的重要意义，一个可能的思路是以 GATT1994 第 20 条（一般例外）中有关环境保护的条款作为抗辩。事实上，2010 年 12 月，中国商务部条约法律司负责人曾就该争端表示："当前世界各国都在积极发展新能源，以应对气候变化。中国有关发展风能的措施有利于节能减排和保护环境，是实现可持续发展的重要手段，也是符合世贸组织规则的。"① 这似乎暗示，中国可能以第 20 条作为抗辩依据。因此，有必要对援引第 20 条的相关问题予以讨论。

GATT 第 20 条包括一个引言和 10 个小项，其中与环境保护有关的主要是（b）、（g）两项，其规定如下："本协定的规定不得解释为阻止缔约国采用或实施以下措施，但对情况相同的各国，措施的实施不得构成武断的或不合理的歧视，或构成对国际贸易的变相限制…… （b）为保障人民、动植物的生命或健康所必需的措施…… （g）与保护可用尽的自然资源有关的措施，如此类措施与限制国内生产或消费一同实施。"

这里，中国需要解决的两个法律障碍是：首先，第 20 条是出现在 GATT1994 这一特定文件中的一项例外条款，在出现对 GATT1994 以外的 WTO 规则的违反时，该例外可否被援引作为抗辩？其次，具体就本案案情而言，中国的被诉措施是否符合第 20 条规定中的相关要求？

关于第 20 条可否适用于 GATT1994 以外的 WTO 法律文件（包括 SCM 协定）这一"先决问题"，在 WTO 法（包括争端解决实践）上没有得到明确澄清。从第 20 条本身的措辞来说，"本协定的规定

---

① 《商务部条约法律司负责人就美在世贸组织对中方风能措施提起磋商请求发表谈话》，http://www.mofcom.gov.cn/aarticle/ae/ai/201012/20101207325758.html.

不得解释为阻止缔约国采用或实施以下措施……"的表述似乎表明，该条例外意图成为"本协定"（即 GATT1994）相关规定的抗辩。从 WTO 争端解决实践来看，在 2007 年美国诉中国"出版物和音像制品贸易权和分销服务案"前，专家组和上诉机构一直对这一问题予以回避。该案中，上诉机构肯定了中国援引第 20 条（a）项作为违反《中国入世议定书》第 5.1 条义务的抗辩的权利，但这一认定的主要依据是第 5.1 条引言中"在不损害中国以与符合《WTO 协定》的方式管理贸易的权利的情况下"的措辞①；上诉机构认为，该表述中的《WTO 协定》应当是包括 GATT1994 等附件在内的一个整体②。这似乎表明，在上诉机构看来，在违反 GATT1994 以外的法律文件时能否援引第 20 条，需要通过对声称被违反条款的具体规定或措辞进行个案分析来得出结论③。此外，上述认定对本案中有关第 20 条例外能否适用于对 SCM 协定的违反这一问题可能意义不大。

因此，关于第 20 条可否适用于 GATT1994 以外的 WTO 法律文件，这在 WTO 法上还有着较大的不确定性；从上诉机构在中国"出版物和音像制品贸易权和分销服务案"中的态度来看，由于 SCM 协定中很难找到类似《中国入世议定书》第 5.1 条引言那样的措辞，中国援引第 20 条的主张很难得到支持。不过，姑且假定中国有权援引第 20 条，本案的相关事实能否帮助中国成功援引第 20 条，这又是另一个不可忽视的法律障碍。

---

① 该条规定为："在不损害中国以与符合《WTO 协定》的方式管理贸易的权利的情况下，中国应逐步放宽贸易权的获得及其范围，以便在加入后 3 年内，使所有在中国的企业均有权在中国的全部关税领土内从事所有货物的贸易，但附件 2A 所列依照本议定书继续实行国营贸易的货物除外……"

② *China-Measures Affecting Trading Rights and Distribution Services for Certain Publications and Audiovisual Entertainment Products*, *Report of the Appellate Body*（WT/DS363/AB/R），released 21 December 2009，paras. 229-233.

③ 相关讨论还可参见 Fernando Piérola, The Availability of a GATT Article XX Defence with Respect to a Non-GATT Claim: Changing the Rules of the Game? *Global Trade and Customs Journal*, Vol. 5, 2010, pp. 172-175.

根据 WTO 相关判例，中国在援引第 20 条例外时需完成"两步走"的举证责任：首先证明相关被诉措施符合该例外条款下（b）项或（g）项的要求；其次证明该措施符合第 20 条引言的要求，即该措施的实施对情形相同的国家不构成武断的或者不合理的歧视，并且不对国际贸易构成变相限制①。从第一步来看，中国政府通过进口替代补贴支持可再生能源产业的发展，究竟属于（b）项所指的"为保障人民、动植物的生命或健康所必需的措施"，还是（g）项所指的"与保护可用尽的自然资源有关的措施"？这在 WTO 争端解决实践中也没有相关先例可以依循。就（b）项而言，鉴于可再生能源在减少温室气体排放和应对气候变化方面的积极作用，宽泛地将扶持可再生能源产业的目的解释为"保障人民、动植物的生命或健康"或许不无可能，但即便如此，中国的被诉措施也很难逾越（b）项中"所必需"的严格门槛，因为这意味着中国需要证明，不存在其他能够达到同样目的而对贸易限制较小的措施②。就（g）项而言，补贴可再生能源也许属于保护石油等"可用尽的自然资源"有关的措施，但该项中"如此类措施与限制国内生产或消费一同实施"的要求以及以往的相关案例似乎都表明，这里的"此类措施"主要是指对外国产品的进口限制或对本国产品的出口限制，否则后一句就将失去意义。或许中国可以主张，本案中发展可再生能源是与对传统化石能源国内生产或消费的限制一同实施，但鉴于中国目前化石能源消费总量的持续增长以及相关政府补贴的存在，这一点也很难得到支持。

至于第二步即第 20 条引言的适用问题，我们认为，该引言的目的主要在于防止贸易保护主义，鉴于中国被诉措施（进口替代

---

① See Appellate Body Report on US-Gasoline, p. 22；Appellate Body Report on US-Shrimp, paras. 115-119；Appellate Body Report on korea-Various Measures on Beef Para. 156.

② See *Korea—Various Measures on Beef, Report of the Appellate Body*, WT/DS161 /AB /R（complained by the United States）；WT/DS169 /AB /R（complained by Australia），paras. 164, 166.

补贴）比较明显的贸易扭曲效果，通过这一审查标准的难度同样很大。限于篇幅，本章不拟对此展开讨论。

总之，对可再生能源产业的补贴，看似与 GATT 第 20 条（b）、（g）两项环境例外所追求的目的有某种"异曲同工"之效，但从法律上说，两者间实则险阻重重，一如古人所说，"可远观而不可亵玩焉"①。究其原因，除了第 20 条对 GATT1994 以外的 WTO 文件的可适用性问题悬而未决外，可以说，该条款的条文内容在很多方面都内在地不适用于作为补贴措施的抗辩依据。而退一步看，假如 WTO 专家组和上诉机构支持中国成功援引第 20 条作为抗辩，至少就对第 20 条的"两步走"分析中，每一步都需要对现有判例作出重大突破乃至颠覆，这对中国究竟是好事还是坏事？在我们看来，由此可能产生的"多米诺"效应和第 20 条在未来被其他 WTO 成员滥用的前景反而更值得中国担忧。

如果援引第 20 条中的环境例外条款存在障碍，有无可能主张：中国支持可再生能源产业的发展是为了更好地履行在相关国际环境协定（如《联合国气候变化框架公约》及其《京都议定书》下的保护环境和减少温室气体排放义务，从而为此目的可以背离 WTO 协定下的某些义务？这一主张涉及 WTO 协定与非 WTO 协定（包括多边环境协定）的关系。的确，在以往的某些争端中，WTO 上诉机构曾经求助于多边环境公约来对 GATT1994 第 20 条的某些措辞加以解释，但上诉机构强调，相关环境协定不是被用作为"法律标准"，而仅仅是确立法律标准的"证据"②；如果试图将《联合国气候变化框架公约》及其《京都议定书》等文件作为抗辩依据，这一思路并不现实③。

---

① （宋）周敦颐：《爱莲说》。

② See *United States—Import Prohibition of Certain Shrimp and Shrimp Products*, *Recourse to Article 21.5 of the DSU by Malaysia*, WT/DS58/AB/RW, released on 22 October 2001, paras. 124-130.

③ See also Mitsuo Matsushita, Thomas J. Schoenbaum and Petros C. Mavroidis, *The World Trade Organization: Law, Practice, and Policy* (2nd edition), Oxford University Press 2006, pp. 69-70.

因此，尽管我们可以对美国"一方面要求中国在经济发展的过程中进一步的可持续发展，承担节能减排的义务，而另一方面对中国的绿色环保政策进行指责"的"绿色双重标准"提出批评 ①，但在 WTO 现有法律框架下，本案中国被诉的进口替代补贴措施回旋余地不大。事实上，不难揣测，美国在本案中异常谨慎地"单挑"中国的进口替代补贴问题加以投诉，一个重要原因正是这类补贴在 SCM 协定下"易攻难守"；同时，尽管美国也对可再生能源提供了大量补贴，但很少或者没有采用进口替代补贴，不用担心相关判决产生的"先例"效果对自己产生不利影响。中国的选择大致有两个：一是力争在磋商程序达成相互满意的解决方案；二是通过诉讼（尽管几乎没有胜算）过程为国内产业赢得一定时间。无论是哪种选择，被诉的补贴措施都很可能要做出必要调整②。与此同时，中国更应放眼未来，关注和推动 SCM 协定的修改与完善问题。

四、SCM 协定的应有完善

在依据 WTO 规则对本案是非加以评判之外，我们不能不看到，WTO 现有规则的滞后性和不完善，特别是 SCM 协定中贸易与环境的脱节，正是可再生能源领域贸易争端产生和趋于蔓延的根源之一。曾任 WTO 上诉机构成员的巴克斯（James Bacchus）对中美风能补贴措施案的分析值得思考：两国应该通过合作，在 WTO 为环境补贴开创"绿色空间"，而不是热衷于诉诸可能导致拉锯战的

---

① 中国商务部发言人姚坚答记者问（2010 年 9 月 15 日），http://www.mofcom.gov.cn/aarticle/ae/ah/201009/20100907141512.html
② 中国财政部的风能补贴《办法》中之所以采用可能被认定为进口替代补贴的措施，可能原因也有两个：一个是制定政策时未对与 WTO 法的潜在冲突予以重视，否则应当采用其他较难投诉的补贴；另一个是看重进口替代补贴在短期内对中国相关产业发展的积极效果，为此已经做好可能被认定违反 WTO 法的准备。

诉讼①。现在，到了认真考虑完善 WTO 相关补贴规则、为各国发展绿色产业提供应有的"绿色空间"的时候了。

SCM 协定第 8 条关于不可诉补贴（特别是其中的环境补贴）的规定，其初衷正是在于为各国为特定正当目的采取补贴措施打开绿灯，堪称 WTO 绿色补贴制度的最早雏形。不过，从实体内容上说，该条款明确限于研发补贴、落后地区发展补贴、帮助企业适应新环境规章而进行设备升级的补贴这三类补贴，至少大多数可再生能源补贴将无法援引该条款，而且这三类补贴在额度、范围上也有严格的条件限制。而从程序上说，该条款中还包含了复杂的通报、年度更新、提供进一步信息等义务。正因为如此，在该条款从 1995 年到 1999 年的存续期内，没有一个 WTO 成员援引和通报过该条款下的补贴②。因此，尽管在目前"绿色贸易争端"多次出现并有可能继续蔓延的情况下，重新"激活"这一绿灯补贴条款似乎成了一个相对容易采取的行动，但我们认为，延续这一条款的实际意义非常有限；应当以可再生能源补贴问题引发的关注为契机，在 SCM 协定构建新的绿色补贴制度③。

我们认为，重构 SCM 协定中的绿色补贴制度，应当以如下两项基本原则为出发点：

——贸易与环境的平衡性原则。如前所述，SCM 协定的现有规则存在着严重的"贸易和环境脱节"，急需加以纠正。但也应看到，正当的环境目标也可能被滥用于贸易保护主义目的，这一点早已为国际贸易政策中的诸多先例所证明。以可再生能源为例，除了

---

① See James Bacchus, *US and China Should Cooperate to Create Green Space for Environmental Subsidies in the WTO*, http://www.huffingtonpost.com/james-bacchus/united-states-and-china-s_b_809086.html.

② See Rudiger Wolfrum et al (eds.), *WTO-Trade Remedies* (Max Planck Commentaries on World Trade Law), Martinus Nijhoff Publishers / Brill Academic 2007, p. 552.

③ 尽管《农产品协定》的内容也与环境保护、应对气候变化有着密切关系，但该协定中的很多规定包括补贴规则本身较为宽松，对"绿色补贴"限制相对较少，本文主要关注 SCM 协定。

气候变化和能源安全方面的考虑外，经济竞争特别是产业发展和就业也可能是促使各国提供不同形式补贴的一个重要因素，因而同样需要防范"绿色保护主义"，维护贸易与环境两大目标之间的适当平衡。矫枉过正乃至不受约束的环境补贴不仅于理无据，而且也不可能得到 WTO 成员的接受。

——寻求可再生能源补贴问题与其他相关环境补贴问题的统筹解决原则。目前，其他一些与环境或气候变化有关的补贴问题也十分突出，如政府为提高能效而为低能耗产品和相关技术提供的补贴、国内温室气体排放许可制度中免费发放的排放许可等①。虽然本章主要讨论可再生能源补贴问题，但如果为该问题的解决方案在内容或程序上能够兼顾其他补贴问题，这不仅有利于降低谈判成本，从贸易谈判本身来说，也更易于通过利益的交换达成妥协。

具体就可再生能源补贴而言，我们认为，应当在兼顾相关补贴的贸易扭曲效果和正当环境目的这一原则下，确立某种新的"交通灯"方案，其思路是：

首先，用于可再生能源的出口补贴和进口替代补贴，由于其贸易扭曲效果较为明显，仍应列为被禁止的"红灯补贴"。

其次，研发补贴和给予消费者的非歧视性补贴，它们目前从法律上说属于可诉补贴，即一旦投诉方成功证明对外国产品的消极影响则仍可能违反 WTO 规则，但鉴于其贸易扭曲效果较小，原则上应明确为不可诉的"绿灯补贴"。

再次，其他关于给予生产者的补贴（除其中的进口替代补贴外），这是目前各国采用较多、也可能是最难以解决的一类补贴，可以考虑列为可投诉的"黄灯补贴"。关键在于，是否可投诉的具体标准是什么？确立该标准可能的途径有：

（1）通过多边谈判，以类似国别承诺表的方式达成各方在一

① See Andrew Green, Trade Rules and Climate Change Subsidies, *World Trade Review*, Vol. 5, No. 3, pp. 382-384.

定期限（如 5 年）内可以合法提供的这类补贴的具体数额，超过该数额上限的补贴则属可诉。这一方式，类似《农产品协定》中的绿箱补贴制度，因为已有先例，从"谈判法理"和操作上应当问题不大。不过，《农产品协定》的上述安排是在发达国家主导下在乌拉圭回合谈判中达成的，在目前 WTO 谈判中各成员力量和利益"多极化"日益明显的趋势下，各方能否完成这一政治上和技术上都颇具复杂性的谈判？这将是一个很大的疑问。

（2）依据《建立世界贸易组织协定》第 9.2 条关于 WTO 协定解释权的规定①，澄清 GATT1994 第 20 条例外可适用于 SCM 协定下的特定环境补贴，其中包括对可再生能源的"黄灯补贴"。这一做法相对简便易行，同时易于兼顾其他类别的环境补贴问题。但如上所述，即便第 20 条例外可适用性的问题解决了，现有的（b）、（g）两项以及该条引言在具体适用于可再生能源等环境补贴时，都将存在不小的法律难题和争议。

（3）通过 WTO 部长会议或总理事会的一项决定，明确 SCM 协定下的特定环境补贴（同样包括对可再生能源的"黄灯补贴"），如果符合"保护环境所必需"等标准，则不违反该协定之义务。这实际上是参照 GATT1994 第 20 条的核心要求，为 SCM 协定提供适当的例外。我们认为，这一方案可能是最合适的解决方案。鉴于以往第 20 条下关于"所必需"的判例中已经确立了较为严格的"贸易限制最小"（least trade-restrictiveness）要求，可通过一个补充条款阐明，各国为使特定可再生能源的市场价格达到与化石能源相当的水平而提供的生产补贴，原则上应视为符合上述要求②。当然，可能存在的一个问题是，尽管一些学者在不同背景下提出过类

---

① 该条规定："部长会议和总理事会对本协定和各多边贸易协定的解释享有排他的权利……一项解释的决定应由成员 3/4 多数通过。"

② 例如，假定国际市场上风力发电的平均价格为 0.5 元/千瓦时，而化石能源发电的平均价格为 0.25 元/千瓦时，则各国为使本国风力发电平均价格达到 0.25 元/千瓦时所提供的生产补贴，应当予以允许。

似设想①，但在 WTO 层面，这一动议究竟属于《建立世界贸易组织协定》第 9.2 条关于 WTO 协定解释权的规定还是第 10 条关于 WTO 协定修正的规定②? 如果属于后者，程序上将更为严格和困难。

如果上述关于可再生能源的"交通灯"方案（包括"黄灯补贴"的审查标准）得到 WTO 成员接受，相应的一个问题是：以何种法律形式、在什么法律框架下达成较为合适③? 我们认为，目前而言，可以考虑效仿 2001 年《知识产权与公共健康宣言》，由 WTO 部长会议或总理事会通过一份《关于 SCM 协定与气候变化的决定》④，基于上文提出的思路，分别对可再生能源补贴、碳排放

---

① 例如，Michael J. Trebilcock and Robert Howse 曾设想，将对用于特定合法目的但有一定贸易影响的补贴列为可诉补贴，通过多边程序按照"最小贸易限制"标准进行多边审查。See Michael J. Trebilcock and Robert Howse, *The Regulation of International Trade* (3rd edition), Routledge 2005, pp. 291-292; 另一位学者也提到，SCM 协定需要一条类似 GATT1994 第 20 条的例外，但并没有对此作出进一步探讨。See Andrew Green, Trade Rules and Climate Change Subsidies, *World Trade Review*, Vol. 5, No. 3, pp. 407-410.

② 参见《建立世界贸易组织协定》第 10 条之规定。迄今为止，WTO 尚无依据该规定对相关多边贸易协定进行修正的先例。

③ Thomas Cottier 等人曾经在对 WTO 与能源贸易问题的研究中，提出应当达成一项 WTO《能源框架协议》(Framework Agreement on Energy)，其中对可再生能源补贴等问题作出特殊规定；See Thomas Cottier et. al, *Energy in WTO Law and Policy*, 2009, http://phase1.nccr-trade.org/images/stories/projects/ip6/IP6%20Working%20paper.pdf. 还有的学者主张通过达成一项新的《贸易与排放总协定》(General Agreement on Trade and Emissions, GATE)，其中包括一个补贴条款，在一定期限内作为不可诉补贴免受投诉。See Christine McIsaac, Opening a GATE to Reduce Global Emissions: Getting over and into the WTO, *Journal of World Trade*, Vol. 44, No. 5, 2010, pp. 1076-1080.

④ 在我们看来，更理想的做法是达成一份更广泛的《关于国际贸易与气候变化的决定》)，以便寻求对当前国际贸易与气候变化中的其他许多突出、棘手问题（如"碳关税"问题）加以一并考虑。当然，考虑到目前各国间对相关问题还不易达成共识，专门就 SCM 协定与气候变化问题通过一份宣言也许更为合适。

许可的免费授予等问题乃至 WTO 在削减化石能源补贴方面的作用分别作出规定①。

对 WTO 协定进行澄清、发展或完善，除了上述 2001 年《知识产权与公共健康宣言》的先例外，目前多哈回合正在进行的鱼类补贴谈判也不无启示②。事实上，在多哈谈判之初，一些 WTO 成员曾基于不同立场，提出了关于重新确立 SCM 协定下的不可诉补贴的议案③。然而，随着多哈谈判的焦点越来越集中于农产品、服务贸易和非农产品市场准入等议题，根据我们在 WTO 网站对关于 SCM 协定修改的全部议案的查找，2004 年以来再没有任何国家提出类似议案。但是，即便目前的多哈回合谈判已经错失为 SCM 协定构建新的绿色补贴制度的机会，也丝毫不能否定这一任务的重要性和紧迫性。WTO 应以可再生能源补贴问题为契机，对 SCM 协定加以完善，而不是采取"鸵鸟政策"，对其贸易与环境的失衡视而不见。

五、结论与展望

WTO 成立以来，日益强调"为可持续发展之目的扩大对世界资源的充分利用，保护和维护环境"（《建立世界贸易组织协定》序

---

① WTO, *Declaration on the TRIPS Agreement and Public Health*, adopted on 14 November 2001, WT/MIN（01）/DEC/2.

② 2001 年 WTO《多哈部长宣言》第 28 段规定：在补贴与反补贴规则的谈判中，各方"还应着眼于澄清和改进关于鱼类补贴的 WTO 纪律，同时考虑到该部门对发展中国家的重要性"。《宣言》第 31 段（关于贸易与环境问题）中也提到鱼类补贴问题。这一谈判授权的背景，是各国提供的大量鱼类补贴，对渔业资源的可持续发展带来了严重的不利影响。关于该议题谈判的最新情况总结，可参见：WTO Committee on Trade and Environment in Special Session, Report by the Chairman, Ambassador Manuel A. J. Teehankee, to the Trade Negotiations Committee, TN/TE/20, 21 April 2011, www. wto. org.

③ See Robert Howse, *Do the World Trade Organization Disciplines on Domestic Subsidies Make Sense? The Case for Legalizing Some Subsidies*, in Kyle W. Bagwell et al（eds.）, *Law and Economics of Contingent Protection in International Trade*, Cambridge University Press 2010, p. 100.

言），整个多边贸易体制走向"绿化"（greening）的趋势日益明显①。在这一背景下，我们不仅可以看到 SCM 协定内贸易与环境的脱节，还可以看到该协定与多边贸易体制总体发展趋势的明显脱节。由此可以提出的一个问题是：作为 WTO 规制补贴与反补贴行为的主要文件，SCM 协定的立法宗旨是什么？鉴于补贴问题在经济学和法学上素来争议很大，上述问题的提出似乎尤为必要。

与 WTO 大多数贸易协定不同的是，SCM 协定中并没有任何序言或总则性条款对其立法宗旨加以澄清。综观该协定内容，补贴对国际贸易可能带来的扭曲效果，是该协定关注的中心②。不过，该协定对竞争产业的过度保护、对防止贸易扭曲的片面关注和对补贴正当目标的忽视，使之被批评为现有最缺乏经济学依据的 WTO 协定之一③。即使是一些较温和的批评者，也不能不承认：尽管 SCM 协定在其制定之时是一个重大成就，但它的很多规定在今天已经过时和不平衡④。的确，如果说在 20 世纪 90 年代初"新自由主义"思潮影响下，SCM 协定的上述倾向在一定程度上还情有可原的话，那么进入 21 世纪，面对国际能源市场严重扭曲、全球气候变化日益明显

---

① See Jan McDonald, 'It's Not Easy Being Green': Trade and Environment Linkages beyond Doha, in Ross P. Buckley (ed.), *The WTO and the Doha Round: The Changing Face of World Trade*, Kluwer 2004, pp. 146-157; Pascal Lamy, *The "greening" of the WTO has started* (WTO Director-General Pascal Lamy's speech at the Yale University on 24 October 2007), http://www.wto.org/english/news_e/sppl_e/sppl79_e.htm.

② 在"巴西飞机补贴案"中，专家组对此作出的解读是："SCM 协定的目的和宗旨在于对扭曲贸易的补贴施加多边纪律。" See *Brazil-Export Financing Programme for Aircraft*, *Panel Report*, WT/DS46/R, adopted 20 August 1999, papra. 7. 26.

③ See Mitsuo Matsushita, Thomas J. Schoenbaum and Petros C. Mavroidis, *The World Trade Organization: Law, Practice, and Policy* (2nd edition), Oxford University Press 2006, pp. 393-394.

④ See Debra P. Steger, The Subsidies and Countervailing Measures Agreement: Ahead of its Time or Time for Reform? *Journal of World Trade*, Vol. 44, No. 4, 2010, pp. 794-795.

等有着重要环境、经济和社会后果的严峻挑战，还继续"抱残守缺"，无视补贴作为政府干预手段在纠正市场失灵方面可能发挥的积极、正当作用，这就已经完全不合时宜了。从这一意义上说，如果中美风能补贴案及其所揭示的可再生能源贸易问题能够推动 WTO 成员对 SCM 协定既有的价值定位加以反思，开启该协定重构绿色补贴制度的"破冰之旅"，这对于加强 WTO 规则的正当性乃至人类生活的可持续性，都可谓善莫大焉。

第十四章 中美能源与气候变化合作：
现状、挑战及前景

　　哥本哈根会议虽然已经落下帷幕，但是能源安全与气候变化问题仍然是尚未落定的"尘埃"。中美作为世界上最大的两个排放大国，其在能源安全与气候变化问题上的立场、态度与行动，对世界能源格局和气候变化问题的发展进程尤为关键。因此，研究两国的合作问题，具有重要的意义。

一、中美能源与气候变化合作的基础

　　中美在能源与气候变化方面的合作，具有较大的现实可行性和基础，具体体现在以下三个方面：

（一）能源资源环境的国情相似

　　中美两国虽然社会制度、经济发展水平不同，但是两国的能源资源环境有着"惊人的相似"：美国是目前世界上最大的能源消费国，美国石油消耗量超过世界任何其他国家，约占全球用油量总量的25%，而中国在2004年就成为了世界第二大石油消费国，用油量约占世界总量的9%；两国对进口能源的依存度都比较高，均希望国际能源市场价格稳定，都面临保障能源供应安全和能源海上运输通道安全的任务；两国国内的煤炭资源都十分丰富，中国用煤较多，约占世界用煤总量的40%，美国位居第二，用煤量约占世界总量的

16%等①。此外，中美两国的能源效率都不高。

（二）全球气候变化的挑战相同

在大气中集聚的温室气体正在从根本上改变地球气候。权威的"政府间气候变化专门委员会"（The Intergovernmental Panel on Climate Change，IPCC）发现，近年来世界各地的冰川普遍收缩，气候变暖已确定无疑；如果二氧化碳浓度继续上升，则人类面临的气候变化挑战更加严重②。中美是世界上两个最大的二氧化碳排放国，两国的排放量均超过全球总量的20%③。因此，中美相互合作是应对全球气候变化的关键。正如有学者所指出的："一个没有中国和美国参与的后京都国际气候变化协议框架将不会取得任何实质效果，已经是国际社会的广泛共识。"④

①　See Kenneth Lieberthal and David Sandalow, Overcoming Obstacles to U. S. -China Cooperation on Climate Change, Washington: the Brookings Institution, January 2009, available at http: //www. brookings. edu/ ~ /media/ Files/rc/reports/2009/01_climate_change_lieberthal_sandalow/01_climate_change_lieberthal_sandalow. pdf.

②　See http: //www. climatesciencewatch. org/index. php/csw/details/ipcc. wg2. spm. scientists. draft/, Sarah Ladislaw etc. , *Managing the Transition to A Secure, Low Carbon Energy Future*, Washington: Center for Strategic & International Studies and World Resources Institute 2008, p. 2.

③　See Kenneth Lieberthal and David Sandalow, Overcoming Obstacles to U. S. -China Cooperation on Climate Change, Washington: the Brookings Institution, January 2009, available at http: //www. brookings. edu/ ~ /media/ Files/rc/reports/2009/01_climate_change_lieberthal_sandalow/01_climate_change_lieberthal_sandalow. pdf.

④　Tao Wang and Jim Watson, China's Energy Transition: Pathways for Low Carbon Development, University of Sussex UK and Tyndall Centre for Climate Change Research 2009, p. 2.

（三）新能源开发利用的利益相近①

能源大量消耗的压力、全球气候变化的挑战，使中美两国共同推进新能源开发利用的利益完全一致。中美两国在新能源技术、新能源市场、节约能源和提高能效等方面存在诸多互补性，这为两国在新能源开发利用方面的合作提供了广阔的空间。

二、中美能源与气候变化合作的现状

中美能源与气候变化合作由来已久、形式多样，既有双边机制，也有多边舞台。

（一）双边机制

中美双边能源与气候变化合作，早在中美建交前后就已经开始。1979 年，两国签订了《中美政府间科学技术合作协定》，它成为了之后 30 多个双边环境和能源协定的框架；同年，中国国家计委与美国能源部还签署了《双边能源协议谅解备忘录》。目前中美两国间较为重要的双边能源与气候变化合作机制主要有②：

（1）中美石油和天然气工业论坛。1995 年，美国能源部与中国国家计委及其他部级石油和天然气单位联合创立了"中美石油和天然气工业论坛"，就油气工业技术、市场和发展等问题进行了

① See Natural Resources Defense Council, From Crisis to Opportunity：How China is addressing climate change and positioning itself to be a leader in clean energy, July 2009, available at http：//www. nrdc. org/international/Chinacleane-nergy/09072901. asp.

② See Asia Society, Common Challenge, Collaborative Response：A Roadmap for U. S. -China Cooperation on Energy and Climate Change, Washington：Asia Society Center on U. S. -China Relations, Pew Center on Global Climate Change, January 2009, available at http：//www. pewclimate. org/docUploads/US-China-Roadmap-Feb09. pdf, Robert S. Price, A Chronology of U. S. -China Energy Cooperation, the Atlantic Council of the United States 2008.

广泛的交流和探讨。2009 年 9 月，中国国家能源局与美国能源部、商务部联合主办了第九届中美石油天然气工业论坛，双方详细讨论了页岩气等非常规天然气勘探开发技术、应用及行业发展存在的问题与挑战、提高油气采收率、加快天然气发展、促进重油与深水油气勘探开发、LNG 产业发展和市场开发、天然气行业管理和政策、在第三国开展油气合作等问题。

（2）中美能源政策对话。2004 年 5 月，美国能源部与中国国家发改委举行了"中美能源政策对话"。它重启了 1995 年美国能源部和中国国家计委关于能源政策咨询的谅解备忘录，签署了美国能源部和中国国家发改委关于工业能源效率合作的谅解备忘录，包括在中国 12 个最高能耗企业开展能源审计以及到美国进行实地考察、培训审计员等。2009 年 9 月，在青岛举行了第四次中美能源政策对话，双方代表不但讨论了两国最新能源政策、中美清洁能源联合研究中心、洁净煤技术、非常规天然气开发、核能及可再生能源等重大政策性问题，而且针对未来合作提出了许多具体设想，并签署了三个合作协议。

（3）《中美能源与环境十年合作框架》。2008 年 6 月，在第五次中美战略经济对话中，两国签署了《中美能源与环境十年合作框架》，为优先处理相关问题提供了平台。在《中美能源与环境十年合作框架》下，中美在以下五个功能领域建立了五个联合工作组以进行合作：清洁、高效和安全发电与输电；清洁水；清洁空气；清洁和高效交通；森林和湿地生态系统保护等。

（4）中美战略与经济对话。2009 年 7 月，首轮中美战略与经济对话在华盛顿举行，能源问题是其重要议题之一。中美就能源合作与气候变化达成了谅解备忘录，双方建立气候变化政策对话与合作机制，以推动关于国内应对气候变化战略和政策的讨论和交流、向低碳经济转型的务实解决方案、成功的国际气候变化谈判、具体项目的合作、适应气候变化、提高能力建设和公众意识提高以及中美城市和省州应对气候变化的务实合作等。此外，该谅解备忘录扩展并加强中美之间在清洁高效能源和环境保护方面的合作，双方还决定通过油气论坛、能源政策对话和新建立的中美清洁能源研究中心继续开展务实合作、并同意在战略石油储备、提高能源市场透明度等领域开展对话等。2010 年 5 月，第二轮中美战略与经济对话在北京举行，双方签署了《中国国家发展改革委员会与美国国务院关于绿色合作伙伴计划框架实施的谅解备忘录》、《中国国家能源局与美国国务院中美页岩气资源工作组工作计划》、《中国国家核安全局和美国核管制委员会关于进一步加强西屋 AP1000 核反应堆核安全合作备忘录（续签）》等有关能源和核能利用方面的协议。

（5）中美清洁能源联合研究中心。2009 年 7 月，由中国科技部、国家能源局和美国能源部共同宣布成立中美清洁能源联合研究中心。它旨在促进中美两国的科学家和工程师在清洁能源技术领域开展联合研究，首批优先领域包括节能建筑、清洁煤、清洁能源汽车等。

（6）中美清洁能源务实合作战略论坛。2009 年 10 月，首届中美清洁能源务实合作战略论坛在北京开幕。中美两国有关代表就中美清洁能源合作的整体战略目标、两国在清洁能源领域的务实合作展开深入沟通和讨论，议题包括洁煤的利用、太阳能、风能、生物质能、核能合作以及碳捕获技术、新型电网技术、低碳城市对话等领域的合作。

（二）多边机制

中美多边能源合作机制，主要包括：

（1）亚太经合组织能源工作组。"亚太经合组织能源工作组"（the APEC Energy Working Group，EWG）成立于 1990 年，它是亚太经合组织下的一个自愿性的区域论坛，旨在促进能源贸易和投资，保障能源行业对亚太地区的经济和社会发展做贡献，减轻能源利用对环境的影响。2007 年，亚太经合组织峰会发表了《亚太经合组织领导人关于气候变化、能源安全和清洁发展的悉尼宣言》，重申了亚太经合组织领导人与国际社会所有成员一道，为持久地解决全球气候变化问题而共同努力。

（2）碳封存领导人论坛。2003 年 6 月，由中国、美国等 21 个国家在华盛顿成立了"碳封存领导人论坛"（Carbon Sequestration Leadership Forum，CSLF）。它是国际间推动碳捕获和封存技术的机构，其主要目标是发展经济有效的技术，在二氧化碳的输送和长期储存过程中对其进行有效隔离。目前，该论坛已经批准了 17 个二氧化碳捕获和封存技术项目，还批准了一个技术路线图，以便为国际社会未来在此领域的合作指明方向。

（3）国际氢经济伙伴关系计划。2003 年 11 月，来自美国、中国等 15 个国家和欧盟委员会的代表在华盛顿共同签署了"国际氢经济伙伴关系计划"（The International Partnership for Hydrogen and Fuel Cells in the Economy ，IPHE）。该计划旨在通过促进氢燃料研发和标准制定方面的国际合作，协调各国在发展氢经济方面的努力，以保障能源安全和应对气候变化的挑战。

（4）亚太清洁发展与气候伙伴关系计划。2006 年 1 月，中国、美国、日本、澳大利亚、印度和韩国等共同发起成立了"亚太清洁发展与气候伙伴计划"（the Asia-Pacific Partnership on Clean Development and Climate）。该伙伴计划旨在通过国际合作，促进清洁能源和高效能源技术的开发和推广，在应对气候变化的同时，实现发展经济、减少贫困、保证能源安全和减少空气污染的目标。

此外，中美两国均为"国际能源论坛"（International Energy Forum）的成员。所有这些，都为中美两国在能源与气候变化方面的合作提供了重要舞台。

三、中美能源与气候变化合作的主要领域

中美两国在能源与气候变化方面的合作，可以涵盖的领域十分宽广，主要有：

（一）新能源

中美两国在新能源方面的合作包括洁煤、核能和提高能效等。

（1）洁煤。洁煤技术代表了最新、最先进的以煤炭为基础的能源技术。"洁煤"（Clean Coal）不但提供了可靠的能源，而且最

大限度地减少了对健康和环境的副作用。因此，洁煤技术应成为中美能源合作的首选。中美两国在洁煤领域各有所长、可以互补。对中国而言，制定合理的能源价格，可以为洁煤技术投资增长、高效处理和节能提供动力；对美国而言，支持重大洁煤技术的研究和开发①；同时，利用中国的煤气化技术促进以煤为基础的"多联产"工艺，加快美国"碳捕获和封存"（Carbon Capture and Sequestration）的试验过程，建立知识产权补偿协议框架、实现技术共享②等。

（2）核能。1998 年，中国国家发改委与美国能源部签订了《和平利用核能的议定书》。2007 年，中国国家发改委与美国能源部签订了《中美双边民用核能合作行动计划》，该计划旨在全球核能合作伙伴关系下补充讨论拓展和平利用核能并防止核扩散，以实现其零排放、可持续电力生产；双边合作包括分离技术、燃料和材料开发、快速反应堆技术和安全措施规划等。同年，中国国家核电技术公司与美国能源部签署了《中美西屋公司核反应堆协议》，美国能源部审核出售 4 套使用新改进的西屋公司压水堆技术的 1100 兆瓦 AP-1000 核电厂，这四套核电厂将在 2009 年到 2015 年间建成，它标志着中美核能合作的新开端。2007 年 12 月，中国政府出台了《国家核电发展专题规划（2005 ~ 2020 年）》。按照该规划，中国核电占全部电力装机容量的比重将从现在的不到 2% 提高到 4% 。可以说，核能是今后中国新能源发展的战略重点之一。因此，今后中美两国在核能领域的技术合作还有待进一步深化。

（3）提高能效。从长远来看，提高能效是保障能源安全和实

---

① See David Wendt, Clean Coal: U. S. -China Cooperation in Energy Security, New York: the East West Institute, 2008, pp. 10-11, available at http://www. ewi. info/clean-coal-us-china-cooperation-energy-security/.

② 事实上，中国的华能集团已经与美国的公司开展了有关洁煤项目的合作。See Jeffrey Logan etc. , For China, the Shift to Climate-Friendly Energy Depends on International Collaboration, Boston Review, January/ February 2007, p. 4.

现减排目标的重要步骤之一①。2007 年，中国标准化研究院中国标准认证中心与美国环保署签署了《能源之星协调互认谅解备忘录》。根据该备忘录，双方将开发相互认可的统一的节能认证技术规范，协调认证实施程序。这是两国在提高能效方面进行合作的一个重要成果。近年来中美都提出了一些降低能耗的约束性指标，因而两国在机动车的转型（电动汽车方案）、建筑能效的最大化（绿色建筑）②、智能电网等方面，还有很大的合作潜力和空间。

（二）应对气候变化

气候变化在很大程度上是全球能源使用激增的结果，所以"新能源技术无疑在保障能源安全和减少温室气体排放方面将发挥重要的作用"③。2007 年，中国国家发改委与美国农业部签订了《合作开发生物燃料的谅解备忘录》，该备忘录旨在鼓励在生物质燃料和原料供应生产与可持续性、转化技术和工程、生物产品开发和利用的标准、农村和农业发展战略等方面开展合作。2009 年 11 月，奥巴马总统访问中国期间，中美两国签署了七份有关清洁能源方面的合作协议④。包括风能、太阳能和生物质能在内的清洁能源是应对气候变化的一个关键组成部分。研究表明每年额外投资

---

① See Sarah Ladislaw etc., A Roadmap for A Secure, Low Carbon Energy Economy: Balancing Energy Security and Climate Change, Washington: Center for Strategic & International Studies and World Resources Institute, January 2009, p. 22.

② 据"政府间气候变化专门委员会"第四次评估报告估计，到 2020 年建筑物使用能源产生的二氧化碳排放可以减少近 30%，且无须增加净成本（即绿色建筑的财政收益可望抵消投资成本）。

③ Britt Childs Staley etc., Evaluating the Energy Security Implications of A Carbon-Constrained U. S. Economy, Washington: Center for Strategic & International Studies and World Resources Institute, January 2009, p. 1.

④ See The Brookings Institution, China on the World Stage: Climate Change, Regional Blocs and Resource Investment, Washington: the Brookings Institution, November 30, 2009, p. 5, available at http://www.brookings.edu/events/2009/1130_china.aspx.

8000 亿美元到 1.3 兆美元于能源技术，能够限制全球气温上升 2 ~ 2.4 度①；还有研究认为，清洁能源方面的新投资能够在 2018 年给美国提供 250 万个新的工作岗位②。因此，中美两国应采取措施消除开发清洁能源方面的法律、经济障碍，共同制定清洁能源科研和开发行动的计划，以共同应对气候变化的挑战。正如美国学者所指出的：“美国一国开发和利用新能源技术，并不能实现全球温室气体减排的目标，也不是一种最经济的方式；只有各国合作、协调行动才是应对气候变化的捷径。”③ 事实上，加利福尼亚州已在探讨在全球暖化方面可能与中国合作的途径④。

（三）供应安全

能源安全与气候变化在很大程度上是相互关联的，因为减少能源需求、提高能效能降低温室气体的排放⑤。中美在能源供应安全问题上存在诸多共同利益，这方面的合作主要涉及：

（1）共同维护世界能源市场稳定。近年来受“资源民族主义”（Resource Nationalism）、地缘政治等因素的影响，世界能源市场正

---

① See IEA, IEA Energy Technology Prospectus 2008, Paris.

② See U. S. Conference of Majors and Majors Climate Protection Center, "U. S. Metro Economies: Current and Potential Green Jobs in U. S. Economy", 2008.

③ Britt Childs Staley etc., Evaluating the Energy Security Implications of A Carbon-Constrained U. S. Economy, Washington: Center for Strategic & International Studies and World Resources Institute, January 2009, p. 12.

④ See Kenneth Lieberthal and David Sandalow, Overcoming Obstacles to U. S. -China Cooperation on Climate Change, Washington: the Brookings Institution, January 2009, available at http://www. brookings. edu/ ~ /media/ Files/rc/reports/2009/01_climate_change_lieberthal_sandalow/01_climate_change_ lieberthal_sandalow. pdf.

⑤ Sarah Ladislaw etc., Managing the Transition to A Secure, Low Carbon Energy Future, Washington: Center for Strategic & International Studies and World Resources Institute, February 2008, p. 4.

变得越来越脆弱和不稳定①。中美作为世界上两大石油进口国，一方面应在多边能源合作框架内协调两国的政策；另一方面，应互相尊重彼此对能源安全问题的关切，特别是要逐步增加中国参与国际石油定价的话语权，以增强对国际油价的调控能力，从而影响国际石油市场。

（2）联合保障海上能源运输通道安全。世界能源市场主要依赖几条固定的海上运输线路。据美国能源信息署的统计："2007年世界石油贸易的一半是通过固定的海上航线由油轮来完成的。"②因此，作为海上能源运输大国，中美应在海上反恐、反海盗等方面进行合作，两国可具体商定各自保护海上能源运输通道的区域及其职责与义务，以共同维护海上运输线的安全。

（四）法律政策

无论是联邦政府还是各州，美国有关能源安全与气候变化方面的法律政策都较为完备，不但涵盖了石油、天然气和太阳能等化石能源与可再生能源领域，而且对节能、新能源的开发利用等都有明确规定，同时还根据国内外形势的变化及时推出新法（如《2009年清洁能源与安全法》等）。而中国在能源与气候变化方面的法律政策却不太完备，综合性的《能源法》也尚未出台。因此，一方面美国能源与气候变化方面的立法可以为中国提供借鉴和启示③；另一方面，两国也可以在能源与气候变化法律政策层面开展实质性的合作，包括立法技术和经验、政策的制定和实施、专业法律咨询

---

① See Sarah Ladislaw etc., A Roadmap for A Secure, Low Carbon Energy Economy: Balancing Energy Security and Climate Change, Washington: Center for Strategic & International Studies and World Resources Institute, January 2009, p. 11.

② See http://www.eia.doe.gov/emeu/cabs/World _ Oil _ Transit _ Choke points/Background. html.

③ See Deborah Seligsohn etc., China, the United States, and the Climate Change Challenge, World Resources Institute October 2009, available at http://www.wri.org/publication/china-united-states-climate-change-challenge.

以及人员培训等。

四、中美能源与气候变化合作的障碍

中美两国虽然在能源与气候变化方面的合作领域很广，但也面临不少困难。

（一）战略互信不足

"长期以来，中美关系中的分歧与差异被不断强化，彼此战略竞争、战略猜疑甚至战略对抗格外受重视。"① 无论是佐利克提出的"负责任的利益攸关方"，还是斯坦伯格推出的"战略再保证"（Strategic Reassurance）②，都在某种程度上反映了中美两国间战略互信的不足。正如美国学者所指出的："当前的中美关系正面临一种矛盾：即使当两国关系在一系列广泛问题上已经变得较为成熟和有效的时候，双方对对方长期意图的根本性不信任却实际上有增无减。"③ 因此，不少美国人赞同"中国能源威胁论"；而许多中国人也认为，美国关于中国必须应对全球暖化的种种说法，不过是美国人企图令中国增长的火车头出轨的一系列努力中的最新招数。美国也是发达国家中在能源与气候变化领域唯一没有向中国提供官方

① William S. Cohen, Maurice R. Greenberg, Smart Power in U. S. -China Relations: A Report of the CSIS Commission on China, Washington: Center for Strategic & International Studies （CSIS） March 2009, available at http://csis. org/files/media/csis/pubs/090309_mcgiffert_uschinasmartpower_web. pdf.

② 2009 年 9 月，美国副国务卿詹姆斯·斯坦伯格指出："正如我们和我们的盟友必须表明的，我们已经准备好欢迎中国作为一个繁荣和成功的大国的到来，中国也必须向世界其他国家保证它的发展和不断壮大的全球角色不会以其他国家的安全和幸福为代价。"

③ See Kenneth Lieberthal and David Sandalow, Overcoming Obstacles to U. S. -China Cooperation on Climate Change, Washington: the Brookings Institution, January 2009, available at http://www. brookings. edu/~/media/Files/rc/reports/2009/01_climate_change_lieberthal_sandalow/01_climate_change_lieberthal_sandalow. pdf.

发展援助的国家。

（二）对有关气候变化方面的条约义务理解的差异

众所周知，1992 年《联合国气候变化框架公约》确定了一项重要原则——"共同但有区别的责任原则"。该原则在 1997 年《京都议定书》中再次得到肯定。然而，在节能减排义务问题上，美国强调发达国家与发展中国家的"共同责任"，淡化发达国家与发展中国家的"区别责任"，并认为《京都议定书》缺少中国的减排承诺是该条约的主要失败之处；而中国坚持"共同但有区别的责任原则"的底线，并指出美国对全球气候变化负有较大的历史责任，现在解决这一问题时也应承担较大的义务：即不但要按照有关公约的要求率先减排，而且还要为发展中国家应对气候变化提供资金与技术的支持和帮助。由于中美两国在对有关气候变化方面的条约义务理解的这种差异，2009 年底哥本哈根气候变化会议成果也很不理想①。

（三）台湾等问题

台湾问题是中美关系中的首要问题。"如果美国在该地区采取任何行动或冒险触怒了中国民众，中国政府将会被置于对美国做出强硬反击的巨大压力之下。"② 因此，美国插手台湾问题、对台军售等都会对中美两国在能源与气候变化方面的合作产生消极影响。

---

① See Peter N. Spotts, Did Copenhagen talks open door to a new global order? January 14, 2010, available at http://www.csmonitor.com/USA/Foreign-Policy/2010/0115/Did-Copenhagen-talks-open-door-to-a-new-global-order; Alex Evans and David Steven, Hitting Reboot: Where Next for Climate after Copenhagen? Managing Global Insecurity (MGI), January 2010, the Brookings' Foreign Policy Studies and Global Economy and Development Programs, pp. 3-4.

② Tianjian Shi, Meredith Wen, Avoiding Mutual Misunderstanding: Sino-U. S. Relations and the New Administration, Washington: Carnegie Endowment, January 2009, available at http://www.carnegieendowment.org/files/beijing _ final. pdf.

此外，近年来随着中国石油进口量的日益攀升，为了保障能源安全，中国能源企业加快了实施"走出去战略"的步伐，并与苏丹、伊朗、缅甸、委内瑞拉等国在能源领域进行了较为密切的合作。而美方认为，中国与上述"问题国家"的能源合作是对美国全球战略利益的挑战与威胁。例如，美国前众议院议长金里奇（N. Gingrich）就宣称："中国不应为了自身的经济发展和获得能源与资源，而不顾自己的国际形象，与上述这些国家往来。只讲经济，而不讲道义，是所谓的新'重商主义'的表现。"佐利克也指出："采取重商主义的策略可导致中国与某些政权结成伙伴关系，使中国的名誉受损，同时也会促使其他人对中国的意图产生怀疑。"①

五、中美能源与气候变化合作的前景

（一）基本原则与立场

（1）主旋律：竞争中的合作。中美战略互信不足、对有关气候变化方面的条约义务理解的差异以及台湾问题等因素的影响，决定了两国在能源与气候变化方面的合作局限性与竞争关系。然而，"中美关系经常被认为是世界上最重要的双边关系"②。如果人类希望避免全球气候变化带来的最严重后果，那么中美两国的合作至关重要。如果中美两国能成为向低碳和可持续的全球经济战略转变的积极催化剂，整个世界将在应对气候变化上迈出巨大一步。中美两国也将在各自的能源安全、环境保护和确保本国人民经济繁

---

① 马小军：《冲突，抑或合作？——中美关系面临能源层面的战略抉择》，载《新远见》2006 年第 8 期，第 36 页。

② See Asia Society, Common Challenge, Collaborative Response: A Roadmap for U. S. -China Cooperation on Energy and Climate Change, Washington: Asia Society Center on U. S. -China Relations, Pew Center on Global Climate Change, January 2009, p. 35, available at http: //www. pewclimate. org/docUploads/US-China-Roadmap-Feb09. pdf.

荣方面更加接近。

（2）国家利益与国际义务的统一。"全球化时代国家经济安全具有新的特点，即在强调国家利益至上的前提下，在国际舞台上还必须承担大国义务。"① 因此，在未来中美能源与气候变化合作过程中，一方面我们应继续坚持"共同但有区别的责任原则"，强调综合国力强大的国家承担更多的国际义务；另一方面，中国将与各国积极合作，承担与其综合国力相符的国际义务，在维护国际能源市场稳定、应对全球气候变化的挑战等方面发挥应有的作用。

（二）基本对策

（1）建立战略互信、树立合作安全观念。就中美关系而言，"双方日益增长的能源需求带来的不仅仅是竞争，而且还有许多共同利益——能源资源竞争和能源安全有可能最终成为拉近中美关系的因素"②。因此，中美双方应建立战略互信，承认对方观点的合理性，并尽可能予以肯定，以此为起点采取建设性行动。正如2008 年中国国家领导人在沙特阿拉伯吉达国际能源会议上所指出的，能源问题是全球性问题，保障全球能源安全，国际社会应该树立和落实"互利合作、多元发展、协同保障"的新能源安全观③。

（2）加强政府高层对话。解决能源安全问题和应对气候变化的挑战，需要强烈的政治意愿。因此，中美在能源与气候变化方面的合作要想在操作层面有实质行动，就必须要有政府最高层的持续支持，特别是政府层面的鼓励、引导和示范作用。为确保领导层的持续关注，能源和气候变化问题应成为未来中美高峰会晤的常设议

---

① 本课题组：《中美能源对话与合作研究》，载《经济研究参考》2008 年第 55 期，第 25 页。

② Randall G. Schriver, Prospects for U. S. -Japan-China Trilateral Cooperation, in the Conference on "U. S. -Japan-China Relations: Trilateral Cooperation in the 21st Century", Honolulu, August 15-17, 2005, p.5.

③ 参见《中国倡新能源安全观：各国携手创建清洁、经济、安全可靠的世界能源供应体系》，载新华网 2008 年 6 月 23 日，最后访问日期 2010 年 5 月 4 日。

题。两国领导人应在双边关系中定期回顾这些问题，更好地了解面临的挑战，跟踪进展，寻求进一步加强合作的机会，并为寻求全球解决方案共同发挥领导作用。

（3）改进现有合作机制、展开多层次的合作。如前所述，中美在能源与气候变化方面已经建立了一些双边和多边的合作机制，但这些机制间缺乏足够的协调和沟通。因此，应加强对现有合作机制的整合和协调。首先，应设立两国间专门委员会和专家工作组。专门委员会由中美两国的能源、环保、财政和外交等部门的高级官员组成，定期会晤，以制定和审议合作的战略方向和优先领域；专家工作组则由两国政府的资深官员、独立专家、商业和金融界以及非政府组织的代表组成，其任务是确定合作的目标和时间表，制订行动计划并监督实施①。其次，确立优先合作的领域，如洁煤、可再生能源等。正如美国"杰克逊·侯全球事务中心"（Jackson Hole Center for Global Affairs）主任大卫（David Wendt）博士所指出的："建立可持续的中美能源伙伴关系，是将洁煤作为一种行之有效的长期能源方案的捷径。"② 最后，促进两国地方之间的合作，以更大规模地培育两国地方行为者包括政府、公司、研究机构、大学和非政府组织之间的合作。

（4）推动成立"中美能源同盟"。美国布鲁金斯学会（Brookings Institution）、美中关系全美委员会（National Committee on Us-China Relations）、环境保护基金（Environmental Defense Fund）和对外关系委员会（Council on Foreign Relations）还提议成立"中美能源同盟"，以加强中美之间在节能新技术方面进行联合

---

① See Asia Society, Common Challenge, Collaborative Response: A Roadmap for U. S. -China Cooperation on Energy and Climate Change, Washington: Asia Society Center on U. S. -China Relations, Pew Center on Global Climate Change, January 2009, p. 35, available at http: //www. pewclimate. org/doc Uploads/US-China-Roadmap-Feb09. pdf.

② David Wendt, Clean Coal: U. S. -China Cooperation in Energy Security, New York: the East West Institute, 2008, p. 1, available at http: //www. ewi. info/clean-coal-us-china-cooperation-energy-security/.

研究和开发行动的新合作关系，如碳捕获和封存、可靠的数据采集方法、可持续能源以及其他可能融入新经济模式基础的创新技术等。虽然目前该建议过于理想化，付诸实施还有不少困难，但不妨考虑作为今后的一个发展方向。

下　编

气候变化问题

第十五章 气候变化对人权国际
保护的影响

气候变化是一个涉及政治、经济、法律、环境以及科技等跨学科的综合性问题，近年来引起了国际社会的广泛关注。而人权国际保护一直是当代国际法的重要内容。因此，探讨气候变化对人权国际保护的影响，不但能拓宽人权制度研究的视角、提升现有的人权理念、丰富国际人权法理论，而且有利于应对气候变化、促进人权制度的改进从而更好地实现人权的国际保护①。

一、全球性、长期性与政治性
——气候变化与人权国际保护的共同点

按照《联合国气候变化框架公约》第 1 条第 2 款的规定，气候变化是指除在类似时期内所观测的气候的自然变异之外，由于直接或间接的人类活动改变了地球大气的组成而造成的气候变化。而人权国际保护是指"国家根据其主权并依据公认的国际法基本原则，主要通过签订国际条约，确立各国一般接受的国际人权规则和原则，并承担予以尊重和履行的国际义务，由有关人权公约所规定的国际机构或法律机制对这些国际义务的履行实行监督，加以保证"②。气候变化与人权国际保护具有以下共同特征：

---

① 有学者指出："在保护人权和保护环境、应对气候变化之间的联系如此重要，以至于将两个概念进行任何区分都是不可接受的。"［英］简·汉考克：《环境人权：权力、伦理与法律》，李隼译，重庆出版社 2007 年版，第 60 页。

② 邵津主编：《国际法》，北京大学出版社 2000 年版，第 308 页。

（一）全球性

气候变化是典型的全球性问题，无论是它的影响范围、还是其解决途径，都具有全球性。事实上，早在 1988 年 12 月，第 43 届联大根据马耳他政府"气候是人类共同财产之一部分"的提案，通过了《为人类当代和后代保护全球气候》的第 43/53 号决议，决定在全球范围内对气候变化问题采取必要和及时的行动。1992 年《联合国气候变化框架公约》也指出："气候变化是人类共同关心的问题，各国应尽可能地采取最广泛的合作，并参与有效和适当的国际应对行动。"2007 年 7 月，联大还就气候变化问题举行非正式专题辩论，主题是"气候变化是一项全球性挑战"①，这是联大历史上首次就此问题进行辩论。

而人权是一种应当被普遍尊重和遵循的价值，这种价值的存在和实现对于任何国家、种族和民族的任何人是没有区别的，因而它具有普遍的属性。例如，按照《世界人权宣言》第 2 条、《经济、社会、文化权利国际盟约》第 2 条第 2 款和《公民及政治权利国际盟约》第 2 条第 1 款之规定，人人都应当享有基本人权，不因种族、肤色、性别、语言、宗教、政见或其他主张、国籍或门第、财产、出生或其他身份等而受歧视。

（二）长期性

气候变化的影响范围不但是全球性的，而且其对人类社会发展的影响是深远的，甚至有可能威胁到我们的子孙后代。同样，气候变化问题的解决也是长期性的。自 1990 年为缔结防止气候变化公约而开始政府间谈判以来，国际社会先后制定了《联合国气候变化框架公约》、《京都议定书》、《波恩协定》、《布宜诺斯艾利斯行动计划》、《马拉喀什协议》、《德里宣言》以及巴厘路线图等一系列重要文件；它们为减缓全球气候变化过程发挥了重要作用。然

---

① See http://www.un.org/chinese/climatechange/background/sginitiatives. shtml,最后访问日期 2010 年 9 月 1 日。

而，从 2009 年哥本哈根会议等全球气候变化谈判的艰难曲折过程可以看出，各国围绕气候变化问题的国际斗争错综复杂、各种矛盾多重交织，应对气候变化的努力还任重道远。

人权也是历史发展的产物。虽然在 20 世纪以前，人权基本上属于国内法的调整范围；但是在第一次世界大战后，人权问题由国内法领域开始进入了国际法的调整范围。"人权作为具有全球性规模之正统性的理念获得了普遍的承认。"[①] 第二次世界大战后，除了《联合国宪章》、《世界人权宣言》、《经济、社会、文化权利国际盟约》和《公民及政治权利国际盟约》对人权国际保护做了具体规定外，国际社会还制定了诸多区域性国际人权公约和专门性国际人权公约。然而，2006 年联合国人权理事会的设立及其运作机制表明，人权国际保护仍然是今后联合国和国际社会的一项重要工作。

（三）政治性

1988 年 6 月，在加拿大多伦多举行的"变化中的大气：对全球安全的影响"国际会议，首次将气候变化作为政治问题来看待[②]。在 1995 年"柏林授权"后的气候谈判中，一些发达国家不仅提出减排承诺目标，还将温室气体减排问题引向主要发展中国家，其政治意图也十分明显。2007 年 4 月，联合国安理会还就"能源、安全与气候"议题展开公开辩论。这是安理会首次将防止地球变暖问题纳入政治议程，并将气候变化提升到全球安全的高度。此外，气候变化作为一个全球性问题，目前已成为世界各国制定对外政策时必须考虑的重要因素之一。例如，1995 年 3 月第一次缔约方大会后，"气候公约的政治含义成为中国对气候变化问题

---

①　[日] 大沼保昭：《人权、国家与文明》，王志安译，三联书店 2003 年版，第 97 页。

②　参见徐再荣：《全球环境问题与国际回应》，中国环境科学出版社 2007 年版，第 212 页。

关注的重心，把国际气候谈判当成一场'政治仗'来打"①。

"正是由于人权乃高贵的理念，呐喊'人权弹压'也就能成为批判敌对势力时极为有效的政治工具。"② 因此，在国际实践中避免人权国际保护的政治性利用，一直为国际社会所强调。正如联合国秘书长在第46届联大年度报告中指出的那样："维护人权时必须尽量谨慎，以免人权被用来作为侵犯各国基本国内管辖权、破坏各国主权的跳板"，因为"滥用这一原则是制造无政府状态最灵验的方法"③。1992年9月，第10次不结盟运动首脑会议所通过的《最后文件》也宣布："人权不应被用作政治压力的工具，尤其是对不结盟和其他发展中国家。所有国家均有权在尊重国家主权、自决和不干涉别国内政原则的基础上自由地建立它们自己的政治经济体系和制度。"④

二、气候变化问题对人权国际保护的影响

气候变化对人类社会和自然界的影响是全方位、多维度、多层次的。正如联合国"政府间气候变化专门委员会"（the Intergovernmental Panel on Climate Change，IPCC）第三次评估报告所指出的，气候变化对水文、资源、粮食、能源、生态系统、人类健康以及人类居住等各个方面都有影响。就人权国际保护而言，气候变化的影响涉及国家安全、人道主义问题、发展权和健康权以及国际关系的调整等。

---

① 庄贵阳、陈迎：《国际气候制度与中国》，世界知识出版社2005年版，第250页。

② ［日］大沼保昭：《人权、国家与文明》，王志安译，三联书店2003年版，第94页。

③ 转引自刘楠来编：《发展中国家与人权》，四川人民出版社1994年版，第42页。

④ 富学哲：《从国际法看人权》，新华出版社1998年版，第182页。

（一）气候变化与国家安全

近一二十年来，国家安全的概念已经发生了很大的变化，它已经扩展得远远超出了保卫本国领土免受他国武装入侵的范围。因此，我们现在和未来几十年所面临的最大的安全威胁已经绝不仅仅是国家发动的侵略战争了。这些威胁扩大到恐怖主义、毒品和武器交易、跨国有组织犯罪、环境和气候变化、民族和宗教冲突、邪教猖獗、金融动荡、信息网络攻击、基因与生物事故、非法移民、地下经济及洗钱、能源安全、武器扩散、传染病蔓延、海盗和贫穷等领域①。

其实，早在 20 世纪 80 年代末，学术界就开始关注气候变化对国家安全的影响。例如，1988 年 6 月在加拿大多伦多举行的"变化中的大气：对全球安全的影响"国际会议，就警示了气候变化的可能后果，认为"人类正在进行全球范围的无法控制的试验，其最终后果将仅次于一场全球核战争"②。进入 21 世纪后，特别是 2007 年 IPCC 关于气候变化后果的报告出台后，国际社会关于气候变化对国家安全影响的讨论非常热烈。例如，2007 年 4 月，由美国退休将军戈登（Gordon R. Sullivan）任主席的"军事顾问委员会"（the Military Advisory Board）集体撰写的《国家安全与气候变化威胁》（National Security and the Threat of Climate Change）报告指出："在世界上某些最不稳定的地区，气候变化可能扮演动荡威胁放大器的角色，它对美国的国家安全已构成明显的挑战；""美国可能被拖入因水和其他资源短缺而引发的战争。"③ 2007 年 6

---

① See Mark Udall, Collective Security and the United Nations, *Denver Journal of International Law and Policy*, Vol. 33, No. 1, 2004-2005, p. 4；杨泽伟：《当代国际法的新发展与价值追求》，载《法学研究》2010 年第 3 期，第 180 页。

② Matthew Paterson, *Global Warming and Global Politics*, London 1996, p. 41.

③ Climate Action Network （CAN） Military Advisory Board, *National Security and the Threat of Climate Change*, the CAN Corporation 2007, available at http：//www. cna. org/nationalsecurity/climate/report/National% 20Security% 20and% 20the% 20Threat% 20of% 20Climate% 20Change. pdf，最后访问日期 2010 年 9 月 4 日。

月，德国全球变化咨询委员会推出了题为《转型中的世界：气候变化带来的安全风险》的专题报告，强调气候变化政策和战略应该作为一个重要组成部分纳入国际维护安全的政策体系①。此外，2007 年 11 月，美国两个智库——国际战略研究中心（the Center for Strategic & International Studies，CSIS）和新美国安全中心（the Center for a New American Security，CNAS）发布了一份报告，它从一系列气候变化可能造成的情形中得出如下结论："我们深知须重视这一后果，即未受制止的气候变化的连锁影响中将包含一系列安全问题，这些问题将导致可怕的全球后果。"② 2009 年 5 月，由美国欧洲司令部前副司令查尔斯（Charles F. Chuck Wald）将军任主席的"军事顾问委员会"也推出了《增强美国的防卫：能源和国家安全风险》(Powering America's Defense：Energy and the Risks to National Security) 的报告，明确指出能源安全和气候变化目标应纳入国家安全和军事行动计划中③。

事实上，气候变化对国家安全构成了严重威胁。首先，气候变化对国家的基础设施造成了严重影响。例如，卡特里娜飓风使美国的原油生产和炼油能力较长时间地下降。又如，气候变化对我国的一些重大基础设施项目——南水北调、西气东输等都产生了不同程度的影响。

其次，气候变化有可能摧垮地方政府的行政能力。正如 2006 年《美国国家安全战略报告》所指出的："环境的破坏——无论是

① 参见赵宏图：《气候变化对国家安全与外交的影响》，载杨洁勉主编：《世界气候外交和中国的应对》，时事出版社 2009 年版，第 289 页。

② Kurt M. Campbell et al, *The Age of Consequences: the Foreign Policy and National Security Implications of Global Climate Change*, Center for Strategic & International StudiesNovember 2007, available at http://csis. org/files/media/csis/pubs/071105_ageofconsequences. pdf, 最后访问日期 2010 年 9 月 5 日。

③ Climate Action Network（CAN）Military Advisory Board, *Powering America's Defense: Energy and the Risks to National Security*, CAN Analysis & Solutions May 2009, available at http: //www. usclimatenetwork. org/resource-database/PoweringAmericasDefense. pdf, 最后访问日期 2010 年 9 月 7 日。

人为的还是由剧烈的大灾害如洪水、飓风、地震或海啸等引起的，都可能摧毁地方政府反应的能力，甚至可能使国家军事力量负担过重，因此需要一种大范围的国际响应。"[1]

最后，气候变化还能够严重地破坏重要的军事基地，从而极大地削弱国家的重要防御资源。例如，1992 年安德鲁飓风对美国迈阿密的霍姆斯特德空军基地（Homestead Air Force Base）造成了巨大的破坏，致使其再也没有被重新启用[2]。

值得注意的是，2007 年 10 月诺贝尔委员会将和平奖授予美国前副总统阿尔·戈尔（Al Gore）和 IPCC，表明其认识到了气候变化对和平与安全正在构成威胁[3]。

（二）气候变化与人道主义灾难

首先，气候变化导致了气候难民的大量出现。根据"国际环境与发展研究院"（International Institute for Environment and Development）最近的研究表明，世界十分之一的人口——约 6 亿 3400 万人——生活在高出海平面 0～10 米的沿海地区；即使海平面仅有温和的上升，风暴潮也将使地势低洼的沿海地区变得脆弱[4]。例如，孟加拉国有 46% 的人生活在低海拔地区，这些地区高出海平面不足 5 米；一旦出现破坏性的洪水，就会迫使数以千计

---

[1]　Joshua W. Busby, *Climate Change and National Security：An Agenda for Action*, Council On Foreign Relations, No. 32, November 2007, p. 4.

[2]　See Joshua W. Busby, *Climate Change and National Security：An Agenda for Action*, Council On Foreign Relations, No. 32, November 2007, p. 5.

[3]　有学者认为，某些大国的国防部未来一定、甚至已经在部署设置专门应对气候/环境灾难及由此产生的难民潮问题的"气候部队"；在全球气候政治中，"气候部队"的建立、"气候武器"的研制往往是大国间保持高度警觉但互不做声的一种默契。参见王逸舟：《气候与环境：国际政治第一焦点》，载《世界知识》2009 年第 24 期，第 20 页。

[4]　International Institute for Environment and Development, *Climate Change：Study Maps Those at Greatest Risk from Cyclones and Rising Seas*（2007），available at http：//www. iied. org/mediaroom/releases/070328coastal. html, 最后访问日期 2010 年 9 月 8 日。

的难民穿越边境，逃到印度，从而有可能导致这些气候难民与印度接收地区之间的紧张关系。又如，2005 年卡特里娜飓风摧毁了新奥尔良的大部分地区，造成了 1800 多人死亡，27 万多人转移安置，7 万多名士兵出动。美国政府在自己本土上演了一场类似海外人道主义救援的行动。

其次，气候变化容易引发人道主义灾难。例如，非洲在气候变化面前十分脆弱。气候变化引起的粮食生产下降、极端天气事件和旱灾，将进一步加剧非洲的紧张局势，使得治理和经济增长趋弱、大量移民产生、滋生恐怖主义的土壤也更加肥沃。一些非洲国家的政府不愿意或没有能力去保护其公民免受洪水、饥饿、干旱以及疾病的侵扰，使该地区特别受到人道主义灾难的影响。正如联合国秘书长潘基文在 2007 年的一次讲话中所指出的，达尔富尔冲突源于气候变化造成的食物和水资源缺乏等生态危机。

最后，气候变化加剧了对人道主义灾难救助的困难。气候变化的某些后果就像武装袭击一样，能够在瞬间杀死或危及众多人的生命，以及引起大规模的破坏，致使地方公共卫生机构、法律执行机构和危机处理机构失去对威胁的控制，从而加大对人道主义灾难救援的难度。

（三）气候变化与发展权

气候变化既是环境问题，也是发展问题，归根到底是发展问题。2002 年 8～9 月，在南非约翰内斯堡召开了世界可持续发展首脑会议，通过了《可持续发展执行计划》。此后，在可持续发展框架下，考虑减缓和适应气候变化问题成为谈判的新思路。同年 10 月，《联合国气候变化框架公约》第八次缔约方大会通过了《德里宣言》，明确提出在可持续发展框架下应对气候变化。《德里宣言》首次在国际文件中明确提出应在可持续发展框架下应对气候变化问题，这是国际社会在应对气候变化问题上的又一新进展。

目前将应对气候变化问题与促进全球可持续发展联系起来，已经成为各国的共识。在此基础上，发展中国家学者提出将碳排放权作为一种发展权来看待，得到了国际社会的认可①。

首先，碳排放权是一项基本的人权。人只要生活，就会产生碳排放。碳排放权利的大小直接关系到个人的生存空间和状态，没有碳排放权也就没有生存权。

其次，人人应享有平等的碳排放权。因此，只有承认以人的个体为基础的人际公平原则，制定公平有效的减排方案，才能真正实现碳排放权在不同国家和个体之间的公平分配。

最后，基于人际公平原则，为更好地保障发展权，应当对奢侈的、高额的"碳排放"行为征税来补贴低排放的贫困群体；同时，发达国家也应补偿因其历史排放而给发展中国家所造成的损失。

（四）气候变化与健康权

《世界人权宣言》第 3 条明确规定："人人有权享有生命、自由和人身安全。""地球权利国际"（Earth Rights International）也指出："享有安全与健康的生活环境是所有人的一项基本人权。自然资源开发与环境退化不仅对当地社区与原住民的健康与安全造成负面影响，而且经常伴随着对基本人权的侵犯，比如压制公民和政治权利、草率审判即行处死、严刑拷打、强奸与强迫劳动。"② 因此，面对气候变化之威胁而无动于衷将是对这一全人类权利的直接侵犯③。

首先，气候变化威胁人类健康。研究表明，气候变暖导致某些传染性疾病的传播和复苏。例如，2001 年世界卫生组织公布的报告指出，受"厄尔尼诺"气候现象的影响，自 20 世纪 90 年代末以来，吉布提、索马里、肯尼亚、坦桑尼亚和莫桑比克等非洲国家先后出现了严重的洪涝灾害，导致这些医疗卫生基础设施相对薄弱

---

① 参见潘家华、郑艳：《碳排放与发展权益》，载杨洁勉主编：《世界气候外交和中国的应对》，时事出版社 2009 年版，第 243 页。

② ［英］简·汉考克：《环境人权：权力、伦理与法律》，李隼译，重庆出版社 2007 年版，第 60 页。

③ 参见唐颖侠：《国际气候变化条约的遵守机制研究》，人民出版社 2009 年版，第 8—9 页。

的国家爆发了大规模的霍乱①。此外，气候变化对老年人、妇女、儿童以及体弱人群的健康影响更为严重。值得注意的是，2011年2月美国国家海洋和大气管理局的研究人员称，气候变化可能会增加起源于海洋、湖泊以及沿海生态系统的水传播疾病风险，这一影响可能会在10年内有所显露②。

其次，气候变化对农牧业生产产生负面影响。气候变化使农业生产的不稳定性增加，农作物病虫害出现的范围可能扩大，小麦、水稻和玉米等农作物均可能减产。同时，气候灾害使草原产量和质量有所下降，草地潜在荒漠化趋势加剧；禽畜生产和繁殖能力可能受到影响，禽畜疫情发生风险加大。因气象灾害造成的农牧业损失增大，必然影响食物的供应，并最终威胁健康权的实现。

最后，气候变化引起水资源分布的变化。气候变化将加大水资源年内和年际变化，增加洪涝和干旱等极端自然灾害发生的概率，特别是气候变暖将导致冰川加速融化，对以冰川融水为主要来源的河川径流产生较大影响。例如，根据IPCC的报告，到2050年三个沿海三角洲——尼罗河、湄公河和恒河-雅鲁藏布江地区，将非常容易受到气候变化的影响，有100多万人可能需要转移③。此外，气候变暖还可能将增加某些地区干旱化趋势，进一步加剧水资源短缺形势和水资源供需矛盾④。例如，2009年我国云南、广西等地的旱灾，给当地群众的生命财产和工农业生产造成重大损失。

---

① 参见宋国涛等：《中国国际环境问题报告》，中国社会科学出版社2002年版，第388页。

② 参见《气候变化或增水传播疾病风险》，法新社华盛顿2011年2月19日电，转引自《参考消息》2011年2月21日第7版。

③ See R. J. Nicholls etc., Coastal System and Low-lying Areas, in Climate Change 2007: Impacts, Adaptation and Vulnerability, Contribution of Working Group II to the Fourth Assessment Report of the Intergovernmental Panel on Climate Change, Cambridge University Press 2007, available at http://www.gtp89.dial.pipex.com/06.pdf，最后访问日期2010年9月10日.

④ 参见国务院新闻办：《中国应对气候变化的政策与行动（白皮书）》（2008年），载中国人大网 www.npc.gov.cn，最后访问日期2010年9月10日。

（五）气候变化政策的调整有助于改善国际关系，从而有利于保护人权

首先，有关气候援助方案能减缓或消除潜在的冲突。例如，近年来英国国际发展部、国防部、外交和联邦事务部等三个部门联合发起成立了"非洲降低风险共同体"（African Risk Reduction Pool）。该机构在英国财政部的支持下，以每年超过 6000 万英镑的预算，通过资助各种各样的气候安全动议，包括极端天气事件的早期预警系统、沿海地区防护投资、水资源保护、争端解决体系、抗旱农作物等方式，实现一些非洲国家安全部门的改组、士兵遣散、轻武器扩散的控制以及消除冲突的经济和社会根源等①。无论气候变化未来趋势如何，这些措施设计都应该能够使潜在的政治动荡与社会冲突后果最小化。

其次，气候变化问题有可能成为增进两国关系发展的一个楔子。例如，中美是世界上两个最大的二氧化碳排放国，两国的排放量均超过全球总量的 20%②。因此，为避免被世界谴责为"气候恶人"（Climate Villains），应对气候变化成为了中美两国的共同利益。而建立在共同利益基础上的气候外交，就有可能改善中美关系。事实上，中美相互合作也是国际社会应对全球气候变化的关键。正如有学者所指出的："一个没有中国和美国参与的后京都国际气候变化协议框架将不会取得任何实质效果，已经是国际社会的广泛共识。"③

---

① See Joshua W. Busby, *Climate Change and National Security: An Agenda for Action*, Council On Foreign Relations, No. 32, November 2007, p. 9.

② SeeKenneth Lieberthal and David Sandalow, Overcoming Obstacles to U. S. -China Cooperation on Climate Change, Washington: the Brookings Institution, January 2009, available at http: //www. brookings. edu/ ~ /media/ Files/rc/reports/2009/01_climate_change_lieberthal_sandalow/01_climate_change_ lieberthal_sandalow. pdf. , 最后访问日期 2010 年 9 月 13 日。

③ Tao Wang and Jim Watson, China's Energy Transition: Pathways for Low Carbon Development, University of Sussex UK and Tyndall Centre for Climate Change Research 2009, p. 2.

最后，应对气候变化措施也有可能促进民族和解。近年来，为避免森林砍伐而补偿相关国家的做法备受关注①。以印度尼西亚为例，印尼因森林大火和森林砍伐而成为世界第三大温室气体排放国，而灵活地管理森林经费将有助于巩固印尼的社会秩序和挫败激进分子。在印尼亚齐省，由一位前反政府人士领导的省政府正在寻求避免森林砍伐的支持，将其作为说服以前的分裂分子去保护森林并解除他们的武装的一种手段②。可见，向有关国家的政府提供它所寻求的资源，能够同时减缓气候变化和分裂主义分子的活动。

值得注意的是，一些自然灾害如海啸也有助于政府和分裂主义分子之间冲突的和平解决。例如，2004 年印尼海啸的破坏性影响是如此之严重，以至于亚齐省的分裂主义者决定交出他们的武器，并放弃了独立的要求。

三、中国的对策

（一）转变观念

气候变化及其不利影响不但是人类共同关心的话题，而且是中国和平发展过程中难以绕开的现实问题。客观地讲，目前中国在气候变化问题上被动应付多、主动出击少。因此，我国应转变观念，"尽可能减少受害者心态"③，从战略高度重视气候变化问题，以提高全社会应对气候变化的意识；应加大宣传与教育力度，进一步普及应对气候变化的科学知识和法律法规，倡导绿色低碳的生活方

---

① 在 2007 年八国集团峰会上，世界银行的一个 2.5 亿美元、避免 5 个国家的森林遭到砍伐的试点项目获得了会议的赞同。据世界银行的估计，该试点项目可以在 2008 年至 2012 年间达到二氧化碳少排放约 4000 万吨的效果，同时能保存约 10 万公顷的森林。

② See Joshua W. Busby, *Climate Change and National Security: An Agenda for Action*, Council On Foreign Relations, No. 32, November 2007, p. 11.

③ 赵宏图：《气候变化对国家安全与外交的影响》，载杨洁勉主编：《世界气候外交和中国的应对》，时事出版社 2009 年版，第 296 页。

式，扩大全社会应对气候变化问题的参与度。

（二）付诸行动

（1）坚持国际合作原则。气候变化问题是国际社会共同面临的挑战，解决气候变化问题需要国际社会的通力合作。中国通过加强国际合作，一方面有利于中国树立负责任大国的形象，提高中国参与全球气候变化活动的能力，增强中国在气候变化谈判中的话语权，以更好地维护中国的国家利益。例如，迄今全球碳交易市场正处在成长过程中，中国要更加积极地参与其中，争取成为该市场规则的重要制定者，以获得更大的话语权和定价权。另一方面，通过开展国际合作，有助于改变中国粗放型的经济增长模式、推进"两型社会"的建设，真正实现社会、经济的可持续发展。

（2）重视应对气候变化中的发展权问题。《联合国气候变化框架公约》规定："应当以统筹兼顾的方式把应对气候变化的行动与社会和经济发展协调起来……充分考虑到发展中国家实现持续经济增长和消除贫困的正当的优先需要。"因此，中国政府应坚决维护中国作为发展中国家的发展权益，并立足于发展权的实现，坚持赋予发展中国家、气候变化的脆弱群体和穷人以更多的碳排放权。正如印度政府所提出的，不能放弃发展的权利、任何减排都必须得到补偿。

（3）加强与气候变化有关的法制建设。自1992年6月中国政府签署《联合国气候变化框架公约》后，全国人大常委会先后制定和修改了《节约能源法》、《可再生能源法》、《循环经济促进法》、《清洁生产促进法》、《森林法》和《草原法》等一系列与应对气候变化相关的法律。上述法律在应对气候变化方面发挥了积极的作用。然而，中国应对气候变化的法律体系还不够健全，一些法律规定过于模糊。因此，中国立法机关应适时修改、完善与应对气候变化相关的法律，及时出台配套法规，并根据实际情况制定新的法律法规，为应对气候变化提供更加有力的法制保障。例如，在目前正在草拟的《能源法》中，可以辟专章规定气候变化的法律制度，并在《能源法》总则中明确应对气候变化的战略要求①。此外，要加快《核能法》的制定过程，以便通过法律手段减少温室气体的排放，有效应对气候变化。

---

① 参见中国法学会能源法研究会：《关于加快〈能源法〉立法》，应对气候变化的建议》，载肖国兴、叶荣泗主编：《中国能源法研究报告(2009)》，法律出版社 2010 年版，第 11 页。

第十六章　碳排放权：一种新的发展权

近年来随着全球极端天气现象的不断出现，气候变化问题成为了国际舆论关注的焦点。尤其是伴随着迈向后京都时代（2012～2020 年）的步伐日益加快，碳排放权分配问题再次成为了气候谈判的核心问题之一。中国作为世界上最大的发展中国家和温室气体排放大国，碳排放权的分配不但关系到中国未来的发展空间，而且涉及广大发展中国家的根本利益。因此，从发展权的角度研究后京都时代碳排放权分配问题，无疑具有重要的现实意义。

一、碳排放权的定位

（一）气候变化与碳排放权的产生

碳排放权是指权利主体为了生存和发展的需要，由自然或者法律所赋予的向大气排放温室气体的权利，这种权利实质上是权利主体获取的一定数量的气候环境资源使用权①。碳排放权的产生与人类对气候变化问题的关注密切相关。

早在 20 世纪 70 年代，科学家们就已经把气候变暖作为一个全球性环境问题提出来了。1988 年，由世界气象组织和联合国环境规划署共同建立了"政府间气候变化专门委员会"（the Intergovernmental Panel on Climate Change，IPCC）。同年 12 月，联大通过了关于保护气候的第 43/53 号决议，宣布气候变化是"人类共同关

---

① 参见韩良：《国际温室气体排放权交易法律问题研究》，中国法制出版社 2009 年版，第 29 页。

切之事项"①。1992 年，里约环境与发展大会通过的《联合国气候变化框架公约》(以下简称《气候变化公约》) 规定，发达国家应率先对付气候变化及其不利影响，发达国家应在 20 世纪末将其温室气体排放降到其 1990 年的水平。1997 年，第三次缔约方会议通过了《京都议定书》，要求发达国家应在 2008 ~ 2012 年间，将其温室气体的排放量在 1990 年的基础上平均减少 5%，其中欧盟将削减 8%，美国将削减 7%，日本和加拿大将削减 6%。由于《京都议定书》的目标承诺期只到 2012 年，因此 2012 年后的碳排放权如何分配就成为了国际社会争论的焦点②。

(二) 碳排放权的主体

关于碳排放权的主体，主要有以下三种类型：

(1) 国家。《气候变化公约》和《京都议定书》都是从国际公平的角度出发，以国家为单位来界定一国的碳排放权，在国家减排责任中区分了发达国家和发展中国家在不同阶段的"国家碳排放总量"(National Total Carbon Emissions) 的指标。以国家为主体的国家碳排放权，虽然注意到了国家层面的公平，但是忽略了人与人之间的不公平③。

(2) 群体。以群体为主体类型的群体碳排放权，主要是指各种企业或营业性机构在满足法律规定的条件下获得排放指标从而向大气排放温室气体的权利。群体碳排放权具有可转让性，这是国际温室气体排放权交易制度建立的基础。

(3) 自然人。以自然人为主体类型的个体碳排放权，是指每

---

① Cass R. Sunstein, Of Montreal and Kyoto: A Tale of Two Protocols, *Harvard Environmental Law Review*, Vol. 31, No. 1, 2007, p. 24.

② See Anita M. Halvorssen, Common, but Differentiated Commitments in the Future Climate Change Regime——Amending the Kyoto Protocol to Include Annex C and the Annex C Mitigation Fund, *Colorado Journal of International Environmental Law & Policy*, Vol. 18, No. 2, 2007, p. 247.

③ 参见杨洁勉主编：《世界气候外交和中国的应对》，时事出版社 2009 年版，第 243—245 页。

个个体为了自己的生存和发展的需要，不论在何处，都有向大气排放温室气体的自然权利。后京都时代碳排放权的分配，应更多地着眼于个体碳排放权问题。

（三）碳排放权是一种新的发展权

众所周知，"发展权既是一项独立的人权，也是实现其他人权的前提"①。1977 年联合国人权与和平司司长将发展权归入一种新的人权，成为人权的"第三代"。1979 年，联合国人权委员会通过一项决议，重申发展权是一项人权。1986 年，联大通过《发展权宣言》，指出："发展权利是一项不可剥夺的人权。"

而"气候变化既是环境问题，也是发展问题，但归根到底是发展问题。"② 因此，把气候变化问题与可持续发展联系起来，已经成为了国际社会的共识。在此基础上，将碳排放权作为一种新的发展权来看待，也逐渐得到了国际社会的认可。例如，美国学者波斯纳（Eric A. Posner）、森斯坦（Cass R. Sunstein）和格林（Bryan A. Green）都承认，碳排放权是一种发展权③。肯尼亚内罗毕大学穆马（Albert Mumma）教授认为："排放权实际上是代表发展权，是为了满足一国及其国民幸福生活的需要。"④ 森（A. Sen）根据可持续人文发展理论，提出"发展的根本目的是为

---

① 杨泽伟：《新国际经济秩序研究——政治与法律分析》，武汉大学出版社 1998 年版，第 88 页。

② 国家发展与改革委员会：《中国应对气候变化国家方案》，2007 年 6 月 4 日。

③ See Eric A. Posner & Cass R. Sunstein, Climate Change Justice, *Georgetown Law Journal*, Vol. 96, 2007-2008, p. 1603; Bryan A. Green, Lessons From the Montreal Protocol: Guidance for the Next International Climate Change Agreement, *Environmental Law*, Vol. 39, 2009, p. 281.

④ Albert Mumma & David Hodas, Designing A Global Post—Kyoto Climate Change Protocol that Advances Human Development, *Georgetown International Environmental Law Review*, Vol. 20, 2007-2008, p. 639.

了扩大人的选择范围,实现人的全面发展"①。此外,格林还进一步指出:"共同但有区别责任原则"还应当包括发展中国家的"发展责任"②。

事实上,作为一种新的发展权的碳排放权有两层涵义:第一,碳排放权"是一项天然的权利,是每个人与生俱来的权利,是与社会地位和个人财富都无关的权利"③;第二,"碳排放权的分配,是意味着利用地球资源谋发展的权利"④,对发展中国家而言更是如此。

二、作为发展权的碳排放权的法理依据

(一)碳排放权的法律基础

自 1990 年联大为缔结防止气候变化公约而开始政府间谈判以来,国际社会先后制定了《气候变化公约》、《京都议定书》、《波恩协定》、《布宜诺斯艾利斯行动计划》、《马拉喀什协议》、《德里宣言》以及"巴厘路线图"等一系列重要文件,它们在加强全球共识和减缓全球气候变化的过程中发挥了关键作用⑤,并为碳排放权奠定了坚实的法律基础。其中,最重要的有《气候变化公约》和《京都议定书》。

---

① A. Sen, *Development as Freedom*, Oxford University Press 1999, p. 18.

② Bryan A. Green, Lessons From the Montreal Protocol: Guidance for the Next International Climate Change Agreement, *Environmental Law*, Vol. 39, 2009, p. 281.

③ 〔英〕简·汉考克:《环境人权:权力、伦理与法律》,李隼译,重庆出版社 2007 年版,第 58、64 页。

④ Albert Mumma & David Hodas, Designing A Global Post—Kyoto Climate Change Protocol that Advances Human Development, *Georgetown International Environmental Law Review*, Vol. 20, 2007-2008, p. 633, p. 641.

⑤ 参见国家气候变化对策协调小组办公室、中国 21 世纪议程管理中心:《全球气候变化——人类面临的挑战》,商务印书馆 2004 年版,第 2 页。

（1）《气候变化公约》。《气候变化公约》申明："应当以统筹兼顾的方式把应对气候变化的行动与社会和经济发展协调起来，以免后者受到不利影响，同时充分考虑到发展中国家实现持续经济增长和消除贫困的正当的优先需要。认识到所有国家特别是发展中国家需要得到实现可持续的社会和经济发展所需要的资源"；"各缔约方有权并且应当促进可持续的发展。保护气候系统免遭人为变化的政策和措施，应当适合每个缔约方的具体情况，并应当结合到国家的发展计划中去，同时考虑到经济发展对于采取措施应对气候变化是至关重要的。"

（2）《京都议定书》。《京都议定书》也明确将量化的排放限制以及减排承诺与促进可持续发展的努力联系起来。例如，第 2 条第 1 款规定："附件一所列每一缔约方，在实现第 3 条所述关于其量化的限制和减少排放的承诺时，为促进可持续发展，应根据本国情况执行和/或进一步制定政策和措施"；第 3 条指出："附件一所列缔约方，应个别地或共同地确保其在附件 A 中所列温室气体的人为二氧化碳当量排放总量，不超过按照附件 B 中量化的限制和减少排放的承诺以及根据本条规定所计算的分配数量，以使其在 2008 年至 2012 年承诺期内这些气体的全部排放量从 1990 年水平至少减少 5%。"

此外，《巴厘行动计划》（Bali Act Plan）也提及了可持续发展原则，并提出对后京都体制进行协商的任务①。

由上可见，无论是《气候变化公约》还是《京都议定书》，都肯定了发展中国家基于发展需要的碳排放权。

（二）碳排放权的理论依据

可持续发展原则、共同但有区别的责任原则以及公平正义原则，为作为发展权的碳排放权提供了理论依据。

（1）可持续发展原则（the Sustainable Development Principle）。

---

① See FCCC/CP/2007/6/Add.1, p.3.

国际法院卫拉曼特雷（Weeramantry）法官曾经指出："可持续发展原则是现代国际法的组成部分，这不仅因为其具有必然存在的逻辑，也在于全球已普遍、广泛地认可该原则。"① 根据《布伦特兰报告》（Brundtland Report），可持续发展是指"既满足当代人的需要，又不对后代人满足其需要的能力构成危害的发展"②。《气候变化公约》无疑是可持续发展领域内的主要法律文件之一。例如，该公约第3条第4款宣布"各缔约方有权并且应当促进可持续的发展"；公约第4条第7款指出"发展中国家缔约方能在多大程度上有效履行其在本公约下的承诺，将取决于发达国家缔约方对其在本公约下所承担的有关资金和技术转让承诺的有效履行，并将充分考虑到经济和社会发展及消除贫困是发展中国家缔约方的首要和压倒一切的优先事项"。公约的这些规定，体现了发展权以及改变不可持续的生产和消费模式的义务。《京都议定书》第2条第1款也将减排承诺与可持续发展联系起来。

2002年8~9月，在南非约翰内斯堡召开了世界可持续发展首脑会议，通过了《可持续发展执行计划》。此后，在可持续发展框架下，考虑减缓和适应气候变化问题成为了谈判的新思路③。同年10月，《气候变化公约》第八次缔约方大会通过了《德里宣言》，"首次在国际文件中明确提出应在可持续发展框架下应对气候变化问题，这是国际社会在应对气候变化问题上的又一新进展"④。

值得注意的是，2009年《哥本哈根协议》第2条也规定："我们

---

① Nico Schrijver, The Evolution of Sustainable Development in International Law: Inception, Meaning and Status, *Recueil des Cours*（*Hague Academy of International Law*）, Vol. 329, 2007, p. 217.

② 蔡守秋等：《可持续发展与环境资源法制建设》，中国法制出版社2003年版，第14—15页。

③ Anita M. Halvorssen, Global Response to Climate Change——From Stockholm to Copenhagen, *Denver University Law Review*, Vol. 85, No. 4, 2007-2008, p. 846.

④ 庄贵阳、陈迎：《国际气候制度与中国》，世界知识出版社2005年版，第251页。

应该合作起来以尽快实现全球和各国碳排放峰值，我们认识到发展中国家碳排放峰值的时间框架可能较长，并且认为社会和经济发展以及消除贫困对于发展中国家来说仍然是首要的以及更为重要的目标，不过低碳排放的发展战略对可持续发展而言是必不可少的。"

（2）共同但有区别的责任原则（the Principle of Common but Differentiated Responsibilities）。"共同但有区别的责任原则"是指在地球生态系统整体性的基础上，各国对保护全球环境都负有共同的责任，但各国承担的具体责任又因能力的不同而有很大差异。1992 年，联合国环境与发展大会确立了"共同但有区别的责任原则"。《里约环境与发展宣言》原则 7 宣布"各国拥有共同但有区别的责任"。《气候变化公约》则是第一份在条文中明确使用了"共同但有区别的责任"措辞的国际环境法律文件①，它在序言中强调"所有国家根据其共同但有区别的责任和各自的能力及其社会和经济条件，尽可能开展最广泛的合作，并参与有效和适当的国际应对行动"。此外，《气候变化公约》第 3 条"原则"、第 4 条"承诺"都体现了"共同但有区别的责任原则"的要求。而《京都议定书》通过以发达国家量化减排、发展中国家不承担强制减排义务的方式，进一步贯彻了"共同但有区别的责任原则"。可见，"共同但有区别的责任原则"明确承认：历史上和目前全球温室气体排放的大部分源自发达国家；发展中国家的人均排放仍相对较低；发展中国家在全球排放中所占的份额将会增加，以满足其社会和发展需要。

"虽然共同但有区别的责任原则实际上还没有被看作有约束力的国际法，但是在国际环境条约中它已经成为了确立责任分担安排的基石。因此，发达国家对于控制温室气体排放应承担更大的责任。"② 在后京都时代碳排放权的分配中，鉴于发展中国家经济和

---

① 参见杨兴：《〈气候变化框架公约〉研究——国际法与比较法的视角》，中国法制出版社 2007 年版，第 133 页。

② Christopher D. Stone, Common but Differentiated Responsibilities in International Law, *American Journal of International Law*, Vol. 98, 2004, p. 276.

社会发展的需要，"共同但有区别的责任原则"的基石地位仍不可动摇。正如温家宝总理在 2009 年 12 月哥本哈根气候峰会领导人会议上所强调的："'共同但有区别的责任原则'是国际合作应对气候变化的核心和基石，应当始终坚持。"①

（3）公平正义原则。气候变化不仅仅是一个生态问题，也是一个公平问题②。"如果不解决气候变化与正义之间的相互影响，就绝不可能成功应对气候变化。"③ 因此，公平正义原则成为了作为发展权的碳排放权的理论依据之一。

首先，《联合国宪章》序言庄严地宣布"大小各国平等权利之信念"，并在第 1 条确定"发展国际间以尊重人民平等权利及自决原则为根据之友好关系"的宗旨。其次，《世界人权宣言》第 1、2 条分别规定："人皆生而自由，在尊严及权利上均各平等；""人人皆得享受本宣言所载之一切权利与自由，不分种族、肤色、性别、语言、宗教、政见或其他主张、国籍或门第、财产、出生或他种身份。"最后，按照罗尔斯"正义的两个原则"理论，"每个人对与其他人所拥有的最广泛的基本自由体系相容的类似自由体系，都应有一种平等的权利；社会的和经济的不平等应这样安排，使它们被合理地期望适合于每一个人的利益，并且依系于地位和职务向所有人开放"④；前者为"平等自由原则"，后者为"差别原则与机会的公平平等原则"。

---

① 温家宝：《凝聚共识、加强合作，推进应对气候变化历史进程——在哥本哈根气候变化会议领导人会议上的讲话》（2009 年 12 月 18 日），http：//www. gov. cn/ldhd/2009-12/19/content_1491149. htm，最后访问日期 2010 年 10 月 6 日。

② See Etienne Vermeerrsch ed. , *Reading the Kyoto Protocol：Ethical Aspects of the Convention on Climate Change*, Delft 2005, p. 84.

③ Seth Johnson, Climate Change and Global Justice：Crafting Fair Solutions for Nations and Peoples, *Harvard Environmental Law Review*, Vol. 33, 2009, p. 297.

④ ［美］约翰·罗尔斯：《正义论》，何怀宏等译，中国社会科学出版社 1988 年版，第 56 页。

因此，在考虑世界各国对碳排放权的分配问题时，必须坚持公平正义原则。诚如罗尔斯所指出的："所有社会价值——自由和机会、收入和财富、自尊的基础——都要平等地分配，除非对其中的一种价值或所有价值的一种不平等分配合乎每一个的利益。"①

三、作为发展权的碳排放权的分配

（一）现有的碳排放权分配方案

当前国际社会已有 20 多种关于碳排放权的分配方案，其中较有代表性的主要有以下几种②：

（1）"紧缩与趋同方案"（Contraction and Convergence）。1990年，英国全球公共资源研究所（Global Commons Institute，GCI）倡议的"紧缩与趋同方案"主张，发达国家从现在的高排放逐渐降低到人均水平，发展中国家则从目前较低的排放水平逐渐增加到世界人均水平，从而使全球的人均排放量在目标年达到趋同，并最终实现全球稳定的浓度目标③。有学者在此基础上提出了"两个趋同"的分配办法，即 2100 年各国的人均排放趋同、1990 年到趋同年（2100 年）的累积人均排放趋同④。

（2）巴西案文。1997 年，巴西政府向"柏林授权特别小组"

---

① ［美］约翰·罗尔斯：《正义论》，何怀宏等译，中国社会科学出版社 1988 年版，第 58 页。

② See A. Torvanger etc. , A Survey of Differentiation Methods for National Greenhouse Gas Reduction Targets, Centre for International Climate and Environmental Research—Oslo Report 1999, p. 5；Daniel Bodansky, *International Climate Efforts Beyond 2012：A Survey of Approaches*, Prepared for the Pew Center on Global Climate Change, Washington D. C. 2004, pp. 1-35.

③ See http：//www. globalcommons. org，最后访问日期 2010 年 10 月 3日。

④ 参见陈文颖等：《全球未来碳排放权"两个趋同"的分配方法》，载《清华大学学报》（自然科学版）2005 年第 6 期，第 850—853 页。

提交了《关于〈气候变化公约〉的议定书提案要点》，旨在根据附件一国家对全球增温的相对历史贡献来区别和划分它们在京都议定书第一承诺期的减排责任和目标，其中越早工业化的国家需要承担的减排义务就越大。巴西案文一出笼，就引起了科学界的广泛关注，并在此基础上衍生了一些新的分配方案[1]。

（3）"多部门减排分担方案"（Multi-sector Convergence Approach of Burden Sharing）。2001年，荷兰能源研究中心（Energy Research Centre of the Netherlands, NCN）和挪威奥斯陆国际气候与环境研究中心（Centre for International Climate and Environmental Research—Oslo, CICERO）在"三部门方法"（Triptych）的基础上合作开发了一个更复杂的全球"多部门减排分担方案"。它主要将世界各国的国民经济划分为发电、工业、民用、交通、服务、农业和废弃物等七个部门，并按照各国各部门人均排放趋同的方法确定部门排放限额[2]。

（4）"国际减排责任分担体系评价框架"（Framework to Assess International Regimes for Burden Sharing, FAIR）。2001年，荷兰国家健康与环境研究所（National Institute of Public Health and the Environment, RIVM）开发了"国际减排责任分担体系评价框架"（简称"FAIR模型"），将以历史责任为基础的分担方法扩展到了发展中国家，其多阶段参与法把发展中国家承担的减排义务分为以下四个阶段：基准排放情景阶段、碳排放强度下降阶段、稳定排放阶段和减排阶段[3]。

（5）满足人文发展基本需求的碳排放方案。该方案将碳排放分为

---

① 参见韩良：《国际温室气体排放权交易法律问题研究》，中国法制出版社2009年版，第79—80页。

② 参见于胜民：《基于人均历史累积排放的排放权分担方法》，载国家发展和改革委员会能源研究所编著：《能源问题研究文集》，中国环境科学出版社2009年版，第296页。

③ See Michel den Elzen etc. , *FAIR 2.0: A Decision—Support Tool to Assess the Environmental and Economic Consequences of Future Climate Regimes*, RIVM Report 2003, Netherland 2003.

用以基本生活需要的碳排放和奢侈浪费性的碳排放，强调人均排放是人的基本发展权之一，减排方案必须能够同时保证国际公平和人际公平，减排的具体目标应当与联合国的人文发展目标结合起来考虑①。

由上可见，上述种种方案虽然出于不同的利益取向，各有侧重，但是它们要么回避历史责任，要么忽视发展权或其他因素，因而不是完全令人满意的方案。换言之，统一的为世界各国所接受的排放权分配制度，目前还没有建立起来。

（二）影响碳排放权分配的因素

鉴于国际社会已有碳排放权分配方案的缺陷，我们认为，在制定碳排放权分配方案时应考虑以下因素：

（1）发展需要。"发展权是实现其他人权特别是经济和社会权利的重要基础"②，"因为一个社会若没有相当程度的发展，就不可能为其成员实现自己的社会和经济权利提供条件或给予保障，即为社会成员提供积极的公共服务，并保障其达到最低生活标准"③。因此，碳排放权的分配，一方面应满足发展中国家的基本生存需要，保障其公民的基本能源需求和物质需要④；另一方面，由于

---

① 潘家华：《人文发展分析的概念构架与经验数据——以对碳排放空间的需求为例》，载《中国社会科学》2002年第6期，第15—25页；Jiahua Pan, Fulfilling Basic Development Needs with Low Emissions—China's Challenges and Opportunities for Building a Post—2012 Climate Regime, in Taishi Sugiyama ed., Governing Climate: The Struggle for a Global Framework beyond Kyoto, International Institute for Sustainable Development 2005, pp. 87-208.

② 吴卫星：《环境权研究——公法学的视角》，法律出版社2007年版，第127页。

③ 国际人权法教程项目组编写：《国际人权法教程》（第1卷），中国政法大学出版社2002年版，第464页。

④ 现今世界上还有15亿到20亿的人没有用上电。他们没有冰箱、收音机、汽车，晚上也只能靠煤油或蜡烛照明。See Albert Mumma & David Hodas, Designing A Global Post—Kyoto Climate Change Protocol that Advances Human Development, *Georgetown International Environmental Law Review*, Vol. 20, 2007-2008, p. 635.

"最不发达国家是迄今气候变化的最大受害者"①，因而确定后京都时代的减排目标要以代内公平为基础、保证发展中国家的可持续发展需要②。发展中国家只有通过可持续发展，提高经济发展水平和自身的能力，才能有效地应对气候变化。

（2）人口数量。每个国家的公民都对气候、环境等全球公共产品拥有相同的权利，任何国家都无权在人均排放方面高于其他国家。因此，排放权的分配考虑人口因素，意味着从另一个侧面承认排放权就是生存权和发展权、是基本人权的一个组成部分，同时也体现了人类生存、发展和利用自然资源的平等权利。此外，人均排放权原则也符合伦理正义。因为按照国际能源机构的统计，2004年人均二氧化碳排放最高的是美国 19.73 吨，其次是俄罗斯 10.63 吨、德国 10.29 吨、日本 9.52 吨、英国 8.98 吨、法国 6.22 吨，而中国只有 3.66 吨③。

（3）历史责任。《气候变化公约》序言明确指出："注意到历史上和目前全球温室气体排放的最大部分源自发达国家。"发达国家的历史累积排放总量和人均历史累积排放要远远高于发展中国家。据联合国开发计划署的统计，自 1840 年以来，全球 70% 的二氧化碳来自美国、俄罗斯、德国、英国、法国、日本、加拿大和波兰④。而"世界资源研究所"（World Resources Institute）的资料表明，1850～2003 年历史累积排放最多的国家是美国，占 29%；其

---

① Richard Tol, Estimates of the Damage Costs of Climate Change, *Environmental & Resource Economics*, Vol. 21, 2002, p. 135.

② See Albert Mumma & David Hodas, Designing A Global Post—Kyoto Climate Change Protocol that Advances Human Development, *Georgetown International Environmental Law Review*, Vol. 20, 2007-2008, p. 639.

③ See International Energy Agency, CO2 Emissions from Fuel Combustion 1971-2004, at II. 49—II. 51, 2006.

④ See the United Nations Development Program, *Human Development Report* 2007/2008, pp. 40-41.

次是欧盟，占 26%。① 因此，发达国家理应承担"历史责任"（Historical Responsibility）②，对其行为引发的后果负责，并为其行为付费。有鉴于此，在后京都时代排放权分配中，发达国家必须考虑其过去提前耗用的排放空间，并相应地扣减其未来的排放额度，从而实现"矫正正义"（Corrective Justice）③。

（4）公平正义原则。《气候变化公约》第 3 条第 1 款规定："各缔约方应在公平的基础上，并根据他们共同但有区别的责任和各自的能力，为人类当代和后代的利益保护气候系统。"因此，碳排放权指标的分配，必须遵循公平正义原则。一方面，要考虑国家层面的公平，保证发展中国家与发达国家同样的排放权。诚如有学者所言："如果不在北方和南方之间实现更大的公平，关于有效保护气候的一切呼吁都是徒劳的。"④ 另一方面，更要寻求"代内公平"（Intra-generational Equity）⑤，以保障所有人、尤其是处于社会不利地位的弱势群体应享有的基本权利，从而实现人类享有平等的生存权和公平的发展权。

（5）其他因素。进行后京都时代碳排放权的分配时，还应考虑其他一些因素，如地理条件、资源禀赋、能源效率⑥、产业结

---

① See World Resources Institute's Climate Analysis Indicators Tool, available at http：// cait. wri. org，最后访问日期 2010 年 10 月 4 日。

② Albert Mumma & David Hodas, Designing A Global Post—Kyoto Climate Change Protocol that Advances Human Development, *Georgetown International Environmental Law Review*, Vol. 20, 2007-2008, p. 625.

③ Daniel A. Farber, Basic Compensation for Victims of Climate Change, *University of Pennsylvania Law Review*, Vol. 155, 2007, p. 1605.

④ Etienne Vermeersch ed. , Reading the Kyoto Protocol：Ethical Aspects of the Convention on Climate Change, Eburon 2005, p. 84.

⑤ Albert Mumma & David Hodas, Designing A Global Post—Kyoto Climate Change Protocol that Advances Human Development, *Georgetown International Environmental Law Review*, Vol. 20, 2007-2008, p. 639.

⑥ See Albert Mumma & David Hodas, Designing A Global Post—Kyoto Climate Change Protocol that Advances Human Development, *Georgetown International Environmental Law Review*, Vol. 20, 2007-2008, p. 633.

构、技术水平①、人类发展指数（Human Development Index）②等。这些因素，都能对碳排放权指标的分配起到一定的校正作用。

四、中国的对策

关于碳排放权的分配问题，从表面上看是发展中国家和发达国家之间关于应对气候变化和保护地球环境的争论，但本质上是各主要国家和利益集团关于 21 世纪能源安全和经济发展战略的较量，其影响可能涉及几代人。中国作为温室气体排放大国，如何寻找化解气候变化问题的巨大压力之策，显得尤为紧迫。

（一）从"差别原则"到"共同责任"的转变

前已述及，"共同但有区别的责任原则"是世界各国合作应对气候变化的基础。然而，该原则现今正面临严峻的挑战。一方面，"共同但有区别的责任原则"近年来饱受批评，有被抛弃的危险。例如，美国一直强调，由于没有给中国和其他发展中国家设定有约束力的减排义务，所以它拒绝批准《京都议定书》③。而一些欧美学者也认为："在处理全球环境问题的国际条约中，发展中国家完全有理由享受差别待遇。然而，《京都议定书》似乎沿着区别责任的方向走得太远，以致偏离了共同责任的轨道。该原则不应解释为，对共同关切事项需要有区别责任。把某些国家排除在外，貌似

---

① See Bryan A. Green, Lessons From the Montreal Protocol: Guidance for the Next International Climate Change Agreement, *Environmental Law*, Vol. 39, 2009, p. 279.

② See the United Nations Development Program, *Human Development Report* 2007/2008, pp. 355-372.

③ See Anita M. Halvorssen, Global Response to Climate Change——From Stockholm to Copenhagen, *Denver University Law Review*, Vol. 85, No. 4, 2007-2008, p. 850.

公平，实则影响了整个目标的实现。"① 另一方面，全球温室气体排放格局的变化，也导致了"共同但有区别的责任原则"正在被削弱。1997 年《京都议定书》制定时，包括中国在内的发展中国家碳排放量在国际上所占的比例并不高。然而，随着中国、印度、巴西等发展中国家的经济高速发展，它们的排放量也迅速增加。"如果作为主要二氧化碳排放的发展中大国，没有被施加有约束力的减排义务，那么'共同但有区别的责任原则'就会超越《气候变化公约》的目标和宗旨的限制。"② 所以，"'共同但有区别的责任原则'中的'责任'，不仅仅是指发达国家的责任，也是指每个国家的共同责任"③。

因此，中国政府在坚守"共同但有区别的责任原则"的前提下，与发展中国家特别是发展中大国一起逐渐承担更多的减排责任，逐步实现从"差别原则"到"共同责任"的转变，应当是今后发展的一个重要趋势。在哥本哈根会议前夕，中国政府主动做出的减排承诺，从某种意义上说也是这种趋势的反映。

（二）强调由贸易和投资引起的转移排放问题

近年来由贸易和投资所导致的转移排放问题，日益引起世界各国的重视。在 2008 年联合国气候变化波恩会议上，印度学者就提出应该让发达国家对外国直接投资给发展中国家带来的新增排放负责，从而为发展中国家拓展更多的出于自身发展需要的碳

① Michael Weisslitz, Rethinking the Equitable Principle of Common but Differentiated Responsibility: Differential Versus Absolute Norms of Compliance and Contribution in the Global Climate Change Context, *Colorado Journal of International Environmental Law & Policy*, Vol. 13, 2002, p. 477.

② Anita M. Halvorssen, Global Response to Climate Change—From Stockholm to Copenhagen, *Denver University Law Review*, Vol. 85, No. 4, 2007-2008, pp. 849-850.

③ Bryan A. Green, Lessons From the Montreal Protocol: Guidance for the Next International Climate Change Agreement, *Environmental Law*, Vol. 39, 2009, p. 282.

排放空间①。事实上，由于国际分工和贸易的影响，发达国家纷纷利用中国低廉的生产成本，把低附加值、高耗能的产业转移到中国，使中国在全球经济体系中扮演着"世界工厂"的角色。这种世界经济贸易格局，使来源于欧美国家的消费，占到了中国温室气体排放总量的20%左右。因此，在后京都时代碳排放权的分配中，应当考虑这一因素。只有这样，才能真正体现公平正义原则。

（三）利益诉求的差别导致发展中国家的分化，因而应寻找新的联盟

在当今全球气候政治舞台上，出现了形形色色的国家集团，它们复杂的内部关系已经完全超越了20世纪60年代以来所谓"南北鸿沟"或"两个世界"的简单二分法。其中，发展中国家内部不同集团间的利益诉求也有很大差别。例如，小岛国联盟②最担心海面上升，因而强烈要求严格执行减排方案；最不发达国家则特别关注未来资金援助问题，而不是排放权的分配。而中国、印度、巴西和南非等"基础四国"③，因其经济、社会发展仍处于工业化、现代化进程之中，国内仍有相当一部分地区和人口处于贫困状态，所以反对对其施加有约束力的减排义务。与此同时，中国的发展中国家地位也日益受到质疑。一些欧美学者认为："如果仍把中国作为发展中国家，不但无法创建一种有效应对气候变化的制度框架，而

---

① 参见杨洁勉主编：《世界气候外交和中国的应对》，时事出版社2009年版，第246页。

② 小岛国联盟成立于1990年，由43个成员国和观察员组成，包括新加坡及来自非洲、加勒比海、印度洋、地中海、太平洋和南中国海的小岛国。其宗旨是：加强在全球气候变化下有着相似的发展挑战和环境关注的脆弱小岛屿与低洼沿海国家在联合国体制内的话语权。

③ "基础四国"是指中国、印度、巴西和南非，其称呼来源于四国英文的首字母缩写"BASIC"，基础之意也喻指中国、印度、巴西和南非是当今世界上最重要的发展中国家。

且对整个世界来说也是不公平的，因而必须加以区别。"①

事实上，在哥本哈根会议上，围绕后京都时代碳排放权的分配与技术转让等问题的博弈双方，主要是以美、欧为代表的传统大国和以中、印为代表的新兴大国。因此，在未来气候变化问题的谈判中，中国政府除了继续坚持以发展中国家身份参加谈判以外，也应注意到发展中国家已经分化的事实，在加强与发展中大国协调的同时，适当支持小岛国联盟和最不发达国家的要求，以应对发达国家的压力和挑战。

（四）重视碳排放权分配中的发展权问题

"中国参与气候变化领域国际活动及履约谈判的首要任务，是为实现工业化和现代化及可持续发展而争取应有的发展权，即为未来发展争取必需的排放空间。"② 因此，中国政府应坚持可持续发展战略，维护《联合国气候变化框架公约》和《京都议定书》的基本框架。一方面，中国承认减排是经济社会发展的大势所趋，是人类文明进步的必然；另一方面，坚决维护中国作为发展中国家的发展权益，强调发展经济和消除贫困是发展中国家压倒一切的优先任务，并立足于发展权的实现，坚持赋予发展中国家、气候变化的脆弱群体和穷人以更多的碳排放权③。

---

① 他们把中国、印度等国称为"新兴经济体"（the Emerging Economies）或"快速增长的发展中国家"（the Fast-growing Developing Countries）。See Anita M. Halvorssen, Common, but Differentiated Commitments in the Future Climate Change Regime—Amending the Kyoto Protocol to Include Annex C and the Annex C Mitigation Fund, *Colorado Journal of International Environmental Law & Policy*, Vol. 18, No. 2, 2007, pp. 247-248.

② 庄贵阳、陈迎：《国际气候制度与中国》，世界知识出版社 2005 年版，第 280 页。

③ See Albert Mumma & David Hodas, Designing A Global Post—Kyoto Climate Change Protocol that Advances Human Development, *Georgetown International Environmental Law Review*, Vol. 20, 2007-2008, p. 641.

　　总之，碳排放权的分配问题与各国的未来发展空间密切相关。因此，从发展权的角度来研究碳排放权的分配问题，或者说，把碳排放权作为一种新的发展权的理念，可以为人们设计后京都时代的国际气候机制提供更多的思路和创意。

第十七章 中国清洁发展机制的法律
困境及其完善

中国早在 2002 年就已经核准了《京都议定书》，是议定书中不承担减排义务的缔约国之一（非附件一国家）。随着 2005 年 2 月《京都议定书》的正式生效，中国的清洁发展机制（Clean Development Mechanism，通常也被简称为 CDM）项目开始蓬勃发展。清洁发展机制作为一种代表环保领域的可持续发展模式，在为保护全球气候变化提供良好合作的同时，也给我国带来了前所未有的挑战和发展机遇。

一、中国清洁发展机制的现状及其法律框架

（一）中国清洁发展机制项目发展的状况

清洁发展机制项目作为应对全球气候变化与推动节能减排的双赢性机制，为中国走可持续发展之路提供了良好的契机①，特别是为我国的能源、化工、建筑、制造、交通、废物处置、林业和再造林及农业等领域带来了广阔的发展前景。实施清洁发展机制，不仅能引起环境改善效应，带动中国能源结构优化，还能为中国企业引入先进的理念和融资与技术升级改造机会②。

---

① 总体而言，中国的清洁发展机制项目对可持续发展影响度与国家规定的清洁发展机制项目重点领域基本一致。See http：//www.hqcx.net/news/content.jsp？id=1221584，last visited on March 16，2010.

② 参见肖慈方、王洪雅：《中国对清洁发展机制的低效利用与对策分析》，载《西南民族大学学报》（人文社会科学版）2009 年第 6 期，第 214—215 页。

自 2004 年 11 月起，我国政府按有关规定正式受理清洁发展机制项目，注册项目数和减排量总体保持高速发展态势，清洁发展机制执行理事会批准我国清洁发展机制项目及"经核证的减排量"（Certified Emission Reductions，通常也被简称为 CERs①）的签发情况也在稳步增长。据清洁发展机制官方网站公布的资料显示，截至 2011 年 5 月全球已经注册和准备注册的清洁发展机制项目已超过 5600 个②。而根据中国国家发改委气候司 2011 年 5 月 11 日公布的数据，截至 2011 年 4 月我国已批准了清洁发展机制项目 2991 个③。我国清洁发展机制项目数量在世界上位居第一，其产生的"经核证的减排量"也位居世界第一，占据了全球市场的一半份额④。

然而，在总体增长的态势下，自 2007 年我国批准项目达到巅峰期后，由于后京都谈判情形的不明朗及全球爆发金融危机等原因，我国新开发清洁发展机制项目速度略有减缓。中国登记注册的清洁发展机制项目的数量在逐年递减，且被驳回和撤销的清洁发展机制项目也开始增多⑤。

自哥本哈根会议以来，清洁发展机制被越来越多的人所关注，国内市场热度也越来越高。但与市场火热相对的是，中国清洁发展机制项目在清洁发展机制执行理事会注册数量减少，成功率下降。据中国清洁发展机制官方网站公布的项目注册信息，2010 年 3 月，中国在执行理事会注册项目 37 个，较去年同比下降 32%；2010 年

① 1CER 等于 1 吨二氧化碳或等效的其他温室气体的排放指标。

② See CDM Home：CDM Statistics，http：//cdm. unfccc. int/Statistics/index. html，last visited on May 12，2011.

③ 中国清洁发展机制项目官方受理申请最新进展，参见 http：//cdm. ccchina. gov. cn/WebSite/CDM/UpFile/File2613. pdf，最后访问日期 2011 年 5 月 12 日。

④ See CDM Home：CDM Statistics，http：//cdm. unfccc. int/Statistics/index. html，last visited on July 25，2010.

⑤ 参见唐茵：《清洁发展机制市场发展过快遭遇瓶颈》，载《中国化工报》2007 年 12 月 10 日第 5 版。

4 月，中国在执行理事会注册项目 19 个，较前年同比下降 45%，中国清洁发展机制注册数量和成功率均大幅下滑。在现有中国已经注册的清洁发展机制项目中，项目领域和规模分布尚待调整。目前中国清洁发展机制项目最多的是可再生能源项目，而提高能源效率方面的项目偏少①。在中国清洁发展机制项目市场上，优先领域在项目数量上占据优势，非优先领域项目在经核证的减排量数量上占据优势。优先领域项目社会和环境效益显著，而非优先领域项目则经济利益显著。基于我国目前的经济发展阶段，我们应当更加积极地寻求能够兼顾经济利益、社会利益、环境利益的清洁发展机制项目。

（二）中国清洁发展机制的法律框架

由于中国国内排污权交易只是处于试验和起步阶段，缺乏市场化运作的积累，而国际上清洁发展机制也是处于摸索阶段，没有成熟的经验可供借鉴，再加上中国本身对应用市场化的模式解决环境污染问题还相当陌生，导致中国政府对清洁发展机制的态度还是把其控制在项目水平，而非开放自由的贸易市场；清洁发展机制只是作为国内排放削减的补充方式，而不是我国履行条约义务的主要依靠。"在大规模发展清洁发展机制时，中国还需要对这种灵活的市场机制进行清晰的界定。"②

针对清洁发展机制项目，中国的法律框架和相关文件，除了已经批准的《联合国气候变化框架公约》、《京都议定书》等国际条约外，还包括：《清洁发展机制项目运行管理办法》、《中华人民共和国可再生能源法》、《中华人民共和国清洁生产促进法》、《清洁发展机制项目申请相关文件》、《中华人民共和国节约能源法》、

---

① 参见田春秀、李丽平：《清洁发展机制项目中的技术转让：问题与政策建议》，载周冯琦、胡秀莲、[美] 理查德. 汉利主编：《应对能源安全与全球变暖的挑战》，学林出版社 2009 年版，第 166 页。

② Peter D Carneron and Donald Zilman（ed.），*Kyoto：From Principles to Practice*，Kluwer Law International 2002，p. 283.

《关于规范中国清洁发展机制项目咨询服务及评估工作的重要公告》、《可再生能源产业发展指导目录》等。其中最主要、最直接的是《清洁发展机制项目运行管理办法》。

根据公约和议定书的规定以及缔约方会议的有关决定,为促进清洁发展机制项目活动的有效开展,保证项目活动的有序进行,由国家发改委、科技部、外交部和财政部于 2005 年 10 月联合制定了《清洁发展机制项目运行管理办法》。它详细规定了项目申报许可主管机构和相关程序,以确定中国清洁发展机制管理机构及职责和项目程序,并以此作为国内清洁发展机制项目的法律依据。

根据《清洁发展机制项目运行管理办法》规定,国家发展和改革委员会是中国政府开展清洁发展机制项目活动的主管机构①,国家气候变化对策协调小组为清洁发展机制重大政策的审议和协调机构②;同时,还设立了国家气候变化对策协调小组办公室,并会同科学技术部和外交部批准清洁发展机制项目;在国家气候变化对策协调小组下,设立国家清洁发展机制项目审核理事会③,其宗旨在于审查和改进清洁发展机制政策,提高清洁发展机制的实施能力,以及指导和促进项目合作。当前国家清洁发展机制项目审核理事会的工作目标为:逐步建立起为与外方开展清洁发展机制合作的优良环境,包括清晰的政策、透明和高效的管理,以及出色的技术服务。值得注意的是,根据《清洁发展机制项目运行管理办法》第 17 条,项目实施机构必须是在中国境内实施清洁发展机制项目的中资和中资控股企业④。

二、中国清洁发展机制的法律缺陷

自清洁发展机制项目实施以来,它在促进发展中国家经济可持

---

① 参见 2005 年《清洁发展机制项目运行管理办法》第 16 条。
② 参见 2005 年《清洁发展机制项目运行管理办法》第 14 条。
③ 参见 2005 年《清洁发展机制项目运行管理办法》第 15 条。
④ 参见 2005 年《清洁发展机制项目运行管理办法》第 17 条。

续发展和帮助发达国家完成减排目标的双赢性功能上，显示出强大的生命力并作出了重要的贡献，但同时也暴露出诸多弊端。作为新生事物，清洁发展机制在我国仍处于摸索发展阶段，特别是在法律规制环境上还不健全，亟待完善。

（一）中国清洁发展机制法律框架的缺陷

中国清洁发展机制项目要实现其双重目标，需要法律体系的综合作用。但是，来自中国气候变化立法的框架方面，存在一定程度上的不足，影响其法律功能的实现。

"第一，在法律实施主体上，我国现行的能源管理体制是分散的宏观管理，能源管理力量因此出现一定程度的杂乱无序。这对于协调和整合各部门、各领域的整体行动，是极为不利的。

第二，在法律协调性上，目前，中国有关环境、资源、能源保护的法律法规在衔接和协调上，尤其是《电力法》、《煤炭法》、《节能法》等，还存在许多不完善甚至滞后的地方，影响法律的协调性。它们在调整范围上的漏洞、配套制度上的不完备，往往影响清洁发展机制项目法律强制力的实现。本来清洁发展机制是一个与能源开发、利用和投资等重大事项有着密切关系的法律机制，其所涉及的诸多内容实际上应该交由法律来规定。可是，中国《节约能源法》、《可再生能源法》和《电力法》等法律都还没有对清洁发展机制进行明确规定，这些法律明显滞后于《京都议定书》等国际法律文件的要求。

第三，在法律强制性上，目前中国有关环境、资源、能源保护等方面的法律法规所提供的行为准则多为授权性及软性条款，较少禁止性条款，对违法者的惩戒力度不够。"①

（二）《清洁发展机制项目运行管理办法》内容不完善

第一，对于"经核证的减排量"的定价，《清洁发展机制项目

---

① 潘凌：《论清洁发展机制中制度风险与法律控制》，中国政法大学2008 年硕士学位论文，第 22 页。

运行管理办法》第 15 条第 1 款规定，"可转让温室气体减排量的价格"由项目审核理事会审核，即此"经核证的减排量"的价格在项目设计阶段就必须报国家发改委审批通过。"从其设立初衷来看，该项规定旨在避免'经核证的减排量'价格不确定性等价格风险，使清洁发展机制项目陷入恶性竞争。但这种政府限价的做法，与国际市场上'经核证的减排量'的交易价格由市场调节确定有所不同，限制了买家对'经核证的减排量'的购买。事实上，在实际运作中，因中国政府的限价，几乎没有买家在项目之初即先行付款，一般都是通过合同约定的方式来避免价格风险，而且合同条款往往都非常苛刻。"① 此外，"价格指导政策也导致了我国的'经核证的减排量'价格不能如实反映国际碳减排交易市场上的'经核证的减排量'供求情况，不利于企业参与国际碳减排交易之合作与竞争"②。从某种角度而言，国家限价的方式在一定程度上影响了市场调节功能，对一些清洁发展机制项目的交易造成阻碍。

第二，对"经核证的减排量"流通环节上的制约。根据《清洁发展机制项目运行管理办法》第 15 条的规定："如项目在报批时还没有找到国外买方，而无法提供本条（1）、（4）款要求的价格信息，则该项目设计文件必须注明项目产生的减排量将转入中国国家账户，并经中国清洁发展机制主管机构核准后才能将这些减排量从中国国家账户中转出。"虽然该条规定允许清洁发展机制项目的实施方中暂时没有买方，但在"经核证的减排量"的处理上要求必须先转入国家账户，且必须经核准后才能转出进行交易。问题在于，由于转出机制并不完备，规定不精细，缺乏明确的程序规范，容易让人"心生畏惧"。"这实际上产生的效果是，在报批清洁发展机制项目之初就必须找好国外买家，即国外

① 潘凌：《论清洁发展机制中制度风险与法律控制》，中国政法大学 2008 年硕士学位论文，第 23 页。

② 刘畅：《我国清洁发展机制制度研究》，载《环境与可持续发展》 2010 年第 2 期，第 35 页。

买家需要实质介入。"① 上述制约在一定程度上限制了"经核证的减排量"在国际市场上的流通，也制约了清洁发展机制项目的灵活开展。

第三，在清洁发展机制项目不能如约产生"经核证的减排量"的情况下，我国政府是否应该与项目开发企业共同承担违约责任？如果减排量购买协议履行过程中出现法律争议，依据《清洁发展机制项目运行管理办法》第24条规定我国政府是否也应该成为被告等？"从立法目的上分析，《清洁发展机制项目运行管理办法》第24条的本意在于为我国政府向清洁发展机制项目征收费用或税收提供法律依据，但目前该条的规定使我国政府成为碳减排交易的主体，因而依法必须承担交易中的法律责任，面临不必要的法律纠纷。"② 这也很可能会使附件一缔约方及其公有或私有碳减排交易主体在与我国清洁发展机制项目业主进行碳减排交易的过程中产生不必要的误解和困难。

第四，"由于清洁发展机制项目业主拥有'经核证的减排量'的所有权，因此在不违反其他法律法规的前提下，清洁发展机制项目业主应当具有向其股东（包括中方及外方股东）有偿或无偿地分配或转让'经核证的减排量'的权利。但在我国目前的项目实践中，项目开发企业对'经核证的减排量'的处分权利是受到限制的"③。"此外，目前我国尚未允许项目开发企业将'经核证的减排量'作为项目投资回报直接分配给外方股东，也不允许将'经核证的减排量'无偿转让给外方股东；项目开发企业只有将出售'经核证的减排量'所得收益以合法方式向股东进行分配。"④

---

① 潘凌：《论清洁发展机制中制度风险与法律控制》，中国政法大学2008年硕士学位论文，第23页。

② 潘凌：《论清洁发展机制中制度风险与法律控制》，中国政法大学2008年硕士学位论文，第16页。

③ 潘凌：《论清洁发展机制中制度风险与法律控制》，中国政法大学2008年硕士学位论文，第16页。

④ 刘畅：《我国清洁发展机制制度研究》，载《环境与可持续发展》2010年第2期，第34页。

从长远而言，禁止清洁发展机制开发企业向外资股东转让"经核证的减排量"的做法，将不利于我国通过与附件一缔约方合作开发清洁发展机制项目，从而也不利于提高我国温室气体减排能力及其他可持续发展能力。

（三）中国清洁发展机制交易法律环境不完善

发展中国家能力建设的好坏，是其能否有效参与清洁发展机制项目的前提和保证。中国作为发展中国家，也作为清洁发展机制交易的卖方，能力建设的好坏在一定程度上直接影响着交易的进行和发展。而现在我国在这方面，对于清洁发展机制交易的法律环境规制还很不完善，主要表现在以下几个方面：

（1）在项目实施机构的主体资格上，《清洁发展机制项目运行管理办法》第17条规定，在中国境内开展的项目的实施机构必须是中资和中资控股企业。制定这一要求是出于保护中国作为发展中国家东道主利益，"但这一条件不仅违反了WTO的国民待遇原则"①，也同时提高了在中国开展清洁发展机制项目的门槛，很多投资项目因为这一硬性的规定而放弃在中国的立项，转而投向其他东道主国家。

（2）缺乏对技术转让的规定。中国企业在清洁发展机制交易中，希望得到的最大好处是资金利益。但是从政府的角度和国家的长远利益出发，对技术利益的看重应该更加凸显。而我国现行法规并没有规定技术转让的义务。

（3）我国尚未制定明确的清洁发展机制项目标准。《京都议定书》有明确的清洁发展机制项目标准的要求，即额外性原则和整体环境效益原则的条件。但是由于清洁发展机制执行理事会所准备的项目设计书中，没有能够体现上述两个原则的明确标准来约束清洁发展机制项目，致使一些清洁发展机制项目的买方，对其所参与的清洁发展机制项目额外性作了不同的解释，降低了"经核证的

---

① 陈霖：《清洁发展机制：提高外资质量的新契机》，载《国际经济合作》2005年第6期，第37页。

减排量"的价格。在我国，目前也没有对实施清洁发展机制的两个原则作出规定。这一问题还有待解决。

（4）我国对于清洁发展机制项目的评估和批准程序缺少合理的透明性。合理的评估标准可以增加项目被批准的可能性，并减少国内外投资者在开发和实施碳减排项目过程中的预期风险和实际风险①。而透明性则可以确保项目的公信力。

（5）我国未对清洁发展机制项目主体及监管人员规定法律责任。我国法律没有规定清洁发展机制交易国外投资者与国内企业的法律责任，尤其是对监管人员的法律责任。

（6）我国并未建立起与清洁发展机制相关的配套法律支持体系。我国现有与清洁发展机制相关的法律法规规定还不完备，除了《清洁发展机制项目运行管理办法》，并没有其他配套的在合作与技术咨询等方面完善的、透明的、有效的管理政策。

（四）中国清洁发展机制管理制度的缺陷

1. 政府管理部门的职能发挥不够。

当前我国在气候变化领域中的政府监督存在以下几大障碍②：（1）地方政府保护主义强烈，环保法规的实施让道于区域经济的发展；（2）中央政府对于清洁发展机制实施过程中带来的地方环境问题缺乏集中管理；（3）环境效益缺乏民主监督和问责机制；（4）相关法律的实施缺乏行政部门的积极配合，执法力度软弱。

2. 缺乏一个集中的、专门的清洁发展机制国家管理机构。

当前国家发改委作为国内清洁发展机制的最高管理机构，只负

---

① 根据国际清洁发展机制市场上通用的做法，由卖方承担交付之前尤其是项目注册方面的风险。See Christopher Carr and Flavia Rosembuj, Flexible Mechanisms for Climate Change Compliance：Emission Offset Purchases under the Clean Development Mechanism, *New York University Environmental Law Journal*, Vol. 16, No. 1, 2008, p. 56.

② See Andrew Schatz, Foreword：Beyond Kyoto —The Developing World and Climate Change, *Georgetown International Environmental Law Review*, Vol. 20, No. 4, 2008, p. 534.

责项目的审核，除此之外还没有专门负责宣传、鼓励、培育、规范和监管清洁发展机制项目的机构。此外，由于缺少专门的部门监管，未能形成统一的中国清洁发展机制项目交易的卖方市场，不利于稳定"经核证的减排量"价格，从而降低了我国清洁发展机制项目的国际竞争力。

3. 中国现有清洁发展机制项目类型单一且结构不合理。

这主要集中反映在以下两个层面：

(1) 当前清洁发展机制项目减排类型比较单一，且涉及的企业类型过于集中。相对来说，我国清洁发展机制项目涉及的领域较少，集中在新能源和可再生能源，占到所有减排项目的 69.8%，而位列第二位的节能和提高效能项目占 11.4%，第三位的甲烷回收利用占 10.6%，且这三项之和占到了整个项目总量的 90% ①。此外，"现有的清洁发展机制项目合作企业过于集中。电力项目和新能源开发公司两项便占到 80%，而重工业、化工、采矿类企业合计仅占到 20%。根据议定书涉及的温室气体排放来源，中国还未充分发掘国内的清洁发展机制项目潜力" ②。

(2) 不同减排类型的经济效益差异，导致我国清洁发展机制项目结构不合理。目前一些生态、社会效益好但经济效益较次的项目所占比重太低，而经济效益好但生态社会效益差的项目反而受外方追捧。"中国的非优先领域注册成功的清洁发展机制项目及其'经核证的减排量'在世界市场上占据了绝对优势地位，主要原因是其能带来可观的经济效益。但这一类型的大部分清洁发展机制项目并没有把引进的本来有限的技术投入到对我国传统生产工艺的改造当中，这使清洁发展机制的技术溢出效应和环境效益大打折扣。

---

① 根据调查数据显示，由于能源生产和提高能效领域的清洁发展机制项目更有利于吸引投资和技术引进，因此也成为企业参与清洁发展机制项目的主要领域。参见陈亮、刘玫：《我国企业参与清洁发展机制情况及标准需求调查研究》，载《标准科学》2009 年第 6 期，第 55—60 页。

② 郭升选、李娟伟、徐波：《我国清洁发展机制项目运行中的问题、成因及其对策》，载《西安交通大学学报（社会科学版）》2009 年第 2 期，第 32 页。

相反，新能源、可再生能源和节能降耗的清洁发展机制项目，尽管我国政府批准很多，但因其减排主体为二氧化碳，其经济价值没有三氟甲烷、氧化亚氮高，而不受国内开发商和国外买家青睐。"①

（五）中国清洁发展机制市场机制效率低下

1. 市场多元化风险。

中国清洁发展机制项目运作受到国际和国内市场的影响，存在着诸多风险，主要包括：申报程序的专业技术复杂性和联合国注册的不确定性；减排量测不准或不被认可的风险；中国有关清洁发展机制政策的不明朗诱发的市场风险；以及近几年的排放信用转让将会增加未来中国减排压力等。

2. 清洁发展机制市场发育极不健全。

这主要表现在："一方面，国内至今没有较为健全的全国统一的排放权交易市场，这极不利于调动国内企业投资于清洁发展机制项目的积极性，不利于他们把清洁发展机制当成一个崭新的行业来运营"②。另一方面，买家与业主签订的 2012 年后优先购买协议混乱。许多买家为了避开国家发改委的限价，在 2012 年之后的购买合同上设定了苛刻的条款。这导致政府对这些合同难以把握，进而使清洁发展机制市场充满着脆弱性，市场变化难以预计，将来可能会带来法律纠纷。而且一旦这种情况成为行业惯例，政府未来将面对巨大的阻力。

3. 买方市场的现状，对中国清洁发展机制市场的长远发展是一个负面因素。

基于风险分散的原则，一些买家以只保证一定的注册成功率的方式大量购入项目。这种投资策略直接影响到了咨询公司的市场开发方式，也造成了目前咨询公司盲目圈占项目，项目的开发质量难

---

①　肖慈方、王洪雅：《中国对清洁发展机制的低效利用与对策分析》，载《西南民族大学学报》（人文社会科学版）2009 年第 6 期，第 216 页。

②　肖慈方、王洪雅：《中国对清洁发展机制的低效利用与对策分析》，载《西南民族大学学报》（人文社会科学版）2009 年第 6 期，第 216 页。

以保证的现状。由于清洁发展机制项目的最终注册成功率，将直接影响到 2012 年之后中国在国际碳市场上的议价能力，因此这种投资开发方式对中国清洁发展机制市场将是一种长期的损害。

三、完善中国清洁发展机制的政策建议

（一） 推动清洁发展机制项目在地域分配上的平衡

清洁发展机制的国家相关政策，应强化适当的区域倾斜，促进清洁发展机制项目在地域上的平衡。"我国中西部贫穷落后地区，地处长江、黄河中上游，其可持续发展能力直接影响和决定全国的可持续发展。根据中国温室气体排放国情，政府应充分考虑地区差异和地方发展，通过政策引导在温室气体严重地区、在环境领域资金和技术落后地区开展清洁发展机制项目。"①

（二） 将项目的实施与区域特点相结合

区域经济、资源和排放状况是组织清洁发展机制项目的基础，实施对区域产业、资源和污染物排放状况的普查，结合各地经济和社会发展以及产业特点的实际情况，调查并估算各主要领域的排放特点、减排潜力和减排技术及其成本，分类别、分阶段、有组织地开发清洁发展机制项目。这样可以使得各地区建立清洁发展机制项目的潜力及其影响得到充分的发挥。此外，还应当把清洁发展机制项目的实施与区域内的结构调整和优化相结合。结合本地区的能源结构优化、先进节能技术产业化、可再生能源规模化利用和废弃物资源化等区域产业结构调整工作，有计划地组织和实施清洁发展机制项目，充分发挥区域清洁发展机制潜力及其对可持续发展的促进作用。

---

① 肖慈方、王洪雅：《中国对清洁发展机制的低效利用与对策分析》，载《西南民族大学学报》（人文社会科学版）2009 年第 6 期，第 216 页。

（三）进一步优化清洁发展机制项目结构

"为了让清洁发展机制项目更好地促进我国可持续发展，政府要从财政税收、信贷、资本市场直接融资、项目资本金要求、设备折旧政策等方面，制定更有力的政策来优化我国清洁发展机制项目结构，以期大大提高新能源、可再生能源和节能降耗项目，在我国注册清洁发展机制项目中的比重。"① 我国当前清洁发展机制项目涉及的专业领域较少，主要集中在能源工业、能源分配和能源需求等几个领域，在项目开发过程中，重资金轻技术。因此，今后应进一步拓展不同领域的清洁发展机制项目合作，积极引入先进技术，重点发展对我国可持续发展有重大意义的项目。

（四）强化清洁发展机制相关政策和法规的指引作用

现阶段，必须进一步完善我国清洁发展机制项目的有关政策和法规指引，将清洁发展机制项目的能效、可再生和甲烷等优先领域加入到吸引外商投资产业指导目录中，鼓励外商投资发展循环经济、清洁生产、可再生能源和生态环境保护，鼓励外商投资资源综合利用，改善我国气候变化和能源安全状况，落实科学发展观，实现我国可持续发展战略目标。

与此同时，政府部门应在深入研究清洁发展机制项目给整个行业发展造成的影响的基础上，制定或修订相应行业政策，使整个行业健康发展，减少行业发展不良给项目造成的风险。地方政府应大力改善所在地微观投资环境和帮助企业树立环境友好形象，规避项目由于环境污染或利益相关方反对造成的风险②。

（五）进一步明确对能真正实现技术转让的清洁发展机制项目给予政策性优惠

"我国的清洁发展机制政策应更多鼓励外国先进技术对华转

---

① 肖慈方、王洪雅：《中国对清洁发展机制的低效利用与对策分析》，载《西南民族大学学报》（人文社会科学版）2009 年第 6 期，第 217 页。

② 参见余裕平、严玉平、王文军：《清洁发展机制项目风险分析与控制》，载《江西能源》2007 年第 4 期，第 15 页。

让，对那些能带来较好技术转移效果的清洁发展机制项目，应给予更多优惠，用利益驱动来提升清洁发展机制项目的技术扩散效应。"① 在政策上，可以规定对于经证实的产生技术转让的清洁发展机制项目，国家在清洁发展机制项目收费上给予优惠②。"具体来说，减少国家对企业清洁发展机制项目'经核证的减排量'交易所获收益的征收比例或免除征收，或在清洁发展机制项目实施后，经证实确有发生技术转让的，国家将征收的收益以一定比例返还给企业作为对他们的回报。"③

四、完善中国清洁发展机制的法律建议

针对中国清洁发展机制在实施中呈现出来的法律缺陷，结合国家发展清洁发展机制的相关战略与政策，当前应主要从以下几个方面来强化中国清洁发展机制法律建设：

（一）加快制定清洁发展机制相关法律法规

为进一步提高我国气候变化立法的质量，有必要增强我国气候变化立法的可操作性，把现有的框架性立法通过修订或者颁布实施细则等手段具体细化。

现有的《清洁发展机制项目运行管理办法》仅仅是部门的行政规章，其法律地位较低。而清洁发展机制是一个与能源开发、利用和投资等重大事项有着密切关系的法律机制，其所涉及的诸多内

---

① 肖慈方、王洪雅：《中国对清洁发展机制的低效利用与对策分析》，载《西南民族大学学报》（人文社会科学版）2009 年第 6 期，第 217 页。

② See Wolfgang Sterk and Bettina Wittneben, Enhancing the Clean Development Mechanism through Sector Approaches: Definitions, Applications and Ways Forward, *International Environment Agreements*, Vol. 6, No. 2, 2006, pp. 271-287.

③ 郭升选、李娟伟、徐波：《我国清洁发展机制项目运行中的问题、成因及其对策》，载《西安交通大学学报（社会科学版）》2009 年第 2 期，第 34 页。

容应由具有较高效力层级的法律来规定①。况且，《清洁发展机制项目运行管理办法》对于如何加快促进和指导清洁发展机制项目在中国的实施少有涉及，对于清洁发展机制项目实施双方的权利、法律责任和义务以及清洁发展机制项目优先领域、技术转让、防止"经核证的减排量"交易价格恶性竞争、清洁发展机制项目操作风险控制等方面都没有规定。此外，由于实施清洁发展机制还涉及外资和技术的引进、项目的审批许可、违规的处罚，这些内容都不是部门规章能够解决的，需要由行政法规予以调整。因此，为了有效促进清洁发展机制项目的实施，维护中国的权益，保证项目活动的有序进行，国务院应当抓紧研究制定《清洁发展机制实施办法》。

（二）完善《清洁发展机制项目运行管理办法》

（1）取消清洁发展机制项目股本结构的限制，降低在中国开展直接投资清洁发展机制项目的门槛，以最大限度地吸引国际投资。目前世界上很多发达国家企业都在我国设立分公司、子公司，如果是放开了对主体资格的限制，势必会促使更加多的清洁发展机制项目成立。但是考虑到基于此而获得的资金收益的特殊性，可以为其附加其他的义务或者限定条件。基于上述考虑，我们认为应当取消对清洁发展机制项目参与主体资格的限制，允许所有我国注册的有能力的企业参与其中。对于非中资控股企业获得的收益，可以要求其按照一定的比例缴纳至我国清洁发展机制基金，用于我国环境改善。这样既可以保证我国的环境改善，又可以保证清洁发展机制设立目标的实现，更为重要的是可以促进清洁发展机制项目的广泛开展。

（2）目前《清洁发展机制项目运行管理办法》第10条仅泛泛规定"清洁发展机制项目活动应促进有益于环境的技术转让"，并未对"技术转让"给出明确的定义，也未强制要求清洁发展机制

---

① 关于清洁发展机制法律制度的完善与中国能源法制度的创新，参见曾文革、张婷：《后京都时代中国能源法面临的挑战与对策》，载《甘肃社会科学》2010年第3期，第109页。

项目一定要带来技术转让。从公约和议定书的规定来看，虽然也仅要求清洁发展机制项目应带来有益于环境的技术转让，非强制要求，但从促进我国的可持续发展来看，应在《清洁发展机制项目运行管理办法》中对技术转让的内涵进行明文规定。例如，对于"技术转让"的内涵，可规定为包括设备转让或知识转让①。

（3）制定相关的程序规定，以便如果出现项目在报批时还没有找到国外买方的情况时，产生的"经核证的减排量"能够相对容易地转出。我们认为，应当在《清洁发展机制项目运行管理办法》中规定，在企业找到买家之后，随时可以将减排量转出，以此打消企业的顾虑；同时，取消我国政府从清洁发展机制项目中收取利益的规定，实施项目所获得的利益应全部归实施项目的企业所有。

（三）完善清洁发展机制的法律环境

如上所述，为完善我国清洁发展机制交易的法律环境，加强我国实施清洁发展机制的法律能力建设，应从以下几个方面进行改进：

（1）制定明确的清洁发展机制项目标准。"在项目的实施过程中，项目识别是第一步，也是关键的一步，为了使项目注册效率更高、风险更低，应当着重把好项目合格性论证这一关。"② 制定清洁发展机制项目实施的环境效益标准，必须联系项目实施国和所在地的具体经济和环境能力，从整体上服从于所在国可持续发展目标。而对于额外性原则的考察，应从项目的技术可获得性、经济竞争力、法律法规的可实践性以及发达国家对资金援助的义务性等角度，来正确理解清洁发展机制项目额外性所隐含的真正含义。

（2）依据前述标准及程序，进一步完善我国清洁发展机制项目的

---

① 参见高海然：《我国清洁发展机制项目实施现状和政策建议》，载《中国能源》2008 年第 6 期，第 37 页。

② 齐海云、张一婷、张尊举、姚淑霞：《清洁发展机制项目合格性识别方法》，载《环境保护》2008 年第 12 期，第 85 页。

评估标准和批准程序，力求明确、合理、透明，以便清洁发展机制项目能够被快速和有效地审批和实施，减少清洁发展机制交易风险。

（3）明确清洁发展机制项目主体和监管人员的法律责任。要明确项目主体的法律责任，对于不按照协议进行提高能源效率、开发利用新能源和可再生能源等以实现可持续发展或提供虚假减排量或牟取其他非法利益等的项目主体要规定相应的行政责任、民事责任和刑事责任。此外，要明确监督部门执法人员的法律责任。根据《清洁发展机制项目运行管理办法》的规定，国家发展和改革委员会有权对清洁发展机制项目的实施进行监督，对清洁发展机制项目进行监督的国家发改委执法人员，在监督管理工作中玩忽职守、滥用职权、徇私舞弊的应当给予行政处分，构成犯罪的依法追究刑事责任。

（四）加快与清洁发展机制项目相关的节能减排法律法规体系建设

"在与清洁发展机制项目相关法律体系方面，现行国家发改委主管的管理体制中，可进一步加强各部门、各领域在温室气体排放控制上的整体行动能力，进一步完善中国有关环境、资源、能源保护方面的法律法规的衔接和协调性。"[1]

（1）在法律层面，加快推动《节约能源法》、《循环经济法》、《水污染防治法》、《大气污染防治法》等法律的制定及修订工作。提高能效和发展可再生能源，是我国清洁发展机制项目开展的重点领域，因此能源法律建设应当是相关法制建设的重点。在节约能源方面，我国已有1997年的《节约能源法》、2003年的《清洁生产促进法》和2005年的《能源效率标识管理办法》，但是其内容过于简单，缺乏可操作性，总体上呈现政策化的倾向。因此，我国应当制定《节约能源法》的具体实施细则，同时切实贯彻现行法律，强化其实施力度。

（2）大力改善科技发展和科技立法的法律环境。当前应尽快制

---

[1]　李静云、别涛：《清洁发展机制及其在中国实施的法律保障》，载《中国地质大学学报》（社会科学版）2008年第1期，第48页。

定《节能减排技术创新促进法》。加强国际科技合作、推进技术创新，是我国开展清洁发展机制项目的一个重要目标。清洁发展机制项目给我国技术创新将带来新的挑战和机遇，通过与有关国际组织和国家建立清洁发展机制项目合作，不断拓宽节能环保国际合作的领域和范围，积极引进国外先进节能环保技术和管理经验。"随着全球应对气候变化形势的进展，我国很可能不得不较早和较大力度地减缓二氧化碳排放，以超常规的措施大规模发展和推广先进能源等减排技术。因此，要及早把应对气候变化的核心技术，作为我国自主技术创新体系的重要领域。这对我国的现代化进程既是一场严峻的考验，同时也应成为我国推进自主技术创新的巨大驱动力。"①

（3）解决与其他相关法律、法规的冲突问题。在清洁发展机制实施过程中，我们还必须考虑在现有投资、经营法律中，哪些有可能遭受清洁发展机制的冲击，如何将清洁发展机制融入到国内的投资、经营法律和监管框架之内。同时，我国在制定清洁发展机制相关法律、法规时，还要兼顾到与其他国际法律和条约的相互协调问题，以保持其实施层面上的一致性。

（五）培育并发展中国清洁发展机制市场运行机制

对中国而言，通过清洁发展机制项目在目标上的双重性，促进可持续发展战略，发展低碳经济，必须突出以市场调节为核心。这是清洁发展机制项目在中国获得生命力的关键所在。

1. 加强市场管理与政府指导之间的协调。

"清洁发展机制项目合作是一种市场化的行为，需要企业作为项目的主体予以实施。同时，清洁发展机制也是一个新兴的市场交易品种，需要政府对其加以引导、培育、规范和监管。"②

---

① 李静云、别涛：《清洁发展机制及其在中国实施的法律保障》，载《中国地质大学学报》（社会科学版）2008年第1期，第48页。
② 郭升选、李娟伟、徐波：《我国清洁发展机制项目运行中的问题、成因及其对策》，载《西安交通大学学报（社会科学版）》2009年第2期，第33—34页。

（1）合理处置市场机制与政府作为。在法律制定过程中，要充分考虑到立法的市场经济背景，一方面强调企业等市场主体在清洁发展机制实施过程中的自主性；另一方面强调政府对清洁发展机制交易行为的引导、鼓励和支持，对市场体制下政府与市场各自的功能及相互关系进行正确评价。清洁发展机制法律制度框架应兼具政策指引与行政管理法的双重性质，是对清洁发展机制的政策性法律规制和管理性法律规制的结合，以立法形式对企业和政府在节能减排问题上的职责、义务予以明确定位，体现了环境保护与经济发展一体化的思路，也有利于处理好与环境保护基本法及其他相关法律的关系。

（2）坚持政府主导与经济扶持原则。主要应以引导性规范、鼓励性规范和支撑保障性法律规范为主，而不应以直接行政控制和制裁性法律规范为主。立法应当以行政强制为底线，更多运用经济扶持等法律实施机制，将市场规则的基本要求体现在具体的法律制度中。清洁发展机制涉及政府、企业、中介组织等各方的权利和义务，它的推行与实施应当强调主体之间的平等协作和密切配合，政府的宏观调控和经济扶持是推进清洁发展机制的有力保障。

2. 培育规范的清洁发展机制市场。

在清洁发展机制项目中，"经核证的减排量"的价格确定是否合理、"经核证的减排量"的交易能否成功等，关键要看市场运作的效率。对于中国清洁发展机制项目而言，要与其他发展中国家展开国际碳市场的竞争，就应完善相应的基础设施建设和市场流通环节建设，降低清洁发展机制项目的开发成本，提高其收益比率，营造良好的清洁发展机制市场环境。

（1）在"经核证的减排量"流通环节上，针对项目在报批时运用国家账户解决国外买方不确定性问题，这一机制有欠灵活。应当说，在目前国际碳市场主要还是买方市场的情况下，国家账户在这一问题上具有降低风险的功能。对此，也可以探求其他的清洁发展机制开发模式。在清洁发展机制市场潜力可预期的情况下，尤其随着温室气体减排问题的进一步明确，国际碳市场对"经核证的减排量"较可能出现旺盛需求。从战略上看，中国可以鼓励开发"单边项目"即中国与其他发展中国家独立实施清洁发展机制项目活动，并且出售项目所产生的"经核证的减排量"，发达国家不参与项目的前期开发。同时，还可以鼓励开发"多边模式"，即项目产生的"经核证的减排量"出售给一个基金，这个基金由多个发达国家的投资者组成。在这些情况下，清洁发展机制项目前期国外买方不确定性的问题，都可以得到很大程度上的减缓。

（2）取消"经核证的减排量"的价格必须由国家发改委审批的规定，实行市场调节的定价方式。清洁发展机制项目在我国已经开展了一个比较长的时期，我国企业也有了相对较多的经验，因此对于"经核证的减排量"价格的规定要有所改变。我们认为，应当取消价格限制，允许企业在项目实施过程中自行谈判定价。对此的建议是，在"经核证的减排量"价格的初步确定和审核上，可确定"最低价格"，具体根据投入状况、对方的资信情况、交付不能的风险、支付风险、预付能力等方面的情况综合而定。

（3）大力培育和发展中介市场。中介市场是利用清洁发展机制的关键。目前在《清洁发展机制项目运行管理办法》中对项目参与方，特别是对中介机构的资质并无明文要求和行为规范。但随着清洁发展机制项目在我国实践的深入，迫切需要对项目参与方的资质给予明确规定，以保证国内业主的利益和市场运作的规范。因此，必须加快整顿和优化中介机构，建立资质系统，给符合条件的中介机构和各省级清洁发展机制开发机构颁发资格证书。同时加强培训，增强中介机构的实力和业务水平。建立中介机构淘汰体制，通过制定相关的法律法规来规范行业，并成立专门的行业机构，设立行业准入壁垒。

五、中国清洁发展机制的前景展望

（一）中国在参与清洁发展机制国际合作中尚处于劣势

当前中国在清洁发展机制国际市场上的优势尚未完全发挥出

来。这主要表现在两个方面。

一方面，中国没有减排指标的定价权，"经核证的减排量"价格较低。"二氧化碳减排指标已成为重要的具备潜在价值的资源，各种因素促使中国成为这一特殊资源的超级供应大国，但中国在这一资源的定价上却没有一点影响力，完全接受国外买家的定价。"①以中国目前的经济发展速度，中国在将来达到目前发达国家经济水平时，也将承担一定的温室气体减排义务。因此，为了国家的长远考虑，制定合理的减排价格，是非常重要的。此外，目前许多中国企业缺乏风险意识和对国际市场的了解，只要有买家出价合适就卖出，没有对"经核证的减排量"价格波动进行风险管理和控制。目前国家发改委批准的清洁发展机制项目中，大多以和买家签订远期"经核证的减排量"合同为主，尽管买方承担了所有清洁发展机制和"经核证的减排量"交付的风险，但随着远期价格的锁定，买方也同时锁定了自己的成本。

另一方面，中国对清洁发展机制相关的国际规则影响不够。比如对清洁发展机制注册程序的制定与修改、方法学的制定与修改、项目核证标准的修改等，中国均没能有效参与其中。"中国企业只是清洁发展机制规则的被动接受者，这与'经核证的减排量'供应大国的地位不相称。"②

（二）　中国参与清洁发展机制未来谈判的立场

（1）坚持《联合国气候变化框架公约》、《京都议定书》和"巴厘路线图"、《哥本哈根协议》的主导作用，在气候变化国际协调中充分发挥主动性，在相对公正和稳定的国际合作中维护和促进我国的国家利益。公约及议定书是国际上应对气候变化的核心机制

① 肖慈方、王洪雅：《中国对清洁发展机制的低效利用与对策分析》，载《西南民族大学学报》（人文社会科学版）2009 年第 6 期，第 216 页。

② 肖慈方、王洪雅：《中国对清洁发展机制的低效利用与对策分析》，载《西南民族大学学报》（人文社会科学版）2009 年第 6 期，第 216 页。

和主渠道，其所确立的原则和机制有利于保障发展中国家的权益。通过公约缔约方会议达成未来国际协议已经成为国际社会共识，也具有最广泛的政治基础。中国需要高举国际合作大旗，积极参与多种合作机制和渠道下的讨论，推动主渠道的谈判取得进展，不断增强中国参与的程度，为实现工业现代化及可持续发展争取必需的排放空间。同时，还应该开展全方位的环境外交，争取更多的盟友，以增强自己的谈判地位，引导气候谈判的方向。

（2）坚守共同但有区别责任原则，保持立场的坚定性与灵活性，加强与主要发展中国家的协同合作。面对日趋复杂和严峻的气候政治态势，欧美之间协调明显加深，发达国家对发展中国家立场也渐趋一致，这种条件下发展中国家既不能和仍然占据主导地位的发达国家发生正面冲突，又要维护未来发展权益；既要警惕经济发展带来的资源环境代价，又要占领全球创新体系和经济分工高地，为推进世界各国在能源和经济转型方面作出贡献。作为新兴发展中大国，中国既要在维护减排空间和负责任大国形象中找到平衡点，又必须根据气候格局的演变在气候外交上做出适当改变。随着谈判的不断深入，国际气候政治格局日益分化，维持发展中国家整体团结已十分困难。尽管如此，我们仍需要加强发展中国家内部团结，争取形成共同立场，从总体上维护发展中国家的权益。

（3）积极争取国际排放权贸易的裁判权，参与制定国际排放权贸易的相关规则和标准。"从长远来看，中国还不能仅仅局限于对清洁发展机制的利用，2012 年后，国际社会很可能要求中国承担一定的减排义务，那时我们就不只是参与清洁发展机制项目，而是要全面参与国际排放权贸易。"① 据一些国际机构预测，国际排

---

① 如果中国被迫承担较大的减排额度，一旦中国需要在国际市场上购买"经核证的减排量"，将付出数倍甚至数十倍于现今的低价。从发展趋势看，中国最终会成为清洁发展机制净买方。参见方虹、罗炜、刘春平：《中国碳排放权交易市场建设的现状、问题及趋势》，载《中国科技投资》2010 年第 8 期，第 42 页。

放权贸易将很快超过国际石油贸易。面对这样一个巨大的市场及交易规则，中国必须积极主动去争取自己的相应地位，尤其是裁判权地位，要尽一切可能使中国成为这一市场的规则制定者和修订者之一。"这不仅有利于中国从清洁发展机制项目中获得更充分的利益，而且有利于中国获得国际排放权贸易体系中应有的贸易地位。"①

从这个层面而言，占据清洁发展机制项目技术规则和"经核证的减排量"价格权的制高点，将成为我国未来是否能在这个国际贸易新战场上把握主动的关键所在。如果美国加入《京都议定书》，碳排放价格将被拉得更高。因此，对中国的清洁发展机制项目来说还存在着有利的议价空间。此外，由于中国未来也将面临减排问题，如果在清洁发展机制的审核与废气排放的技术标准上没有发言权，那么必将在回购减排量的交易中受制于人。

（4）加强清洁发展机制项目开发技术的国际交流与合作。清洁发展机制在我国仍处于起步阶段，缺少专业性相关经验，必须大力加强与国外具有清洁发展机制项目开展经验的机构间交流与合作，尤其应加强与附件一国家即"经核证的减排量"购买方的交流与合作，学习其先进经验和专业知识，主要是关于技术和资金投资、"经核证的减排量"价格、相关法律体制等方面的交流和协调，争取更多有利于我国的政策实施，降低项目开展成本。另外，还应加强与国际经营实体和相关中介组织的交流与合作：在项目设计文件的设计和审批过程中，通过交流与合作可以加快项目审批进程，提高项目审批通过率，降低相关中介费用。

（5）做好中国减排承诺的法律准备。中国是一个负责任的大国，参加了几乎所有的与环境保护有关的多边进程、国际公约或条约，实践着环境保护领域的合作。目前中国是仅次于美国的第

---

① 肖慈方、王洪雅：《中国对清洁发展机制的低效利用与对策分析》，载《西南民族大学学报》（人文社会科学版）2009 年第 6 期，第 217 页。

二大温室气体排放国①。我国在《京都议定书》框架内并没有明确的减排义务，而且国内也没有法规对碳排放权进行强制性约束。清洁发展机制短期内除了会给中国产业带来收益外，也在传输大气资源利用有偿性的市场信号。中国在气候变化问题上面临巨大的国际压力，面对全球气候的恶化和能源危机，可以预计的是我国经济在未来一段时间内将保持较高速度的增长速度，能源的使用也将保持较高的增速，预计我国的温室气体排放也将有增加趋势。中国承担减排义务，终将不可避免。

尽管我国目前还没有明确以何种方式去实现气候变化公约的目标，但我们可以从《中国应对气候变化国家方案》的制定以及各级政府的具体方案看出，我国已经积极进行多方准备。我们应该抓住在第一承诺期的机会，积极开展碳排放相关的项目，促进我国资源的循环利用。通过这些项目的国际合作，我国可以获得现实的项目开展经验，引进先进的技术。在下一承诺期，我国将更有能力利用这些技术、管理经验来开展节能环保等项目，完成减排任务。

总之，在后京都时代，完善中国清洁发展机制，应遵循两条基本思路：一是在利益权衡上，寻求全球利益与国家利益的平衡，明确遵守国际条约义务，同时密切结合中国可持续发展道路；二是在制度改革上，应明确中国法律与中国社会的契合性，既寻求法律内部制度、技术与理念的平衡，又注重社会支持制度的完善。

当前较好的政策环境与经济发展潜力，使得中国在清洁发展机制的卖方市场中具有较强的竞争力。受到后京都机制谈判的影响，迫于中国的温室气体排放量居高，在第二承诺期中国将面临着巨大

---

① 亦有资料表明，中国已经成为世界上第一大温室气体排放国。See John Copeland Nagle, Discounting China's CDM Dams, *Loyola University Chicago International Law Review*, Vol. 7, No. 1, 2009, p. 9.

的减排压力①。对此，中国应始终坚持共同但有区别责任原则，以促进经济和社会可持续发展作为谈判的核心主张。同时，中国应当有前瞻性研究，着眼于后京都时代清洁发展机制的变化，密切关注清洁发展机制市场的发展动向，积极参与清洁发展机制规则的谈判和修订，未雨绸缪，做好强制性减排的心理和法律准备。

①　中国将会面对越来越大的压力，要求其做出承诺。这种压力不仅来自发达国家，也来更多的其他发展中国家，它是内部和外部综合力量的反映。参见张海滨：《中国与国际气候谈判》，载《国际政治研究》2007 年第 1 期，第 22 页。

后 记

本书为 2009 年国家社会科学基金重大招标项目"发达国家新能源法律政策研究及中国的战略选择"（项目批准号为：09&ZD048）和湖北省人文社科重点研究基地中国地质大学（武汉）资源环境经济研究中心 2011 年开放基金项目"欧美国家新能源法律政策研究"（项目编号为：2011B001）的阶段性成果之一。

本书的撰稿人分别是（以章节先后为序）：

杨泽伟教授、博士（武汉大学国际法研究所）：第一章、第十四章、第十五章、第十六章（并负责本项目的筹划、设计、论证、分工、协调以及全书的统稿工作）。

程荃副教授（暨南大学法学院）：第二章。

龚向前副教授（北京理工大学法学院）：第三章、第十一章。

Prof. Philip Andrews-Speed（Centre for Energy，Petroleum and Mineral Law & Policy of Dundee University，UK）：第四章。

吕江讲师（山西大学法学院讲师）：第五章、第六章、第十二章。

罗国强副教授、博士（武汉大学国际法研究所）：第七章。

吴志忠教授、博士（中南财经政法大学法学院）：第八章。

李化讲师（中国地质大学政法学院）：第九章。

萧乾刚（郑州大学法学院）：第十章。

王利讲师、博士（河南大学法学院）：第十章。

黄志雄教授、博士（武汉大学国际法研究所）：第十三章。

罗嫣博士（英国伦敦大学玛丽皇后学院）：第十三章。

陈淑芬博士（武汉大学国际法研究所）：第十七章。

杨泽伟

2011 年 6 月于武汉

324